世界歴史選書

東南アジアの港市世界

世界歴史選書

東南アジアの港市世界

地域社会の形成と世界秩序

弘末雅士

岩波書店

目次

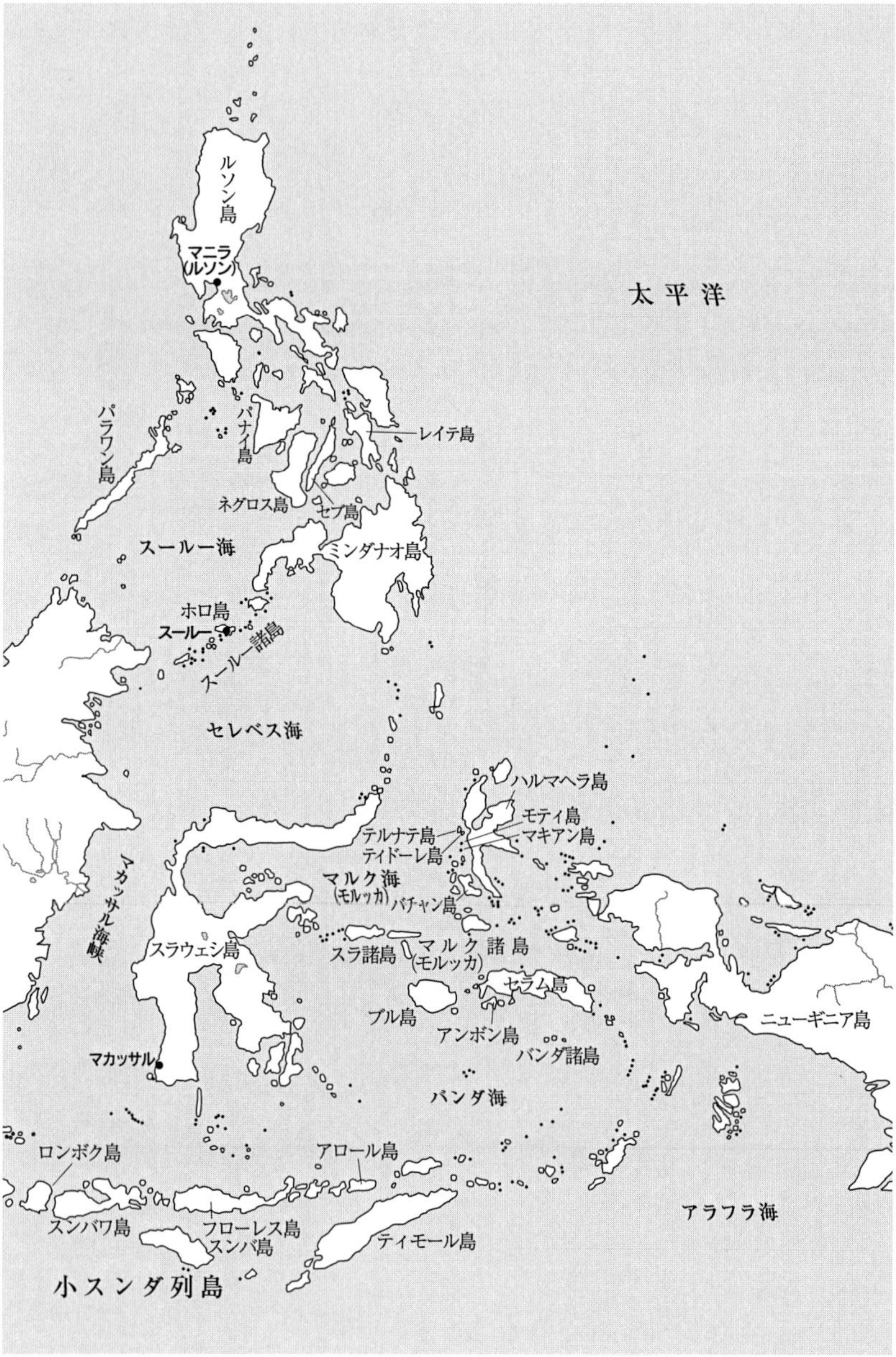
ルソン島
マニラ
(ルソン)
太平洋
パラワン島
パナイ島
レイテ島
ネグロス島
セブ島
スールー海
ミンダナオ島
ホロ島
スールー
スールー諸島
セレベス海
ハルマヘラ島
モティ島
テルナテ島
マキアン島
ティドーレ島
マカッサル海峡
マルク海
(モルッカ)
バチャン島
スラウェシ島
スラ諸島
マルク諸島
(モルッカ)
セラム島
ブル島
アンボン島
ニューギニア島
バンダ諸島
マカッサル
バンダ海
ロンボク島
アロール島
アラフラ海
スンバワ島
フローレス島
スンバ島
ティモール島
小スンダ列島

アラカン
エーヤーワディー川
（イラワジ）
パガン
ハノイ
紅河
トンキン湾
海南島
ルアンプラバン
サルウィン川
ペグー
ヴィエンチャン
マルタバン
チャオプラヤー川
メコン川
ホイアン
ヤンゴン
（ラングーン）
アユタヤ
バンコク
アンコール
トンレサップ湖
アンダマン諸島
メルギ
アンダマン海
テナセリウム
プノンペン
（カンボジア）
ホーチミン
（サイゴン）
クラ地峡
タイ湾
（シャム）
オケオ
南シナ海
ニコバル諸島
パタニ
クダー
ペナン
マレー半島
トルンガヌ
アチェ
（バンダ・アチェ）
ペディル
パサイ
マラッカ海峡
ブルネイ
メダン
（デリ）
ムラカ
（マラッカ）
クアラルンプル
サラワク
シンガポール
ジョホール
バルス
ビンタン島
大スンダ列島
シアク
リアウ
ニアス島
リアウ諸島
ポンティアナク
カリマンタン島
（ボルネオ）
バトゥ諸島
リンガ諸島
パダン
スマトラ島
ジャンビ
メンタウェイ諸島
バンカ島
パレンバン
ブンクル
バンジャルマシン
ジャワ海
エンガノ島
バンテン
ジャカルタ
（バタヴィア）
スマラン
ドゥマク
マドゥラ島
インド洋
スンダ海峡
チルボン
プカロンガン
スラバヤ
マドゥラ海峡
ジャワ島
ジョクジャカルタ
スラカルタ
バリ島

序　章　広域秩序圏と地元世界

1　港市と文明世界

東南アジアは、不思議なところである。古くから東西海洋交通の要衝となり、中国やインド、ペルシアやアラブ、西欧などの文明世界を相互に結びつける役割を担いながら、他方でしばしば文明後進地域とみなされてきた。われわれ日本人の間にも、「南洋」蔑視観が存在し、貴重な物品を産するが、住民は「野蛮」であるという観念が形成された（矢野、一九七五年、一九〇―一九六頁。鳥井、一九九三年）。しかし、実際に東南アジアを訪れた外来者の間では、整然とした王都や港市《こうし》の繁栄に注目した者が少なくない。

前近代の東南アジアの港町には、交易活動や風待ちのために多様な地域の人々が逗留した。国際色豊かな都市を形成した東南アジアの港市支配者は、統合のために世界秩序を志向した。例えば、七世紀後半に東西交易の中継港として栄えていた南スマトラのシュリーヴィジャヤ王国の中心地パレンバンを訪れた唐僧の義浄《ぎじょう》は、その地の支配者が熱心に仏教を保護し、そこで一〇〇〇人以上の僧侶が仏教研究に励んでいたことを述べている（和田、一九七〇年、四六四―四六五頁。深見、一九九四年、六五頁）。その後島嶼部では、来航するムスリム商人の増加とともに、一三世紀終わり頃よりイスラームが拡がり始めた。繁栄する港市となったムラカ（マラッカ）や北スマトラのアチェは、東南アジアにおけるイスラームの中心地となり、アラブ人宗教家や東南アジアのメッカ巡礼者を多数抱えたアチェは、「メッカの玄関口」あるいは「メッカのベランダ」と呼ばれた（中村、一九九一年、二〇〇―二〇二頁。弘末、一九九九年、一九二―一九四頁）。

またベンガル湾交易の活性化により、スリランカとの交流が緊密となった大陸部東南アジアの主要都市では、上座仏教が一四世紀頃からさかんになった。国際貿易港として栄えたタイのアユタヤや下ビルマのペグーは、その中心的存在で、両港市の支配者とも熱心な仏教徒となり、東西世界の商人に広く門戸を開いた（石井、一九九九年b、二五六―二六〇頁。伊東、一九九九年、二八一―二八二頁）。そして東南アジアの港市支配者のなかには、同時に中国王朝に進んで朝貢し、東南アジアにやって来た中国系住民と婚姻関係を有したものも少なくなかった。

東南アジアの港市は、このように「文明世界」を自認し、多様な人々の滞在を保障した。だが他方で、多くの来訪者や旅行者の間で、港町の後背地や周辺海域には彼らの理解を超えた「野蛮」な「奇習」を有する人々が存在することが、古くから植民地支配期前夜まで話題となった。内陸民は一般に「好戦的」とされ、すぐに殺傷事件を起こすとされた。なかには、動物か人かわからぬ「尾の生えたヒト」や、外来者が足を踏み込むとただちに食されてしまう「人喰い族」すら存在するとされた（マルコ・ポーロ、一九七一年、一五一―一五八頁)。また海域世界で活動する海上民も「好戦的」かつ「閉鎖的」とみなされた(Tibbetts, 1979: 52,59 ; ピレス、一九六六年、三七三―三七四頁)。彼らから特定の港に入るよう指示された場合は、決して逆らってはならず、また反面近寄ってはならない海域があるとされた。さらに海上には、風によって孕み男が生まれるとただちに殺してしまう、女ばかりが住む「女人が島」があることもしばしば話題にのぼった(ピガフェッタ、一九六五年、六五七頁)。

元来自然の一部でありながら、そこからの自立をこころみてきた人間にとって、人と自然との境界があいまいな「異界」は、人間のふるさとでありながら、野蛮視される対象でもあった。こうした「異界」をめぐる話は、さまざまな地域において展開した(応地、一九九六年。村井、一九八五年。中野、一九九四年)が、東南アジアでは、国際貿易港に交易品を産出した後背地や周辺の島々がそうした地としてしばしば語られた。しかもそれらの話は、交易活動が活性化して多様な外来者を招いた一五―一七世紀にいっそう開花したのである。

こうした「非文明地」は、実は港市支配者が影響力を行使している場所であった。後背地や周辺海域の人々は、港市と確固たる関係を形成し、しばしば港市支配者と同じ王国民の意識を有した。後に旅行者がこれらの地を踏査したり、あるいは港市支配者が権威を喪失して植民地支配に服すと、上述の話はほとんどが事実でないことが明らかとなる。

後の章で詳しく論じてゆくことになるが、実態は異なるのに、なぜ外来者たちは港市から外れた場所を「不気味な」地とみなしたのであろうか。それは、彼らの偏見によるものとしてだけで片づけられる問題であろうか。そもそも、どうして「文明世界」と「非文明世界」とが分かれ、しばしば人と自然との境界が曖昧な世界が生まれてくるのだろうか。

2　交錯するネットワークと東南アジアの港市

熱帯気候のもと、港町を拠点に建設された東南アジアの諸国家は、こうした世界秩序と地域秩序、さらには人間と自然との関係を考える上で、たいへん興味深い。東西海洋交通の要衝に位置し、貴重な交易商品を産した東南アジアでは、マラッカ海峡を利用する航海が確立した五世紀頃より、交易活動が盛んになった。内陸部と交通の可能な主要河川の下流域や、マラッカ海峡沿岸には、こうした活動に対応して港市が形成された。

古くは、一―七世紀にメコン川下流域で隆盛した扶南《ふなん》王国の港のオケオ、マラッカ海峡域で七―一一世紀初めにかけて栄えた前述のシュリーヴィジャヤ王国の中心地パレンバンなどがその代表である。とりわけ一五世紀から一七世紀にかけて、東南アジアは「交易の時代」と称される交易活動の活況を迎えた(Reid, 1993: 1-61；桜井・石澤・桐山、一九九三年、一〇〇―一三二頁)。この時期、東南アジア産の香辛料に対する東西世界での需要の増大、鄭和《ていわ》の遠征に代表される中国の積極的対外政策の展開、西欧における大航海時代の到来により、東南アジアの港町に来航する船舶や商人が増加した。この時期に繁栄した代表的な港市として、パサイ(北スマトラ)、ムラカ、アユタヤ、ペグー、アチェ、ジョホール、パタニ(マレー半島東岸)、バンテン(西ジャワ)、ドゥマク(北ジャワ)、マカッサル(南スラウェシ)、ブルネイ、ホイアン(中部ベトナム)、さらにはヨーロッパ人が拠点をおいたバタヴィア、マニラなどが挙げられる。東南アジアの交易活動は、清朝の遷界令《せんかいれい》や一六七〇年代のヨーロッパにおける胡椒価格の暴落により、一時期後退を余儀なくされたが、東アジアの政情の安定とともに一八世紀には再び盛んになり、パレンバンやリアウなどの港市が隆盛した。

これらの港町には、ヨーロッパや西アジアさらには南アジアや東アジアの多様な地域から商人が来航した。ムラカはその典型である。一五一一年にポルトガルに占領された直後のムラカを訪れたポルトガル人のトメ・ピレスは、この港町で八四の異なる言語が話されていたと語っている（ピレス、一九六六年、四五五頁）。港市支配者は、外来商人に広く門戸を開き、港市における彼らの活動の便宜をはかった。

こうした港市の後背地にはたいてい、豊かな熱帯気候のもたらす降雨によって形成された森林や河川盆地が広がり、森林生産物や米、胡椒などの商品作物の産地であった。沈香《じんこう》、白檀《びゃくだん》、龍脳《りゅうのう》などの香木は東西交易で貴重な商品となった（山田、一九七九年、二二二―二四四頁）。また胡椒や丁字《ちょうじ》、肉ずく（ナツメグ）などの香辛料は、一四世紀後半以降とりわけ重要な輸出品となった。さらにスマトラやマレー半島はともに内陸部に金鉱山を、マレー半島はさらに錫鉱山をも有した。周辺他地域に比し人口過少であった東南アジアにおいて、産地住民との関係構築は、港市にとってきわめて重要となった（坪内、一九八六年、一一―一四頁）。港市支配者は、彼らに上述した産品を集荷させ港市に運ばせた。後背地側は、見返りに海産物をはじめ、インド綿布や金属製品などを入手した。

近代欧米勢力が本格的な植民地支配体制を構築する以前の港市は、生産活動に携わる内陸の後背地住民や、周辺海域で漁業や海運業を営む海上民の結接点となり、そこでしばしば王権が形成された。先に述べた諸港市の多くも、王国の中心地となった。なかには王都と港市とが異なる場合もあった

（上述のオケオやホイアンなどの場合）が、内陸部に王都を構えた王国でも、港市はしばしば王都と不可分な関係を形成し、王国の存立基盤の重要な部分を構成した。港市を基盤に成立したこうした王国を、東南アジア史研究では「港市国家」と呼ぶ（Kathirithamby-Wells/Villiers, 1990: 1-13；鈴木、一九九八年、一九三—二一四頁）。港市支配者は、商人や宗教家や専門技術者ら外来者と、地元の人々とを介在し、獲得した奢侈品や文化的威信を臣下に再配分することで、権威を形成した。

地元社会の窓口となり、また東西世界の交易活動を仲介した港市は、交錯するネットワークを媒介することで、地域秩序と世界秩序の形成に重要な役割を果たした。ともすれば国際交易を司った東南アジアの港市支配者が、外来者と後背地住民に対して一元的に影響力を行使したと考えがちであるが、支配者が、一方で内陸部住民や海上民と同じ王国民として関係を形成しつつ、他方で多様な地域からの来訪者が居住しうる港市空間を形成するという、二つの異なる役割を同時に担ったことはまず踏まえておくべき重要な事柄である。[1] 本書は、港市支配者がこの二つの役割を媒介することで、港町を拠点に東西世界をつなぐ広域ネットワークを形成する一方で、後背地に農業空間が誕生して地域世界を出現させ、かつ東南アジア産品の取引の効率化をはかるため域内に独自の海域秩序を構築したことを論じる。扱う時代は一五—一八世紀が主となるが、それはこの時期に交易活動が活性化し、外来者と地元民とを媒介する港市支配者の役割が鮮明になると考えられるからである。そうした役割を担うことで権力を高揚させた港市支配者は、しばしば人々から「文明世界」と「異界」をも仲介できる存在と映った。

そして、東南アジア海域世界に参入し、港市に拠点を構えたヨーロッパ人が、やがて植民地支配を持ち込み、それに対応して現地社会の介在役は変容を余儀なくされた。この過程において当該の文化・社会は、ヨーロッパ人の知的枠組みに組み込まれたことがしばしば指摘されてきた（土屋、一九九四年、六八—七四頁。Vickers, 1990：78-91；サイード、一九八六年）。だが、ヨーロッパ人と現地社会とのパイプ役となった人々によって、当該社会は植民地体制下でもしばしばヨーロッパ人の理解を超えたものに映るなど、必ずしも一義的にはとらえられないように思われる。本書は、前近代から近代にいたる東南アジア港市世界に登場した「内」と「外」との媒介役に着目し、彼らの介在により広域秩序世界と地元世界とが不断に再構築されたことを考察してゆきたい。

第一章

開かれた港市——広域秩序圏の形成媒体

1　一五—一八世紀東南アジアの港市モデル

一五世紀になると東南アジアでは、香辛料をはじめとする商品作物を輸出する港市が台頭し、従来の自給的生産活動に重点をおいた時代から、交易活動を経済活動の中核にすえた時代へと移行し始める。東南アジアにおける交易活動は、上述したように古くからなされていた。しかし、一四世紀頃までの輸出品は香木などの森林生産物が主であり、それらは概して内陸民が自給的生産活動の合間に採集したものであった。一方、一五世紀以降の交易では、香辛料や米など商品作物が主要輸出品となり、内陸部住民も多くが商業活動に組み込まれることとなった(Hall, 1985: 258-260 ; Reid, 1993: 1-61)。

東南アジアの交易活動を進展させた要因の一つは、明朝の永楽帝と宣徳帝の時代に行われた鄭和の海外遠征であった。一四〇五—三三年にわたり七回おこなわれたこの遠征は、従来以上に中国の対外関係を強化するためになされた。七回のうち第一—三回はインドまで使節が派遣され、第四—七回は西アジアおよび東アフリカまで遠征がなされた。七回のいずれも東南アジアを寄港地とした。すでに一〇世紀頃より、中国から東南アジアへ商人が直接渡航するようになり、また一三世紀後半の陳朝ベトナムやチャンパー(インドシナ半島東岸中部)さらにはジャワへの「元寇」に示されるように、中国の航海技術は発展を遂げていた。鄭和の遠征は、東南アジア諸港市と中国との関係を政治的・経済的に強化した。

一方、西方世界との関係で重要だったのが、東南アジア産の香辛料である。胡椒をはじめマルク(モルッカ)諸島の丁字《ちょうじ》・肉ずく(ナツメグ)は、古くから東西世界で薬用または香料として需要があった。一四世紀中葉、マムルーク朝とヴェネツィアとの交易関係が形成されると、ヨーロッパで越冬用に解体した家畜の肉の味付けのために香辛料の輸入が増加した。一四世紀の終わりから一五世紀のはじめには、毎年平均で三〇トンの丁字、一〇トンのナツメグがヨーロッパにもたらされ、一五世紀終わりには、丁字七五トン、ナツメグ三七トン、メース(ナツメグを包む仮種皮)一七トンに増加したと推定される(Reid, 1993: 13-14)。東南アジアの胡椒は、当初主に中国向けの輸出品であったが、一五世紀後半にはインド産だけでは需要を満たせなくなったヨーロッパへも輸出されだした。[1]

胡椒の原産地は南インドであったが、趙汝适《ちょうじょかつ》『諸蕃志《しょばんし》』(一二二五年)の記述によれば、すでにジャワでも栽培されていた(Hirth/Rockhill, 1911: 70, 77)。やがて一五世紀にはスマトラ島にも栽培が拡大し、一六―一七世紀にはカリマンタン(ボルネオ島)やマレー半島でも栽培された。また丁字は、北マルクのテルナテ、ティドーレ、モティ、マキアン、バチャンなどの島々で産出され、その後中部マルクのアンボン島やセラム島にも栽培が広まった。そして一八世紀後半に至るまで、これらの地域でしか産出されなかった。ナツメグは、中部マルクのバンダ諸島を原産とし、これもまた一八世紀末にいたるまで他地域では産出をみなかった。ジャワの胡椒やマルクの丁字・ナツメグは、すでに中国向けに輸出されていたが、一五―一七世紀には東西交易において、これら香辛料に対する需要が従来以上に高まったのであった(Reid, 1993: 10-24 ; Leur, 1955: 117-144)。

来航する商人が増えた東南アジアの港市は、後背地で生産される胡椒や米などの商品をはじめ、古代からの交易品であった森林生産物や金の積出港となった。先に述べたパサイ、アユタヤ、ムラカ(マラッカ)、ドゥマクなどは、一五世紀に隆盛した港市の代表である。これらの港市は、中継港であったムラカを除いて、すべてが産品を搬出する後背地を有した。港市は、産地住民と確固たる関係を形成し、増加した外来商人の要求に応えねばならなかった。余暇に交易に関与した従来の時代と異なり、港市支配者は、後背地住民の商品作物の栽培と搬出を彼らの生産活動の中核に組み込まねばならなかった。

東南アジアの港市支配者と外来者ならびに後背地住民との関係を理解する上で、三者の関係を類型化した図1のモデルは役立つ。東南アジアには、豊かな降雨により形成された大小多数の河川が存在し、それらは、種々の輸出用産品の主要産地となった山岳盆地や河川平野を形成するとともに、交易活動にとっても重要な交通運輸路となった。元来このモデルは、考古学者のB・ブロンソンによって、一―一五世紀の人口過少な島嶼部(ジャワ島を除く)やマレー半島における河川交易の拠点と外来者との関係を考察するために、提示されたものである(Bronson, 1977)。ブロンソンは、河川中流域に農業社会が発展をとげたジャワ島や東南アジア大陸部のエーヤーワディー(イラワジ)川流域、チャオプラ

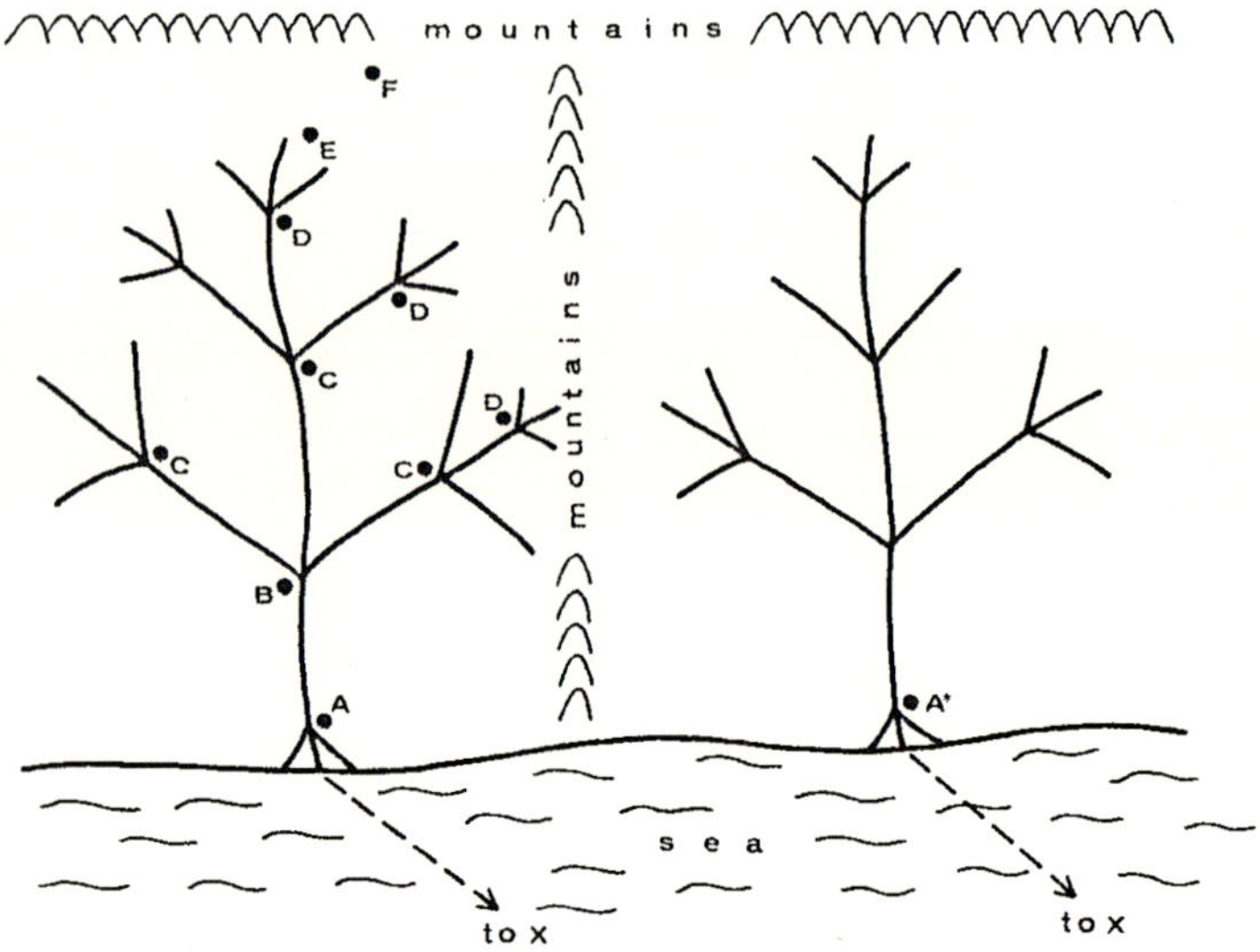

図1　ブロンソンによる東南アジアの河川交易モデル
出典）Bronson, 1977: 42.

ヤー川流域さらにはトンレサップ湖盆地、[2]また商品作物栽培が展開した一五世紀以降の時期は、考察の対象としていない。しかしこのモデルを、河川下流域の交易拠点が一層重要性を増した一五世紀以降のジャワや大陸部も含めた東南アジアの全般的状況を考察するために用いることは、ブロンソンが想定した一五世紀以前の時期との比較ができ、かつ港市と農業社会との関係も検討できるので、有益である。

図1のAおよびA*は、下流部に位置する港市である。一五―一八世紀の時期には、それ以前のパガンやアンコール、クディリやシンガサリの時代と異なり、多くの王国の中心が港市に移った。下流部は、河川の支流が集まる地点でありかつ外来商人にとってもアクセスしやすく、交易活動を展開する上で便利であった。

ただ、外来者がアクセスしやすい分、外敵にも攻撃されやすかった。外来者Xは、AやA*よりもしばしば優れた武力や経済力を有したが、AやA*を武力で廃絶して新たな港市支配者に代わることは、当該流域のAやA*の存在を正統なものとみなした諸勢力の反発を受けることとなるので、一五世紀以前はほとんどなかった[3](Bronson, 1977: 46-48)。むしろXは、AとA*を競合させ、有利な条件で交易を行おうとした。このため港市Aは、類似した産品を輸出するA*と必然的に競合せざるをえなかった。

一方、一五世紀以降来航する商人が増えると、港市間抗争は激化した。また一六世紀以降東南アジア海域に参入したポルトガル、スペイン、オランダは、しばしば在来の港市勢力と緊張関係を招いた。こうした状況に対応できる体制や力量を、港市支配者は有さねばならなくなるのである。AおよびA*の支配者は、中華帝国をはじめ南アジアや西アジアさらにはヨーロッパの諸勢力と良好な関係の形成につとめ、増加した商人たちの要求に応えられる体制の構築を図った。多様な地域からの来訪者を抱えた港市は、異なる出身地の商人たちの商業取引を保障した。このため、先に触れたイスラームや仏教、中華秩序などが重んじられ、港市支配者が複数のそれらに関心を払うことも稀ではなかった。そして、異文化間を仲介できる長期滞在者や、彼らと地元住民との混血者は、重要な役割を担った。また港市の防衛のために港市支配者は、火器を備えるとともに、多様な地域からの傭兵を集め、軍事力の強化に努めた(ピント、一九八〇年、二四六頁。ファン・フリート、一九八八年a、一二三頁)。

他方、外部からの攻撃を受けても簡単に崩壊しない後背地との関係は、港市にとってもう一つの生命線であった。港市Aは、支流の合流するB、C、Dの地点を影響下におくことで、河川流域のネットワークを統制しようとした。これらの支流の合流点は、必然的に下流のAに合流せざるをえない上に、Aは対外交易により後背地流域で生産できない輸入品を有するので、港市支配者はB、C、Dの交易仲介者と商業的関係を形成しやすかった。とりわけ近接したB、Cに対して、一五世紀以前においても、Aはしばしば代官を派遣するなどして、強い影響力を行使しようとした(Bronson, 1977: 45)。一五世紀以降、この傾向は一層強まった。

ただ、Bが交易仲介者というよりも周辺の河川平野の生産者を代表する権力である場合には、逆にBがAに影響力を行使しえた。ビルマのパガン王朝(一〇四四―一二九九年)をはじめ、アヴァ王朝(一六二九―一七五二年)、コンバウン王朝(一七五二―一八八五年)は、エーヤーワディー川やサルウィン川の中流域の稲作地帯を拠点に沿岸部まで勢力を拡大した。またカンボジアのアンコール王朝(九―一五世紀)はトンレサップ湖畔の稲作地帯を拠点とし、ジャワのシャイレンドラ王朝(七―九世紀)やマタラム王国(一六世紀末―一七五五年)は中部ジャワを、クディリ(九二九頃―一二二二年)、シンガサリ(一二二二―九二年)、マジャパヒト(一二九三―一五二七年頃)はブランタス川上流および中流域を拠点に、いずれも沿岸部に影響力を行使した。ブロンソンがこれらの地域をモデルの対象から外したのも、上記の理由からであった(Bronson, 1977: 45-47)。

だがこれらの地域も、一五―一八世紀の時期には、沿岸港市の影響力を無視できなくなった。ビルマでは一五・一六世紀にペグーやマルタバンが隆盛したのをはじめ、一六・一七世紀にはアラカンがベンガル湾交易において重要な役割を担った(伊東、一九九九年、二七八―二八三頁。Prakash, 2002)。またカンボジアの権力の中心も、一五世紀以降トンレサップ湖畔からより下流域のカンボジアに移り(北川、一九九九年、二三七―二四七頁)、マジャパヒトは一五世紀終わりにジャワ北岸港市に対して劣勢となり、一七世紀前半に全盛期を迎えたマタラム王国も、第三章で述べるように、同世紀後半にはバタヴィアのオランダ東インド会社と共存する政策へ転換せざるをえなかった。

この図で生産者に当たるのが、E・Fである。このモデルが想定した一五世紀以前には、生産者の多くが湿地帯の多い河川中・下流域を避け、上流部の盆地に居住した。彼らは先にあげたような産品を採取して、最寄りの河川との接点Dに搬出した。一五世紀以降も生産者が河川上流部に主要な拠点を構えたことに変わりはないが、他方で一四世紀以降のチャオプラヤー川流域における浮稲栽培の展開やブランタス川における沖積平野での水田開発とともに、少なからぬ生産者が盆地や平野を広範に活用し始めた（石井・桜井、一九八五年、一七三―一七四頁。高谷、一九九一年、三九―四〇頁）。B、C周辺にも生産者が存在した場合、生産者はB、Cへも搬出した。

上流部の生産者はDにアクセスするのが距離的に一番便利であったが、実際には山岳部にも交易路が古くから発達し、隣接する河川にもしばしば参入した（McKinnon, 1984: 336-366；大木、二〇〇一年、九五―一〇九頁）。また大河のなかった北スマトラや西部ジャワでは、河川での航行は下流部に限られ、中・上流域では内陸ルートを活用することが多かった。こうした内陸ルートを活用することにより、生産者たちは彼らに有利な取引ができる河川を選択することもできた。

したがって港市支配者にとって、港市に恒常的に産品を搬出させるためには、生産者との関係構築がきわめて重要となる。一五世紀以前の時期、AがE、Fまでを直接影響下におくことはほとんどなかった（Bronson, 1977: 50）のに対し、一五―一八世紀に繁栄した港市の関係者は、しばしば内陸部を巡回し、生産者とのネットワーク形成につとめた。また港市自体が食糧を輸入に頼っている場合が多く、港市から遠く離れて商品作物生産に関わる後背地にまでそれを送ることはほとんど不可能であった。このため後背地は、商品を生産・搬出しつつ、同時に自らの食糧生産にあたらねばならなかった。港市支配者は、後背地の生産者と商業関係を構築するにあたり、彼らの生産活動を保障する力を持つことを人々に示す必要があった。

東南アジアの諸港市は、やがて一五世紀後半にはムラカを中心とする域内商業圏を形成するに至る。ムラカは商品となるような産物を有する後背地を有していなかったが、東西海洋交通の要衝という立地を活かして、東南アジア域内の商業取引の中心地たることを目指した。ムラカは、中国や西方イスラーム世界や南アジアとの関係を形成しつつ、東南アジア域内の諸港市とのネットワークの形成に努めた。通常後背地を有した港市間は、しばしば外来商人を引きつけるために競合し、緊張関係を招くことが多かったが、ムラカを介して交易に当たることが自らの繁栄につながると考えた諸港市は、このネットワークに積極的に参入した。

後背地を有した港市にとって内陸民が重要であったように、ムラカのような中継港にとって、海運ならびに海軍の中枢となる海上民は重要な役割を果たした。マラッカ海峡域で活動していた海上民は、海峡を通行する船舶をムラカに導くとともに、スマトラの産品を運搬したり、外来商人のもたらした商品を東南アジア域内で売りさばく交易活動を担った。彼らはムラカの地元の商人であり、またムラカを防衛する重要な海軍力でもあった(ピレス、一九六六年、三八四―三八九頁)。

ムラカは、一五一一年にポルトガルに占領されてしまうが、アチェ、バンテン、ジョホール、パタニ、ブルネイ、マカッサルなどの諸港市は、その後も東南アジア域内のネットワークと東西世界とを接合する役割を担った。こうした中継港としては、オランダが拠点とした一六四〇年代から一六七〇年代のバタヴィアや、一八世紀に隆盛したリアウが出現した。バタヴィアは、東南アジア域内で広く活動した中国人のジャンク船との結びつきとオランダの海軍力により、中継港としての地位を確立した(Meikink-Roelofsz, 1962: 256-268；Blussé, 1988: 173-96)。またリアウの繁栄は、東インドネシアからマラッカ海峡域にかけて広域に活動した南スラウェシ出身の海洋民ブギス人の活動に支えられたものだった(Andaya, B. /Andaya, L. 1982: 80-84)。

一五―一八世紀の東南アジア海域世界には、多様な出身地の人々が来航した。一九世紀以降本格的に展開する植民地支配とは異なり、そこではヨーロッパ勢力も海域世界に参入した外来勢力の一つにすぎなった。スペイン領フィリピンを除き、ヨーロッパ人の勢力は港市付近や沿岸部に限られており、内陸部まで広域に支配を及ぼすことはできなかった。また一九世紀以前は、ヨーロッパ本国の意向が東南アジアには直接的に及びにくい上に、港町のヨーロッパ人は比較的少数であった。

港市と外来商人との関係については、旅行者や商人が比較的多くの記録を残していることから、それらをもとに研究が進展してきた。当該の港市が、いかなる産品をどれだけ輸出できるのか、また他地域からの商人がどんな商品を持ち込むのかは、外来者にとって重要な関心事であった。さらに港湾施設や市場取引のシステム、宮廷の状況などについても、外来者は貴重な記述を残している。

他方、前近代における港市と後背地との関係については、後背地住民が特定の地域を除き、ほとんど史料を残していないため、必ずしもその実態が明らかとなっていない。そうしたなかで、幸い一五―一八世紀に隆盛した港市国家の多くが、王国の由来と繁栄を語る王統記を残している。これらの王統記は、王家の正統性や威光を、宮廷に仕える人々をはじめ港市を訪れた後背地住民に説くために、伝えられたものである。それらは、必ずしも歴史的事実から構成されているわけではないが、交易活動が活性化した時代において、熱帯の自然環境のもとで生産活動を営む人々と支配者との関係づくりを考察するための貴重な材料を提供してくれる。

2 歓迎される来航者――パサイとムラカ

交易活動を経済基盤とした港市は、外来商人を引きつける努力を惜しまなかった。多様な地域との対外関係の構築と港市での交易活動を円滑化するための制度作りは、その核となった。

通常外来船が港市に来航すると、来航者の出身地や目的を尋ねるため、港市支配者は小舟を派遣した。出身地と目的がわかると、歓迎のための贈物や食糧品を積んだ船が派遣される一方で、当該の言語や慣習に通じた港務長官が外来船に送り込まれ、上陸のための協議が行われた。港務長官は、元来他地域出身者が多く、当該港市に長期にわたり逗留するなかで、王家と緊密な関係を有するに至っていた。

一三四五年、森林生産物や金、香辛料の輸出で栄えていたパサイ(サムドラ)を商人たちとともに訪れたイブン・バットゥータは、その地でスルタンの副官をはじめペルシアならびにイスファハーン出身のイスラーム法学者に迎えられたことを記している(イブン・バットゥータ、二〇〇一年、三九四頁)。パサイ王家に仕えていた彼ら法学者は、西方イスラーム世界から商人や旅行者がやって来たとき、その人々を王家に紹介し、パサイでの活動を仲介した。一五世紀に入り胡椒栽培を本格化させたパサイには、ピレスの記述によるとペルシア人、ベンガル人、およびアラブ人のムスリム商人が多数逗留していたという（ピレス、一九六六年、三九七頁）。

彼ら西方商人にとっては、パサイでスマトラの産品とともに東部インドネシアの香辛料や東アジアの産品をも入手できれば、一層好都合であった。パサイは、ジャワのマジャパヒト王国と交易関係を有し（Robson, 1981: 266-268；ピレス、一九六六年、三九六頁）、東部インドネシアの丁字や白檀を商った。またパサイは元朝や明朝に入貢し、中国との交易にも積極的であった。鄭和の遠征隊もパサイに寄港し、同行した馬歓《ばかん》によれば、同地は多数の船舶が往来する、繁栄する港市であった（馬歓、一九九八年、七六―八〇頁）。

パサイ王は、自らも船舶を有し東西交易に携わった。イスラーム修行者として中国への旅を計画したバットゥータに対し、パサイ王はそのための船舶と同行者を用意させた。バットゥータはマレー半島東岸を経て、中国に到達した。彼はまた復路も、泉州に来航していたパサイ王の船に便乗し、パサイ到着後船を乗り換え帰路についた[4]（イブン・バットゥータ、二〇〇一年、五八、一二六頁）。さらにアラブ側の史料によれば、一四三〇年にパサイの船が、紅海にも来航したことが記されている（家島、二〇〇一年、三二一―三二二頁）。鄭和の第六次遠征隊（一四二一―二二年）がパサイに寄港し、その支隊がアデンまで航海した際、パサイ船はさらに紅海まで至り、新たな航海路を開拓したものと考えられる。港市支配者は外来者の便宜を図るため、王家の船舶も積極的に利用させたのである。

ただ、インド洋の入り口となるパサイは波が高く、しばしば船舶の停泊に困難を招いた。より波の穏やかなムラカが台頭したのは、こうした理由からであった。一五世紀後半からポルトガルに占領される一五一一年までの時期、東南アジア最大規模の都市の一つであったムラカでは、先に触れたように八四の異なる言語が話されるほど多様な人々が逗留した。トルコ、アラブ、ペルシア、インド西北部のグジャラート、南西部沿岸のマラバール、東南岸のコロマンデル、ベンガルの諸地方、ペグーやマレー半島のクダーおよびアユタヤ、パサイをはじめスマトラ東岸の港市、ドゥマクをはじめとするジャワ北岸港市、ブルネイ、ルソン、中国、琉球よりの商人たちがムラカに寄港した。

ムラカには、四人の港務長官(シャーバンダル)が任命されていた。第一はグジャラート出身者の代表、第二はインドの他地域およびペグー、スマトラのパサイ出身者の代表、第三は他の東南アジア島嶼部(ジャワ、カリマンタン、東部インドネシア、ルソン)出身者の代表、第四は中国およびチャンパーと琉球出身者の代表であった。ペルシア人、アラブ人、トルコ人、さらにはアルメニア人など西方世界の商人たちは、まずグジャラートに寄港し、そこからムラカへ来るというケースが多かった。そのためムラカ側は、彼らをしばしばグジャラート商人として迎えた。一五〇九年九月にポルトガル人がはじめてムラカに到着したとき、グジャラート商人が約一〇〇〇人、ペルシア人、ベンガル人、アラブ人の各商人が合わせて四〇〇〇人以上いたという(ピレス、一九六六年、四二四頁)。その他、マラバール、コロマンデルの商人やジャワ商人、ルソン商人らも多数がムラカに逗留していた。彼ら港務長官は、先のパサイのイスラーム法学者と同様に、担当地域から商船がくると、商人を王家に紹介し、商品の市場への搬入を仲介した(ピレス、一九六六年、四四八頁)。

一般に東南アジアの港市は、ヨーロッパ人が来航し火器を使用しはじめるまでは城壁を形成せず、交易を望む商人に門戸を広く開いていた。初めて港市に来航した外来商人でも、出身地の王や代表者からの書状があれば、彼らは丁重に遇された。上陸した商人たちは、王と接見する機会が与えられ、王宮で供応を受けた。また港市滞在中彼らは、王より女奴隷や召使いをしばしば支給された。

商人たちは港市支配者に定められた税（あるいは贈物）を納めれば、市場での商業活動に参画できた。ポルトガルに占領される直前頃のムラカでは、西アジアや南アジアさらにはペグーやシャムよりやってきた商人は、まず入港時に商品の一〇〇分の六の税金を支払うこととなっていた。[5]この税額は、同じく中継港となりうる条件を備えたペグー（一二％）やアユタヤ（一二・一二％）よりも低かった。また彼らは、国王やブンダハラ（宰相）、トゥムングン（治安長官）そして担当の港務長官に、商品の一〇〇分の一から二に相当する贈り物をすることとなっていた。他方、その他の東南アジア地域や中国・琉球からの商人は、彼らの間の慣行に倣い、税金を支払うのではなく、国王や主要高官に贈り物をした。中国からの贈り物は、とりわけ多額であったという（ピレス、一九六六年、四六二―四六四頁）。

ムラカの方式によると、こうして税金か贈り物を支払うと、外来商人は逗留を許された。そして陸揚げした商品の所有者と、ムラカに逗留する各地域からの商人の代表（一〇ないし二〇人）とが、会合を重ねて、その商品の価格を決めた。それから商品が彼らの間に分配された。比較的限られた時間で多量の商品を売りさばかねばならないときは、さらに地元のマレー商人がそれを自船に積み換え、他の港市でも売りさばいた。ピレスによれば、ムラカはこの慣習によって秩序が保たれ、外来商人、地元商人双方が満足し、仲違いが起きなかったという（ピレス、一九六六年、四六三―四六四頁）。

またムラカでは、パサイで王家の船舶を利用させた方法をさらに発展させ、船舶を有さない商人が船舶所有者に商品を委託取引してもらう方式が成立していた。もし商人が船舶所有者に、ムラカで一〇〇クルサドの商品をジャワで販売してもらう委託をすると、船舶がふたたびムラカに帰港したとき、船舶所有者は一四〇クルサドを委託者に、帰港後四四日目に支払うこととなっていた。船舶所有者は、通常その商品を二〇〇クルサドで売りさばくことができるので、彼の取り分は六〇クルサドとなった。ジャワより近いスンダやカリマンタン南部のタンジョンプラさらにはシャムやペグーの場合、船舶所有者の取り分が一〇〇分の五〇となり、より近接したパサイやペディル、クダーの場合、一〇〇分の三五と取り決められていた(ピレス、一九六六年、四九〇—四九一頁)。またベンガルやコロマンデルへの場合、一〇〇分の八〇—一〇〇とされた。船舶所有者は、さらには中国までいくと、しばしば原価の三倍の額で売りさばくことができた。

さらにムラカでは、あらゆる街路で人々が商売をしていた。それらの多くは女性の小売り商人で、地元の産品を商った。彼女らは市街を管轄する役人(ムントゥリ)と国王に税金を納めた。外国商人も港市に逗留するなかで、しばしばこうした地元の日常品市場に参入した。

ポルトガルをはじめとするヨーロッパ人の東南アジア海域への参入も、こうした活況を呈する商業環境のもとでなされたのである。一五〇九年、ポルトガル船がはじめてムラカに寄港した時、ムラカ側は慣習にのっとり対応した。ポルトガル船にムラカ側から小舟が近づき、どこから来てどんな商品を携えているか質問した。ポルトガル船から、ポルトガル国王の使節であるとの返答を受けると、ムラカ側は王と宰相からの返礼を伝える二艘の小舟を送った。こうして三日目に彼らは国王と接見することとなり、国王はポルトガル国王への返礼を使節に伝え、さらにポルトガル船のムラカでの交易を認めた(バロス、一九八〇年、三六五—三六六頁)。

しかし、ポルトガルがインドにおいて武力行使をしているという話が、すでにグジャラート商人やペルシア商人さらにはコロマンデル商人、ベンガル商人からムラカ王家に伝わっていた（ピレス、一九六六年、四二四―四三〇頁）。彼らはポルトガルが、インドの場合と同様、後日艦隊を率いてムラカを占領するために、偵察に来ているのだと王に説いた。綿織物をもたらすこれらの商人との関係を重視したムラカ王は、ポルトガル人を捕虜にしようとし、うち数名を捕らえたため、交渉は中断した。ムラカの繁栄とそこでの状況について使節から報告を受けたポルトガルは、この港市の重要性に着目し、一五一一年七月にアフォンソ・デ・アルブケルケが一六隻の艦隊を率いて、今度はこの地を占領するために来航した。

これに対し、ムラカも兵士や火器を配備してポルトガル艦隊に対抗しようとした。しかし、ムラカ在住のジャワ人や中国人のうちにポルトガルと内通する勢力が生じ、ムラカ側は結束して行動することができなかった。また、ムラカ側が火器の使用に習熟していないことと、ポルトガル側の火器の性能が優っていたことにより、結局アルブケルケは同年八月にムラカを占領し、そこに堅固な要塞を築くにいたった。

ポルトガルはさらに一五一二年、マルク諸島に到達し、丁字の産地であるテルナテのスルタン、およびナツメグの産地のバンダ諸島の住民と交易関係を形成した（Andaya, L. 1993: 115-116；生田、一九九八年、五五―五七頁）。そしてポルトガルはムラカ、インドのゴア、ペルシア湾のホルムズの拠点をもとにインド洋を統制下におき、喜望峰回りで胡椒および丁字とナツメグをヨーロッパ市場へ運ぶ独占貿易を試みた。

ポルトガルの独占貿易体制は、当初成功したかにみえたが、まもなくこの長大なルートを統制下におくことがおよそ不可能であることが明らかとなった。当時のマルク諸島北部の丁字の平均年産量三〇〇〇バハル(一バハル=約一八〇キログラム)のうち、ポルトガルの獲得できたものはせいぜい四〇〇バハルで、全体のおよそ一三%ぐらいであると推定されている(Leur, 1955: 165 ; 永積、二〇〇〇年、三八頁)。またポルトガルは、ムラカをはじめとする諸港市に要塞を築いたが、その維持費がかさみ、職員への給料も滞りがちになった。そのため、彼らはしばしば私貿易をおこなうと同時に、その付近を航行するアジア商人の船舶に高関税を課した(Meilink-Roelofsz, 1962: 127-128)。

こうしたポルトガル人の活動は、アジア商人の反発を買い、彼らをムラカから遠ざけることとなった。その代表が、一五世紀以降西北インドを中心にインド洋海域の交易活動に重要な役割をはたしていたグジャラート商人であった。彼らはムラカを避け、北スマトラのアチェからスマトラ西海岸を経由して南下しスンダ海峡に抜けるルートを活用し始めた。アチェのほか、西ジャワのバンテンがその寄港地として台頭した。またマラッカ海峡の南端では、ムラカ王家の血統を継ぐジョホールが、海上民を中核とする海軍力を背景に勢力の回復を図った。

3 コスモポリスの港市——ムラカ以降の諸港市のせめぎあい

一六世紀終わりになると、ポルトガル人やスペイン人についでオランダ人やイギリス人も東南アジアに来航し、大量の胡椒を買い付け始めた。また東アジアでは、一五六七年に明朝が海禁政策を解除し東南アジアへ来航する中国船が増加したのをはじめ、同世紀終わりには日本市場が開かれ、生糸や

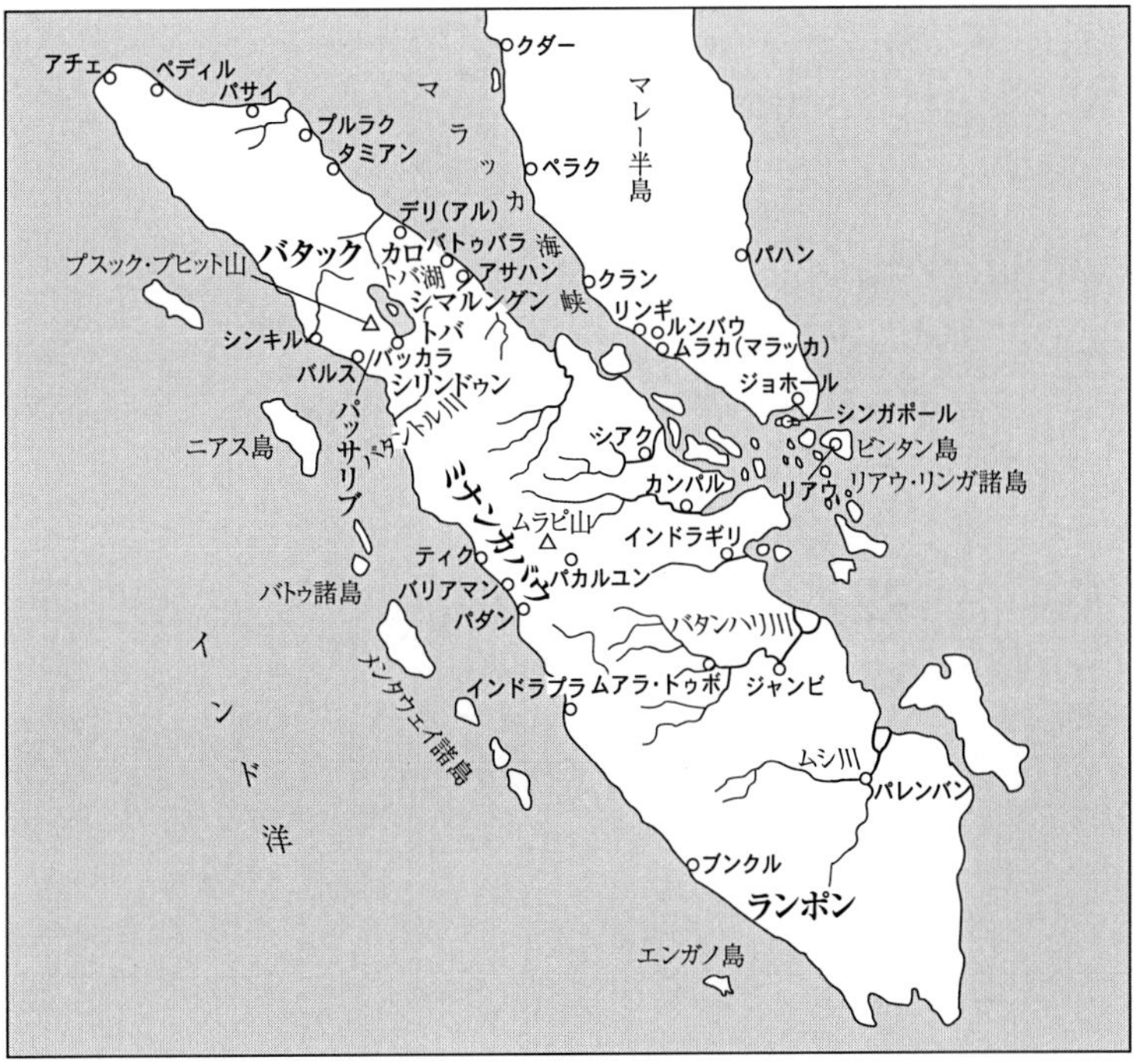

図 2　マラッカ海峡とスマトラ島

森林生産物に対する需要が高まった。東南アジアの交易活動は、一六世紀後半には以前にも増して活性化し、諸港市が隆盛した。

アチェは、一五世紀末にアチェ川河口に成立した港市国家であるが、一六世紀前半に北スマトラの沿岸部に勢力を拡大し、反ポルトガルの中心的存在となった。アチェは、ポルトガルに占領されていた北スマトラのペディルとパサイをそれぞれ一五二一年と一五二四年に勢力下においたのをはじめ、一五三九年までにバルスやアルに対しても軍事的優位を確立した（Hoesein Djajadiningrat, 1911: 147-154；Lombard, 1967: 36-37）。アチェは遅くとも一五三四年までにオスマン帝国と直接交易に乗り出し、胡椒輸出の返礼にオスマン帝国から兵士や大砲を受け取った。これらの武力と、そしてパサイを占領した際にポルトガルから接収した火器が、北スマトラにおけるアチェの台頭に貢献したのである（Boxer, 1969a: 415-416）。

アチェはその後一七世紀前半にかけて、マラッカ海峡域や中部スマトラの港市にも影響力を拡大した。スルタン・アラウッディン・リアーヤット・シャー・アルムカミル（在位一五八九―一六〇四年）およびスルタン・イスカンダル・ムダ（在位一六〇七―三六年）にいたり、スルタンを中心とする集権体制が確立し、最盛期を迎えた。スルタン・イスカンダル・ムダは、胡椒や金の輸出港となる中部スマトラのパリアマン、ティク、サリダ、インドラプラにアチェの代官を三年交代で派遣し、交易活動を統制下においた（Kathirithamby-Wells, 1969: 460）。またスマトラ東岸では、一六世紀の終わりにジョホールの支援のもとに離反していたアルを一六一二年、完全解体し、翌年にはジョホールに進攻し、マレー半島のクダー、ペラク、パハンをも服属させた。

アチェはスマトラ島およびマレー半島の胡椒、金、錫、森林生産物の輸出港として、東南アジア域内のみならず、東西世界の商人が寄港する港市となった。一五九九年にアチェを訪れたイギリス人ジョン・デーヴィスによれば、トルコ、アラブ、グジャラート、コロマンデル、ベンガルなどの西方世界の商人に加え、ペグー、ジャワ、中国からも多数の商人が来航していた(Markham, 1880: 143,151)。また一六〇一―一三年にアチェを訪れたフランス人フランソワ・マルタンによれば、アチェの通りには多数の店舗が軒を連ね、コロマンデルのネガパタムをはじめグジャラート、コムリン岬、カリカット、スリランカ、ベンガル、シャムから多数の商人が来航し、六カ月間商業活動のために逗留したという(Lombard, 1997: 8)。さらにヨーロッパ人も、ポルトガル人私貿易者をはじめイギリス人、オランダ人、フランス人、デンマーク人らが来航した(Harris, 1744: 730-733；井東、一九八二年、四一―四二頁)。イスカンダル・ムダの時代に編纂された『アチェ王統記』によれば、王国の繁栄はオスマン帝国のカリフからも讃美され、イスカンダル・ムダは、ムスリムの間でイスラームを広めるために東西世界に広く覇権を確立したと語られていたアレクサンダー大王の再来とたたえられたという(Teuku Iskandar, 1958: 167)。

また一六世紀に繁栄したドゥマクや一六―一七世紀に隆盛したバンテンやジョホールも、王家が中国ならびにイスラーム世界と関係を有したことを唱え、東西世界からの商人を引きつけた。

ドゥマクはジャワ北岸に位置し、一五世紀終わりに建国され、ムラカに米を輸出する港市国家として栄えた。一六世紀初めにジャワ北岸を訪れたピレスによれば、一五世紀の中頃からジャワの北岸港市にはペルシア人、アラブ人、グジャラート人、ベンガル人、中国人、マレー人などの商人が多数逗留した。それらの子孫はムスリムのジャワ人となり、ジャワ北岸港市のイスラーム化に寄与したという（ピレス、一九六六年、三二六―三二七頁）。なかでもドゥマクは、一六世紀前半にジャワ北岸で最も隆盛した港市国家で、ムラカがポルトガルに占領されると、ジャワにおけるイスラーム勢力の中心的存在となった。

のちにマラタム王国（ジャワ）のスルタン・アグン（在位一六一三―四六年）のもとで編纂された『ジャワ国縁起』によれば、ドゥマク王国の建国者は、マジャパヒト王国の最後の王ブラヴィジャヤとその妻の中国人王女とのあいだに生まれた王子ラデン・パタであるという（Olthof, 1941: 20-31）。マジャパヒトは、東部ジャワを拠点に繁栄したヒンドゥー王国であった。ラデン・パタはチャンパーの王女を母にもつラデン・ラフマットに導かれ、イスラームに改宗したという。彼は、父のブラヴィジャヤに臣従の礼を求められたが、ブラヴィジャヤがイスラームを受容しないことからこれを拒否し、マジャパヒト王国を滅ぼし、ドゥマク王国を建国したと、『ジャワ国縁起』は記す。

マジャパヒト王国が実際に滅んだのは、一五二七年頃であるので（Noorduyn, 1978: 244-253 ; Robson, 1981: 279）、ドゥマクの建国時期と一致しないが、『縁起』は、ドゥマクを中心とするジャワのイスラーム勢力の台頭が、マジャパヒトの滅亡を決定づけたことを語っているといえよう。

パタの孫のトルンガナ（在位一五〇五―一八、一五二一頃―四六年）の時代、ドゥマクはジャワの中・東部沿岸諸港市を影響下におき、西部においてもバンテン王国の建国を支援した。『バンテン王統記』（一七世紀後半）によれば、バンテン王国を建国したのはトルンガナの妹と結婚したスナン・グヌンジャティという人物であった（Hoesein Djajadiningrat, 1913: 82-86）。彼はパサイの出身で、メッカ巡礼を行ったイスラームの聖者と伝えられている。さらに一五二七年バンテンは、ポルトガルが西部ジャワのパジャジャラン王国から獲得しようとした港市スンダクラパからポルトガル人を追放し、これをジャヤカルタ（略称ジャカルタ）と命名した。

彼のあとを継いだハサヌディン（在位一五五二―七〇年）は、南部スマトラの胡椒生産地を影響下におき、さらに第三代モラナ・ユスフ（在位一五七〇―八〇年）は一五七九年頃、内陸部に胡椒産地を有したパジャジャラン王国を征服した。バンテンは中国向け胡椒の主要輸出港となり、さらに東部インドネシアよりもたらされた丁字やナツメグ、白檀も取引され、ジャワやマレーの商人をはじめ、トルコ、アラブ、ペルシアからの西アジア商人や、グジャラートや南インド、ベンガルからの南アジア商人、中国商人、ポルトガルの私貿易商人たちを引きつけ繁栄した（Kathirithamby-Wells, 1990: 111）。

一六世紀終わり以降、これにオランダやイギリス、デンマークからのヨーロッパ商人も加わった。一五九六年にはじめてバンテンを訪れたオランダ人のコルネリス・ド・ハウトマンは、当時バンテンで開かれていた市場について詳細な報告を残している。それによると、バンテンでは日に三つの市が立ち、そこであらゆる品物が売られた。第一の市は、バンテンの町の東側に近い大広場で開かれ、夜が明けるとともに、ポルトガル人、アラブ人、トルコ人、ペルシア人、中国人、コロマンデル人、ペグー人、マレー人、ベンガル人、グジャラート人、マラバール人、アビシニア（エチオピア）人、さらには東南アジア島嶼部諸地域の商人たちが、そこに集まり取引をした（ハウトマン／ファン・ネック、一九八一年、一六六頁）。

図3が、ハウトマンの航海記に掲載された市場の描写である。多様な格好した人々が集っている。

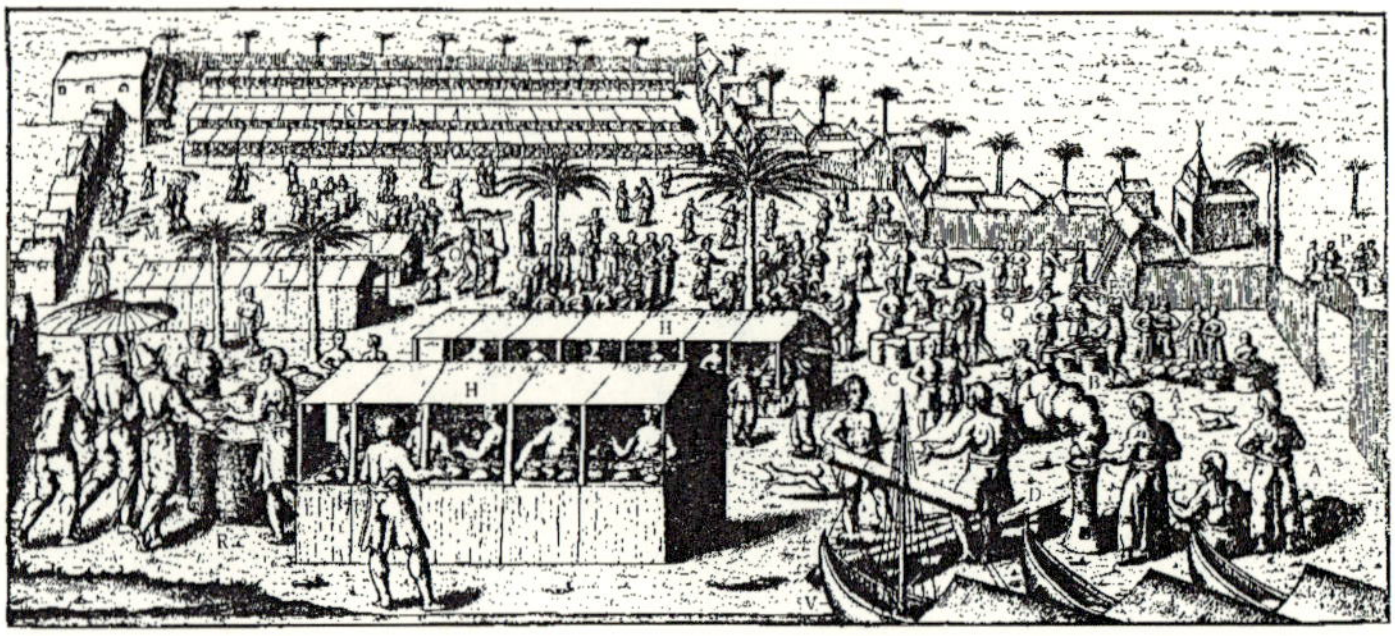

図3　バンテンの市場の様子
出典）ハウトマン／ファン・ネック，1981年，168-169頁.

ハウトマンによると、アラブ人やペルシア人は宝石や薬剤を売り、ベンガル人をはじめとするインド系商人は綿織物や小間物を、中国商人は生糸や絹織物、磁器、銅製品、鏡、櫛などを売った。図中のHが香辛料売場である。ハウトマンは、そこで東南アジア産の胡椒や丁字、ナツメグ、メース、ショウガ、沈香、白檀、長胡椒、クベベ（ジャワ産のクベバ胡椒、華澄茄《ひっちょうか》とも呼ばれる）、肉桂（シナモン）、紅花、ドリンギ（根を薬用とする）、ウコン、ガランガ（南薑。野菜料理や薬に用いる）、安息香《あんそくこう》をはじめ、カイロやアデンあるいは西北インドやデカン高原からもたらされていたアヘン、中国からのシナの根（土茯苓《どぶくりょう》）と大黄《だいおう》、さらにはインド産のバンゲ（インド大麻）などが商われていたことを記している（ハウトマン／ファン・ネック、一九八一年、一七〇頁）。

なお胡椒はさらに、この大広場での市が終わったあと、王宮前広場で正午まで開かれた第二の市でも中国商人のために売られた。そして午後に三つ目となる市が、中国人の居住区で開かれ、食糧品が売られたという（ハウトマン／ファン・ネック、一九八一年、一六六―一七二頁）。東アジアから比較的アクセスしやすいバンテンでは、中国商人は取引相手として最も重要であった。

また、ムラカをポルトガルに占領された旧ムラカ王室は、海上民の拠点のあるビンタン島に移り、ポルトガル領ムラカに対抗した。だが、一五二六年ポルトガルにその地を追われると、最後のムラカ王スルタン・マフムード・シャーの後継者スルタン・アラウッディン・リアーヤット・シャー(在位一五三〇―六四年)は、ムラカ王家の分家であるパハン王家との結びつきを強めた。そして彼は一五三〇年頃、マレー半島南端のジョホール川流域に拠点を構え、ジョホール王国を創始した(Andaya, B. / Andaya, L. 1982: 56-57)。

ジョホール王国は、スマトラ東岸地域への影響力の行使をめぐり、先に述べたアチェとしばしば対立し、一五六四年には王都が一時アチェに占領された。またジョホールはポルトガルとも抗争を繰返し、一五八七年に今度はポルトガルの攻撃により王都が破壊された。しかし、スマトラ東岸を介して胡椒産地と関係をもち、またマカッサルに逗留したマレー人を通じてバンダ諸島のナツメグや丁字を取引したジョホールは、いずれの攻撃からも国力を回復させ、一六世紀終わりには勢力を増大させた。そのため、アチェは一時ポルトガルと和解して、ジョホールに対抗するほどであった(Meilink-Roelofsz, 1962: 141-142)。その後、アチェがイスカンダル・ムダの時代をむかえると、ジョホールは守勢となり、一六一三年にはアチェの進攻を受けた。だが、一六三六年イスカンダル・ムダが死去すると、ジョホールはオランダ東インド会社と協力して、勢力の回復をはかった。一六四一年にはオランダのムラカ包囲を援助し、同地からポルトガル勢力を追放した。また同年、オランダの仲介によりアチェと和解した(Andaya, B. /Andaya, L. 1982: 79)。

以降、ジョホールはオランダやアチェと良好な関係を形成しつつ、マラッカ海峡の海上民の支援のもとに隆盛に向かい、スマトラの胡椒、金、マレー半島の錫を主要な交易品として、外来商人たちを引きつけた。さらにジョホール自身がベンガルやコロマンデルさらには中国に船舶を派遣して交易関係を密にすることで、中国人やアラブ人さらにはインド人の商人がジョホールの王都に多数逗留するに至り、またポルトガル人やイギリス人、デンマーク人らも寄港した(Andaya, L. 1975: 69-77,177)。一六九五年にアレクサンダー・ハミルトンがジョホールを訪れた時には、職人や商人として約一〇〇〇もの中国人家族が居住し、アラブやスーラト出身の宗教家が多数活躍していた(Hamilton, 1930: 50-51)。

さらにアユタヤも、ヨーロッパ人や中国人の来航者が増えた一七世紀には繁栄の時期を迎えた。シャム湾の立地を活かし、アユタヤは近接する東アジアとの交易を盛んにする一方、マレー半島横断ルートをおさえてメルギやテナセリウムにも外港を構え、ベンガル湾さらにペルシアなどの西方世界との交易に携わった(石井、一九九九年a、七九—八三頁)。アユタヤは、一五六〇年代にバインナウン王のもとで勢力を拡大したビルマの攻撃を受け、一五六九年に王都が陥落し、その影響下におかれた。しかし、一五九〇年に即位したナレースエンのもとでビルマから独立したアユタヤは、米や蘇木、象牙、沈香、鹿皮や鮫皮などの輸出で隆盛を取り戻した。全盛期のアユタヤには、中国人や日本人、マレー人やベトナム人さらにはモン人などの東南アジア域内出身者、インド人、ペルシア人、アラブ人、ポルトガル人やオランダ人などが多数居住するに至った。一六八五年にフランスのルイ一四世の派遣使節に随行してアユタヤを訪れたフランソワ・ティモレオン・ド・ショワジによれば、四三カ国にのぼる居住者が派遣使節に挨拶したという(ショワジ/タシャール、一九九一年、一八六頁)。

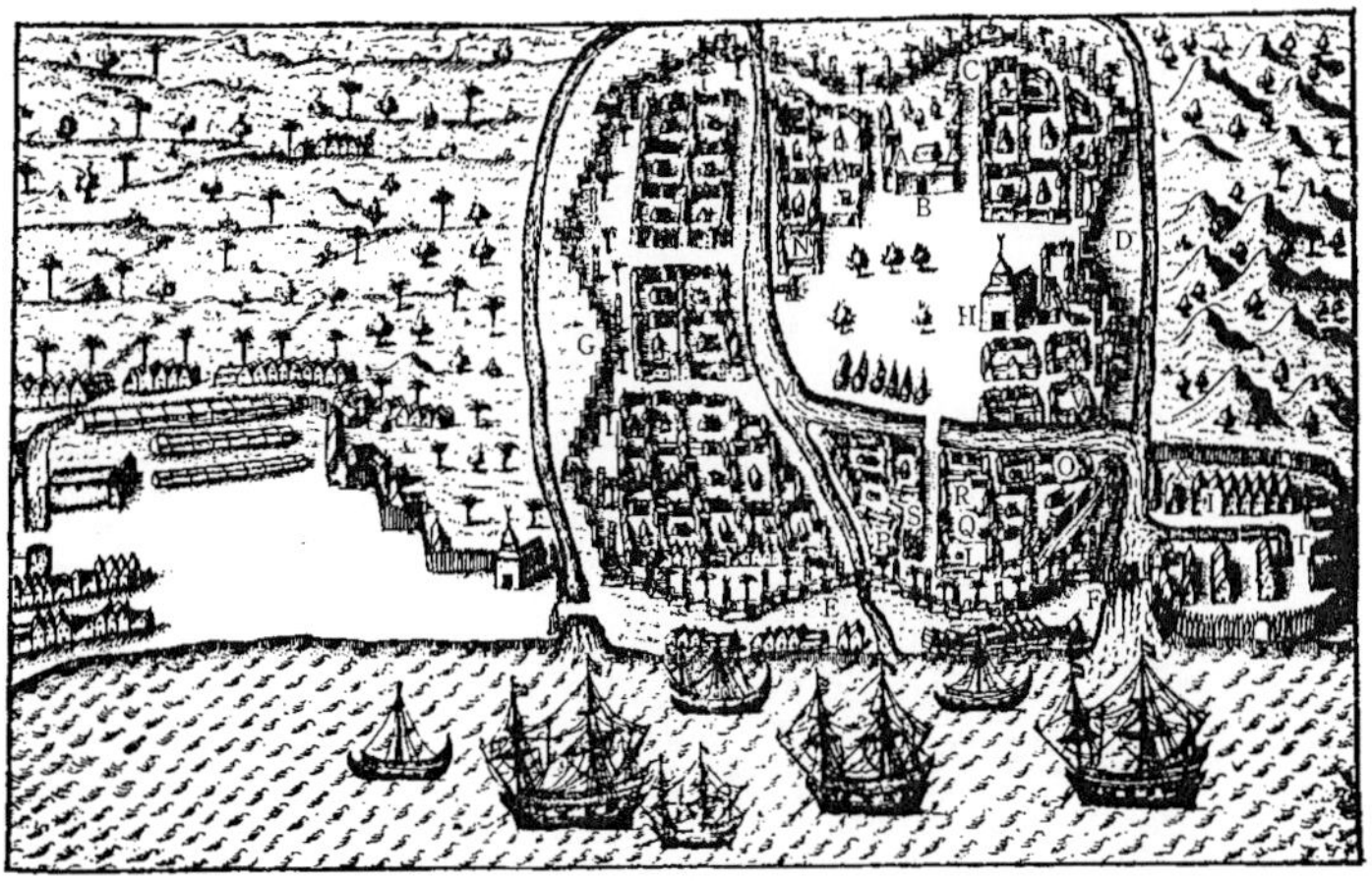

図4　バンテン市の見取り図
出典）ハウトマン／ファン・ネック，1981年，161頁．

こうして他地域から来航した外来者たちは、港市支配者より王都の中心地の周辺部に居住地を割り当てられた。図4は、ハウトマンが描いたバンテン市の見取り図である。中国人やオランダ人は、王宮のある中心地から河川を隔てて隣接する場所に居住区を構えた（図右端のIおよびX）。またベンガル人、グジャラート人、アビシニア人とマレー人もこの周辺に多数住んでいたとハウトマンは記述している（ハウトマン／ファン・ネック、一九八一年、一六四頁）。一方図5は、一六八七年当時のアユタヤの地図である。上述した人々が、王都の中心地の島の周辺に居住したことが見て取れる。

一般に外来者は、出身地ごとに居住区を割り当てられた。それぞれの居住区ごとに通常頭領が任命され、出身地の慣習に従って滞在することが認められた。ただし、各集団の隔たりは決して固定的なものではなく、市場での商業活動をとおして他地域出身者との交流さらには通婚もしばしばな

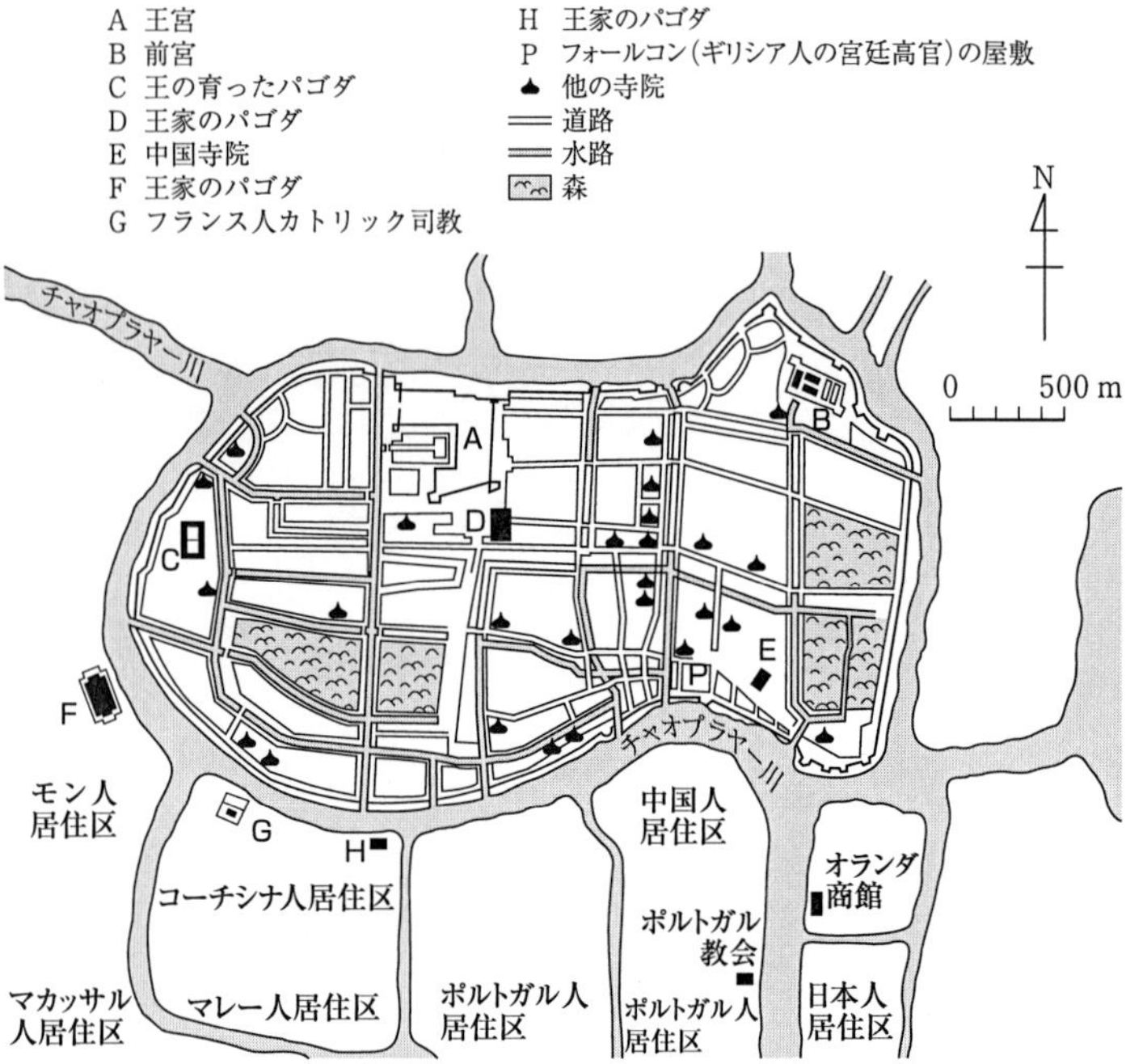

図5 アユタヤの街区
出典）Loubère, 1969: 7. 弘末，2003 年より転載.

された。また港市に長期間滞在するに至った商人のなかには、宮廷の通訳職をはじめ上述したシャーバンダルやオラン・カヤ（富裕者）と呼ばれる商業エリートとなり、王室と緊密な関係を形成する者もでた。

一六〇三—〇五年にバンテンに滞在したイギリス人エドモンド・スコットによれば、バンテンのシャーバンダルならびに海軍提督はインドのコロマンデル地方の出身者であり、王都の中心部に居住していた（スコット、一九八三年、一八〇頁）。また上述したルイ一四世の使節がアユタヤを訪れたとき、彼らとアユタヤ王との間を仲介したのは、アユタヤ王の寵臣となっていたギリシア出身のコンスタンス・フォールコンであった。彼は、一六七二年、イギリス船の乗組員としてアユタヤに到着後この地に逗留するに至り、ポルトガル語とシャム語の能力を活かして、宮廷に接近した。ド・ショワジの記述によれば、一六八五年当時フォールコンは、宰相以上にアユタヤ王から信頼を得ていたという（ショワジ／タシャール、一九九一年、一六五頁）。図5が示すように、彼は王宮のある中洲に住居を構えることが認められたのであった。

海域世界ではこの時期、しばしば港市間の抗争が生じたが、いずれの港市も来航する商人を数多く獲得することが必要であった。このため東南アジアの港市は、敵対した港市からの来航者を除いて、あらゆる地域からの来航者に開かれていた。多様な地域からの逗留者を抱えた港市において、外来者と王家との間を仲介する長期滞在者や、彼らと地元住民との間の混血者は、商業活動を進展させる上で重要な役割を担ったのである。

4　イスラームの受容と展開

多様な出身地の人々が集う港市において、支配者は統合のために世界秩序を模索した。海域世界におけるイスラームの隆盛はその典型である。

ムスリム商人は、七世紀終わり頃から東南アジアに来航していたと考えられるが、現地人支配者の改宗は、インド洋交易がムスリム商人の主導のもとに行なわれるようになった一三世紀以降のことである。インド洋の入口となる北スマトラの港市支配者の間で、一三世紀終わりにかけてイスラームを受容し始めたことが、旅行者の記録からうかがえる(D'Ancona, 1997: 115; マルコ・ポーロ、一九七一年、一五一頁)。西アジアや南アジアの諸港市から来航する遠隔地交易に携わる商人たちにとって、イスラーム法にもとづく商業取引や契約文書の慣習を共有できることは、活動を進める上できわめて重要であった(Johns, 1993: 49)。

北スマトラにおいてその中心的役割を担ったのは上記のパサイであった。パサイの王統記『パサイ王国物語』には、初代王スルタン・マリクル・サレーをはじめ歴代のスルタンがイスラームを熱心に信奉したことが述べられている(Hill, 1961: 65-74)。そのことは、先に紹介したイブン・バットゥータの記述からもうかがうことが出来る。バットゥータは、この地のスルタンが敬虔なムスリムで、金曜日の礼拝を欠かさず、左右にシャーフィイー派のイスラーム法官や学者たちを従えていることを記している(イブン・バットゥータ、二〇〇一年、三九五—三九六頁)。シャーフィイー派法学は、イスラーム・スンナ派の法理論にもとづく四大法学派の一つで、当時のインド洋海域における国際イスラーム法として広く認められていた(家島、二〇〇一年、三一頁)。

また多様な出身地からなるムスリム商人を抱えた東南アジアの港市支配者は、「正統な」イスラームを志向した。『パサイ王国物語』は、初代スルタンとなるマリクル・サレーが、夢でムハンマドの託宣を受け、かつムハンマドの遺言に従ってパサイにやってきたメッカ出身のシャイフ・イスマイルによってイスラームへ改宗したとしている(Hill, 1961: 55-58)。同様にムラカ王国の王統記『ムラユ王統記』(一六一二年)も、ムハンマドと夢で交信したラジャ・トゥンガの改宗が、ムラカに来航したアラブ人のサイイド・アブドゥル・アジズによってなされたことを唱えた(Abdul Rahman Haji Ismail, 1998: 121-128; Brown, 1970: 43-49)。いずれも、ムハンマドとの交信とアラブ人宗教家による導きを重視している。一五世紀前半のパサイには先にも述べたように、ペルシア、ベンガル、アラブからのムスリム商人が多数逗留していた。これらムスリム商人たちの間では、アラブ人の「モウラナ」(マウラナ＝イスラームに詳しい人に対する尊称)が尊崇されていた(ピレス、一九六六年、三九七頁)。同様にムラカにおいても、多様な出身地の人々を統合するために、アラブ出身のマウラナが重用された。

こうしたイスラーム志向は、一六世紀中葉以降西アジアと東南アジアとの直接的な往来が活発になると、一層強まった。先にも述べたように、ポルトガルの交易独占に対抗してアチェやバンテン、ジョホールが台頭し、とりわけアチェは、インド洋を介してオスマン帝国と一五三〇年代以降接触を持つに至ったのである。

アチェの王室は、アラブ出身のウラマー(イスラーム指導者)たちを積極的に受け入れた(Hoesein Djajadiningrat, 1911: 157,160-161 ; Schrieke, 1957: 243)。スルタン・アリ・リアーヤット・シャー(在位一五六八―七五年)は、エジプト出身でメッカで活躍していたシャーフィイー派のウラマー、ムハンマド・アズハリーを迎え入れた。彼は、一六三〇年に没するまでアチェに滞在した。また次のスルタン・マンスール・シャー(在位一五七七―八六年頃)は、メッカからシャイフ・アブドゥル・カイルとムハマンド・ヤマニー、そしてグジャラートからムハンマド・ジャイラニを迎え入れた。ジャイラニは、その後メッカに渡り神秘主義を修めた後、スルタン・アラウッディン・リアーヤット・シャー・アルムカミルの時代に再びアチェにやって来て、一七世紀中葉まで滞在した。彼らウラマーは、アラビア語の読み書きをスルタンに教え、また教義の解釈について討議し合った。アチェの宮廷年代記『ブスターン・アル・サラーティーン』(一七世紀中葉)によると、スルタン・マンスール・シャーは臣下たちにアラブ風の服装をするよう命じたという(Hoesein Djajadiningrat, 1911: 160)。

一六世紀終わり頃より、スマトラ出身者でメッカで学んだ後にアチェに帰還し、活躍する学者も現れた。イブン・アラビーの流れをくむ神人合一の神秘主義の教義を修めたハムザ・ファンスーリーは、東南アジア海域世界で神との合一に到達することの重要性を、マレー語の四行詩で表現した。同じく神秘主義を修めたパサイ出身のシャムスッディン・パサイは、スルタン・イスカンダル・ムダに重用され、王権の強化に寄与し、外務大臣としても活躍した。また一七世紀の中葉には北スマトラ出身のアブドゥル・ラウーフが、二〇年にわたるメッカ留学の後にアチェに帰還し、スルタンに重用され、司法制度の整備に貢献した。こうしてアチェは、東南アジアのムスリムにとっての中東世界への玄関口となり、またメッカ滞在から帰還した東南アジアのムスリムたちの逗留する地となった。「メッカの玄関口」あるいは「メッカのベランダ」と呼ばれたことは、すでに序章で述べたとおりである。

一七世紀には、アチェのほか、バンテンや中部ジャワのマタラム、マカッサル、パタニでも同様に、支配者がイスラーム法の遵守に熱心になっていた。バンテンやマタラム、マカッサルはいずれも一七世紀前半にメッカに使節を送り、王はスルタンの称号を得た。またバンテン、パタニでも、アラビア語を話すイスラーム裁判官（カーディー）が王室で重用された（Reid, 1993: 184）。島嶼部やマレー半島の支配者たちは、中東との関係を強化し、自らがイスラーム世界の一員であるとの意識を高めた。

こうしたアラブ人法学者の重用は、一八世紀に東西交易の中継港として隆盛したパレンバン王国やマラッカ海峡のジョホール・リアウ王国においても見られた。マラッカ海峡と南シナ海の入口に位置するパレンバンは、一八世紀には胡椒と錫の輸出港として栄えた。ムシ川上流部に豊かな胡椒産地を有したパレンバンは、一六二〇年代からその栽培を本格化させ、一六七〇年代から一七二〇年代のピーク時には年間五万ピクル（一ピクル＝約六二・五キログラム）前後の生産を行った（鈴木、一九九四年、一六〇—一六二頁）。加えて一八世紀にはバンカ島で錫の採掘が始まり、中国やヨーロッパに輸出されたのである。

パレンバンは、オランダ人やイギリス人の商人をはじめ、中国人やブギス人、アラブ人らの訪れる港市となり、東南アジアにおけるイスラームの中心地の一つともなった。スルタン・アフマッド・バッダルディン（在位一七二四—五七年）は、ムハンマドの末裔を意味した「サイイド」を名乗るアラブ人宗教家を積極的に受け入れた（Andaya, B. 1993b: 219-221）。彼らは宮廷においてウラマーとして活動し、当時アラブにおいて評判の高かった宗教家の伝記や教義書のマレー語訳につとめた（Winstedt, 1969: 152-153）。またパレンバンからのメッカ巡礼も盛んになった。パレンバンをはじめ東南アジアからの巡礼は、上述したようにアチェから、直接アラビア半島に向かう船舶に乗船するか、南インドや西北インドを経由しアラビア海を渡りイエメンあるいはジェッダで下船するかであった。さらにスーラトやモカに商館を有したオランダ東インド会社の船舶も巡礼には便利であった。一七六四年パレンバンのムスリムたちは、バタヴィアに赴き、オランダ東インド会社にメッカ巡礼への支援を依頼した(Andaya, B. 1997: 199-200)。オランダは、表向きにはこうしたメッカ巡礼にオランダ船を活用することに消極的であったが、実際には商業取引の増進をもくろんで巡礼者への便宜を図った(Haan, 1912b: 747 ; Vredenbregt, 1962: 96)。また一七七六年にはスルタン・マフムード・バハウッディン(在位一七七四—一八〇四年)が、亡父と息子の代わりに臣下を数名メッカに派遣した。

パレンバン出身の巡礼者のなかにはメッカに長期滞在する者があり、当時アラブにおいて評判の高かったサンマーニヤ神秘主義教団の祖ムハンマド・サンマーニーに師事したアブドゥル・サマドはその一人であった。彼はイスラーム神秘主義の思想家として著名なガザーリーに着目し、その主要著作をマレー語で簡約した。アブドゥル・サマドは、神人合一を希求するあまりイスラーム法を軽視しがちなスーフィー(イスラーム神秘主義者)たちに対し、神の絶対性とその普遍性を強調し、イスラーム法の遵守と神への信仰の浄化を説いた(Azyumardi, 1992: 532-541)。中東における神秘主義思想の最前線を反映する彼の教えは、東南アジア・ムスリムのメッカ巡礼者のネットワークをとおして、パレンバンのみならず、ジャワやマレー半島やカリマンタン出身の宗教家にも影響を与えた。

一八世紀中葉には一〇万人前後の人口を抱え繁栄したリアウも、東南アジアにおけるイスラームのセンターの一つとなった。ジョホール・リアウ王国は、ジョホール王家のブンダハラ(宰相)が一六九九年にジョホール王を殺害してクーデターを起こした後、ブンダハラの息子がスルタン・スライマン（在位一七二二―六〇年）となり、ビンタン島を拠点に成立した王国である（第四章参照）。マラッカ海峡の要衝に位置したこの国は、海上民のみならず、南スラウェシから参入したブギス人が、商業・海運業の従事者また軍事力として重要な役割を担った。リアウは、海産物のほかスマトラやマレー半島の胡椒や錫を輸出し、さらにビンタン島でガンビール（つる科の植物で、その葉を煮つめてタンニンを抽出し、薬やベテール・チューイングに用いた）の栽培を行った。リアウには、ブギス人や中国人、イギリス人、インド系ムスリム、アラブ人などの商人が寄港し、サイイドや「族長」を意味するシャイフを名乗るアラブ出身者が一八世紀後半に多数居住していた（Raja Ali Haji, 1982: 161；Andaya, B. /Andaya, L. 1982: 79,93-94）。ここでもサンマーニヤおよびナクシュバンディヤの神秘主義教団の活動が展開した。このためジャワをはじめ東南アジアのイスラーム指導者が集う場所となった。とりわけ王国を実質的に支えたブギス人は熱心なムスリムとなった（西尾、一九九五年、一六〇―一六一頁）。

その他、アチェやシアク、ポンティアナクなどの港市では、アラブ人の血縁者がスルタンに就くという現象が生じた。すでに一六世紀中葉以降中東と緊密な交流を有していたアチェでは、一七世紀後半、スルタンの強権政治を嫌った宮廷貴族たちが四代にわたり、女性のスルタンを即位させた。これに対し、四代目の女性スルタンの即位に疑問を抱いた反対派の貴族たちが、メッカの法学者に女性スルタンの是非を尋ねる手紙を送った。その結果、スルタンは男性であるべきとの判断がなされ、一六九九年アラブ出身の男性スルタンが即位することとなった（Hoesein Djajadiningrat, 1911: 191-192）。アチェではアラブ世界を正統とみなす観念が、きわめて鮮明に発展をとげたのである。

一八世紀になると南アラビアのハドラマウト出身のアラブ人が、東南アジアにおいて宗教活動や商業に重要な役割を果たし始めた。港市支配者の間でも、王室の一族とサイイドを名乗ったアラブ人血縁者との婚姻を進めた。その結果、ハドラマウト出身の父とカリマンタン王族の女性を母としたサイイド・アブドゥル・ラーマンは、一七七二年にポンティアナクのスルタンとなった。また一七九一年にはシアクでも、ハドラマウト出身者の子孫でシアク王女を母とするサイイド・アリが、その地のスルタンとなった(Berg, 1886: 197)。

こうしたムスリム支配層の動きは、港市における非ムスリムの活動を必ずしも制限するものではなかった。オランダ人やイギリス人らヨーロッパ人の港市における活動は、支配者から保障されていた。例えばパレンバンのスルタンにとりオランダ人は、重要な交易相手でありまた政治的同盟者でもあったのである(Vos, 1993: 16-26)。またオランダとしばしば対立したリアウのブギス人にとって、武器をもたらしてくれるイギリス人私貿易商人が重要であったことは、言うまでもない。その他、非ムスリムの後背地住民を抱える港市支配者は、彼らに対して従来どおり神聖王として対応した。ムスリム同士でも関係する神秘主義教団や出身地が多様であり、王国でのイスラーム法の適用はきわめて柔軟でなければならなかった。理念として「正統」イスラームが重視されたのは、こうしたコンテクストであった。

5　上座仏教と中華秩序

また上座仏教も、一一世紀にビルマのパガン王に受容されたのを皮切りに、一四世紀以降東南アジア大陸部各地で本格的に展開を始め、交易活動の活性化とともにビルマ、シャム、ラオス、カンボジアにおいて盛んになった。東南アジアで受容された上座仏教は、スリランカのマハーヴィハーラ派（大寺派）の流れをくみ、この派はアショカ王の王子がスリランカに仏教を伝えた歴史に起源をもつ。この大寺派は、歴代のスリランカ国王の熱心な帰依を得て発展を続け、ベンガル湾を介して東南アジアにも伝わり、一一世紀にはパガン王アノーヤタに受容されるに至った。

上座仏教は、戒律を重んじる僧侶と俗人とを厳格に区分し、俗人の王は、僧侶組織であるサンガの保護者としてのみ、その正統性を主張できた。王は、仏法の擁護者であり、また王国に安寧と繁栄をもたらすよう努めねばならなかった。上座仏教は、交易活動の活性化したもとでその権限を強化しようとした王の活動を正当化した（石井、一九九八年、一五五―一五八頁。奥平、一九九四年、一〇〇―一〇五頁）。ペグー、アユタヤ、ルアンプラバン、カンボジアの諸王は、王国の統治のために仏教を積極的に信奉し、寺院建設に熱心となった。国王の庇護のもと僧院が組織化され、僧侶たちの活動が活性化した。僧侶たちによるスリランカの聖地巡礼が盛んになり、教典研究も進展を遂げた。

国を豊かにするために王は海外交易に熱心となった。アユタヤやペグーはその代表であった。一六世紀はじめにアユタヤがマレー半島の北・中部にかけて勢力を拡大していた頃、中部ビルマでは、米の生産で人口を拡大したタウングー朝のダビンシュエティー王（在位一五三一―五〇年）が勢力を拡大し、一五三九年ペグーに遷都した。タウングー王朝は、ダビンシュエティー王およびバインナウン王（一五五一―八一年）のもとで隆盛し、一五六九年にアユタヤ、そして一五七四年までにはラオスをも影響下においた。ペグーは、米や船舶建造用木材、宝石、麝香《じゃこう》などの輸出で、ポルトガルやヴェネツィア、アルメニア、エチオピア、アラブ、ペルシア、ムガル帝国やゴルコンダ、スリランカ、北スマトラ、中国などからの商人を引きつけた(Lieberman, 1984: 31-34; 伊東、一九九九年、二七九―二八二頁)。バインナウンは、仏教の擁護者であることを自認し、僧院や寺院を建設し、僧侶を保護した。彼はまた法典や判決集を整備し、商業活動を振興させるため度量衡の統一をはかった。さらに王自身がベンガルやスリランカ、ポルトガル領ゴア、中国と使節を交換した。

王都にムスリムやキリスト教徒をも含めた多様な人々の滞在を許すことは、王がその偉大な功徳を示す行為の一環とみなされた。一六世紀後半タウングー朝の影響下におかれたアユタヤは、ナレースエン(在位一五九〇―一六〇五年)の時代に再び独立を回復し、一七世紀には全盛期を迎えた。一六三三―四一年にアユタヤに滞在したオランダ人ファン・フリートは、アユタヤの人々が、キリスト教徒やムスリムに対して非常に穏和な態度をとり、他宗教を攻撃したり、仏教を強制しないことに注目している。国王プラサートトーオンが数名のムスリムを仏教に改宗させようとしたとき、僧侶たちはこれを戒め、以下のように語ったという(ファン・フリート、一九八八年a、一八六頁)。

宗教は別々であっても、よく信心すれば人々は天にのぼることができますし、また最高の主にとってあらゆる種類の信仰はいずれも喜ぶべきものであります。しかし私たちがまもっている宗教が重要であることは、さまざまな掟や書物からはっきりいうことができます。

人々の間で係争が生じたとき、王は紛争調停者の役割を担った。タウングー王と同様にアユタヤ王も、法典の整備に熱心となった。また裁判における王の権限は強力で、死刑はアユタヤでは、王だけが求刑できた。

そしてこの章で論じてきた港市支配者の多くはまた、中華の国際秩序も重視していた。パサイやムラカはイスラーム受容に熱心であるとともに、明朝にも(パサイは元朝にも)入貢した。仏教を熱心に信奉したアユタヤも同様である。東アジアと近接するシャム湾に位置したアユタヤにとって、森林生産物の主要輸出先であった中国との関係は重要であった。中国側史料によると、洪武帝時代(一三六八―九八年)、アユタヤは三六回にわたり明朝に入貢し、東南アジア諸国の中で突出していた(藤原、一九八六年、三三一―三三三頁)。

またアユタヤとマジャパヒトに挟まれたムラカにとっても、明朝の冊封《さくほう》体制に服することは、その存在を周辺勢力に認めさせることを意味し、重要であった。一四〇三(永楽元)年に、永楽帝が東南アジア諸国に朝貢を促したとき、建国間もないムラカはただちにそれに応え、パラメスワラが明朝に使節を送った。これに対し永楽帝は、パラメスワラをムラカ国王として認める勅書と印章を授受した。だが、ムラカが明朝に勝手に接近したことに不満を持ったシャムが、その後ムラカに攻撃をしかけ、その際ムラカは印章を失った。一四〇七年にチャンパー、ムラカ、パサイの使者から報告を受けた明朝は、シャムに戒諭を発した。シャムは一四〇八年、明朝に使者を送り、謝罪した。ムラカは一四一〇年、鄭和の第三回遠征隊が寄港した際、印章と衣冠と袍服を授けられた(藤原、一九八六年、七四―七六頁)。

ムラカはその後も、鄭和の遠征に応え頻繁に明朝に入貢した。とりわけ一四一〇年代から三三年にかけては、ムラカ王自身が五回入貢した(生田、一九六六年、五九六頁)。一四二一年、また一四二六年から三一年にかけてムラカは、しばしばアユタヤから侵攻された。明朝はムラカから訴えを受け、そがこれにより促進された。

のつどアユタヤに戒諭を発した。ムラカにとっては、その存在を保障されるとともに、中国との交易がこれにより促進された。

このように東南アジアの港市支配者は、しばしば複数の広域秩序に関心を払わねばならなかった。すべてが神に帰一することを説くイスラーム神秘主義や、諸原理共存の寛容性を説く仏教が重視されるとともに、婚姻や血縁の伝承も彼らにとり重要な統合原理となった。ファン・フリートが採集したアユタヤの王統記『シアム王統記』(一六四〇年)は、アユタヤ初代王ウートンが中国の出身で、中国皇帝の娘を娶ったとしている(ファン・フリート、一九八八年b、二一九—二二一頁)他、先述のように『ジャワ国縁起』も、ドゥマクの建国者ラデン・パタの母が中国王女であると唱えた。またムラカの『ムラユ王統記』(一六一二年)は、ムラカを隆盛に導いたスルタン・マンスール・シャーが、中国皇帝の娘と結婚することで中国との関係を強固にしたとしている(Abdul Rahman Haji Ismail, 1998: 169; Brown, 1970: 82)。いずれの場合も、史実として中国王室との婚姻関係は確定できないが、これらの三港市には富裕な中国人移住者のコミュニティが存在し、三王家は中国系移住者と血縁関係を有した可能性が高い(石井、二〇〇一年、二三四—二三八頁、Ricklefs, 1981: 33;生田、一九六六年、五九二—五九三頁)。中国王女との婚姻話は、そうした状況下で王家の正統性を高めようとしたものであった。

またムラカ・ジョホール王家やアチェのイスカンダル・ムダは、アレクサンダー大王の末裔を自認した。アレクサンダー大王は、『クルアーン(コーラン)』において不信徒を懲らしめるために強い力を有する「二本角 Dzul-Karnain」を持つ聖人として登場し、アラブやペルシアのムスリムの間では、ヨーロッパをはじめ西アジアや南アジアさらには中国にも広く覇権を確立したとされる英雄であった

(Winstedt, 1938: 10-23；山中、二〇〇三年、四四五—四五三頁)。『ムラユ王統記』では、アレクサンダー大王の血統を有しインドを征服したラジャ・チュラン(チョーラ王)が、シンガポールまで遠征し、海に潜って海の王の娘と結婚し、その結果誕生した息子が、ムラカ王家の始祖となったとされていたル・リアウ王国も、ジョホール王の祖先がアレクサンダー大王の息子で、西のルム王(オスマン帝国のカリフ)と東の中国王と兄弟であると唱えた(Marsden, 1966: 338-339)。

東南アジアはしばしば、イスラーム世界や中華世界の周縁部に位置づけられる(家島、一九九三年、四五—四六頁。浜下、一九九七年、三三—五六頁)。他方、東南アジアから見ると、異なる広域秩序間を媒介できることが、港市繁栄の重要な条件であった。このため港市支配者たちは、中華秩序やイスラームの秩序を熱心に維持しつつ、それらを包括できる原理を模索したのである。

6　東南アジアにおけるヨーロッパ人の港市

一六世紀以降には、ポルトガル領ムラカ、スペイン領マニラ、オランダ領バタヴィアなど、ヨーロッパ人が拠点を設けた港市が登場した。

東南アジアで、域外からの参入者やその末裔が港市支配者になることは決して珍しいことではない。ヨーロッパ人が拠点を構えた港市は、ヨーロッパ本国の出先機関となり、ポルトガルやオランダが武力を背景にしばしば独占交易を試みた点で、東南アジア在来の港市と異なる。しかし、先にも述べたように、交通通信手段が発達する一九世紀までは、概してヨーロッパ本国の意向は遠く離れた東南アジアには及びにくく、しかも東南アジアにおけるヨーロッパ人が比較的限られた人数であったため、独占交易が成功したのも、限られた場合であった。一六―一八世紀にヨーロッパ人が支配者となった港市は、一九世紀後半以降の植民地体制下の都市とは異なり、ヨーロッパ人を取り巻くアジア系商人や欧亜混血者が重要な役割を担った。

一五一一年のポルトガルのムラカ占領によって、東南アジアにはじめてヨーロッパ人支配者による港市が誕生した。ポルトガルは、先にも述べたように一五一二年マルク諸島に到達し、テルナテのスルタンおよびバンダ諸島の住民と交易関係を形成し、ムラカ―ゴア・カリカット―喜望峰を経由して、香辛料をヨーロッパ本国に運ぶ独占交易を試みようとした。限られた船舶と人員しかないポルトガルにとって、上記の目的を達成するためには、アジア系商人の協力が不可欠であった。ポルトガルは、ムラカ王国の港務長官にならい、コロマンデル海岸出身のヒンドゥー商人ニナ・シャトゥにこの地域のヒンドゥー商人の管轄を委ね、またルソン人、ペルシア人、マレー人のムスリム商人の管轄はルソン出身のムスリム商人レジモ・デ・ラジャに委ねた(ピレス、一九六六年、四八四頁。バロス、一九八一年、七〇頁)。またポルトガルのムラカ占領に協力したジャワ人たちのうちからも、ウティムティ・ラジャとトゥアン・コラスカルの二名がジャワ人の管轄を委ねられた。ウティムティ・ラジャは、ポルトガル人の記述によると、トゥバン、ジュパラ、スンダクラパ、パレンバンから来るジャワ人をムラカのジャワ人居住区(ウペ)に迎え入れ、富と奴隷の多さでは、ムラカ王につぐ存在であったという(バロス、一九八一年、四五―四六頁)。ポルトガルはムラカ王国に倣い、ムスリム商人およびヒンドゥー商人への課税を六%に抑え、商人を引きつけようとした(Thomaz, 1993: 78)。また食糧の供給のために、ペグーやアユタヤとの交易に積極的であったことは既に述べた。その他中国人商人もポルトガルにとって重要であり、一五五七年にマカオに拠点をもつまでは、彼らを積極的に招来した。

マルク諸島では、当初香辛料取引は順調に進んだ。しかし一五二一年、スペインがテルナテと対抗関係にあったティドーレと友好関係を築くと、丁字取引をめぐってスペイン—ポルトガル間の競争が生じた。また当初はポルトガル人の来航を歓迎したテルナテの人々も、ポルトガルの目的がテルナテ人を助けることではなく、丁字を独占的に買い入れるためであるとわかると、ポルトガルの高圧的な取引やキリスト教化を嫌うようになった(生田、一九九八年、一四九—一五〇頁)。両者の対立は一五七〇年、テルナテのスルタンがポルトガル側に殺害されると極みに達し、あとを継いだスルタン・バーブ・ウラー(在位一五七〇—八三年)により、ポルトガルは七五年にテルナテ島から追放された。ポルトガルは、今度はティドーレのスルタンを頼らざるをえなくなり、さらに、当初は順調だったアンボン島やバンダ諸島との取引も、ジャワ商人と関係を持つ住民の反感やポルトガル人自身の不正などによって期待どおりに進展しなかった。その結果ポルトガルは、一六世紀後半にはマレー人とジャワ人にムラカ—バンダ間の交易を委ねることを余儀なくされた(Meilink-Roelofsz, 1962: 160-163)。

またジャワ商人との関係も期待どおりに進展しなかった。ウペ地区のジャワ人の首領に任ぜられたウティムティ・ラジャは、ムラカ王を追い出した後の商品取引をめぐってポルトガル人と対立し、またムラカから去ったスルタン・マフムード・シャーと秘密交渉を行ったことが発覚して、彼と彼の息子はポルトガル当局によって処刑された(ピレス、一九六六年、四八一頁。バロス、一九八一年、八〇—八一頁。クロム、一九八五年、五八三頁)。ウティムティ・ラジャに代わりウペのジャワ人首領には、パテ・クディールが任ぜられた。ウティムティ・ラジャの権力基盤を引き継いだパテ・クディールも、交易取引の利益の分配をめぐってポルトガル当局と対立し、ムラカを追われた。こうしたムラカのジャワ人の動きに呼応して、一五一三年ジュパラの支配者パテ・ユヌスが、約一〇〇隻の艦船でムラカからポルトガル人を追放するために攻撃をしかけた。艦隊はポルトガルに撃退されたが、マルク諸島との交易に携わることでジャワ北岸港市のなかで最も隆盛したジュパラが示した反ポルトガルの姿勢は、一五七四年まで変わらなかった。また当初ポルトガルは、スンダクラパやグレシクにも交易拠点を構えたが、スンダクラパは一五二七年にバンテンに奪われ、またジュパラと協力関係を有していたムスリム支配者の港市グレシクとの関係も間もなく悪化した。

ポルトガル王室による香辛料の独占取引は挫折を余儀なくされた。ポルトガル本国の人口の少なさと航海船上での高い死亡率により、ポルトガル人はアジア全体で一六―一七世紀において一万人を超えることはなかった(Meilink-Roelofsz, 1962: 130)。ムラカにおけるポルトガル人人口は、一六世紀後半になり東アジアとの交易が進展してくると増えたものの、それでも五〇〇人を超えることはなく、平均的には一〇〇―二〇〇名であった(Boxer, 1969b: 133-134)。ポルトガル人のなかには現地妻をもつ者が少なからずあり、ヨーロッパ系住民のなかでも混血者の人数がやがて本国出身者を上回るようになった。一七世紀初めにムラカのポルトガル艦隊はアチェを攻撃したが、この時動員された三〇一二名のうち二三九二名がヨーロッパ系兵士であったが、ほとんどは混血者であった。人員不足に対処するため、ポルトガルはオランダ人やドイツ人、イタリア人などの他のヨーロッパ人を船員として雇用した他、カトリックに改宗した現地人や混血者、また他のアジア人をも船員や要塞警備員、港湾労働者として雇い入れた。しかし、先にも述べたように資金不足からポルトガル当局は、船員や要塞警護の兵士への給与を払うことができず、そのため寄港した船舶に高関税を課したり、私貿易を熱心に行ったりした。結果としてムラカでの交易活動は、駐在者の思惑にかなり左右されることとなった。

ポルトガル人私貿易者は、ムスリム支配者の港市にも頻繁に寄港した。ポルトガルは、ジョホールやアチェ、ジュパラなどのジャワ港市と抗争を繰り返したが、一時的な停戦状態が成立すると、私貿易者がこれらの港市を頻繁に訪れた。一五三六年、ジョホールとポルトガルの間で一時的な停戦が成立し、マラッカ海峡域の航行が安定した。ポルトガル人私貿易商人は、ジョホールのみならずパタニやアチェにも出向いた。東アジアとの交易で繁栄したパタニには、約三〇〇名のポルトガル商人が、またアチェでも約八〇名の私貿易商人が逗留した(Meilink-Roelofsz, 1962: 141)。ジャワ港市においても一六世紀後半には、グレシクや東端のパナルカンそしてバンテンを頻繁に訪れ、香辛料貿易に携わった。そもそもムラカとジョホールとの抗争時においても、ポルトガル人私貿易商人は、東南アジア域内商人に低い関税を設定していたジョホールでの商品購入をしばしば行っていた。表向き対立した諸港市とも、裏では緊密な交易関係を有したのである。資金不足に陥りがちのポルトガル人が私貿易を行えたのも、アジア系商人の協力があったからであった。

ポルトガルはやがて、一六世紀終わりより東南アジア海域に参入したオランダ勢力のまえに劣勢となり、マルク諸島やムラカの拠点を、一七世紀半ばに奪われた。だがその活動は一時期にせよ、ムラカを基点として広範囲にわたったため、ポルトガル語がマレー語とならんで、東南アジア海域世界での商業共通語として用いられるに至った(マレー語については第四章参照)。後にこの海域に他のヨーロッパ人が参入したとき、それぞれの港市で彼らはポルトガル語で迎えられることとなる(ハウトマン/ファン・ネック、一九八一年、一一一頁)。また火器の使用に優れたポルトガル人は、競合する東南アジアの港市支配者たちに傭兵として優遇された。ムラカ在住のポルトガル人や彼らと現地人との混血者は、ムラカがオランダに一六四一年に占領されたのちも、周辺港市で通訳や兵士、船乗り、商人として活躍し続けたのである(Boxer, 1967: 51; Abeyasekere, 1987: 28)。

7 風聞に惑わされるヨーロッパ人——バタヴィア

一六世紀の終わりに参入したオランダの当初の目的も、ポルトガル同様ヨーロッパ向け香辛料の独占取引体制を構築することであった。オランダは、一五九六年にはじめて東南アジア海域に到達し、バンテンで香辛料を入手することができた。以降「東インド」(インドネシア)へむけての航海が活発化し、一六〇二年には世界最初の株式会社となるオランダ東インド会社 Verenigde Oostindische Compagnie が設立された。

オランダは当初バンテンに商館を構え、マルク諸島との交易ネットワークづくりに着手した。一六〇五年にはアンボンに拠点を構え、その地のポルトガル人を追放した。オランダがマルク諸島に恒常的に拠点を構えるためには、食糧や衣服を十分に供給できる中継港を必要とした。バンテンでは、中国人やイギリス人など他のヨーロッパ人と競合したり、バンテン王室の経営方針に左右されやすかったので、それにかわって同じ西ジャワのジャカルタが注目されるようになった。オランダは一六一一年、この地に商館を設けたが、その後この地に進出したイギリスと競合するようになり、一六一八年オランダはイギリス商館を焼き払った。翌年、オランダはその地をバタヴィアと改名し、アジアにおける活動の拠点とした(永積、二〇〇〇年、九六頁)。

マルク諸島では、香辛料の独占取引を確立するため、オランダは対抗勢力の追放をはかった。そのためアンボンでは、一六二三年に対抗勢力のイギリス商館員を、オランダへの反乱容疑から虐殺した。一六三〇年代になるとオランダは、その独占交易に反発したアンボン島住民、セラム島西部に拠点をもつテルナテ人勢力、さらにその両派と結託したマカッサル人などと武力対立するに至った。オランダは、アンボン島の反オランダ活動に手を焼きながらも、一六四六年頃までに彼らの活動をほぼ鎮圧した。セラム島西部の反抗も一六五八年までに鎮圧し、オランダは南マルクにおける丁字生産の大半を管理下においた(Ricklefs, 1981: 59-61)。また北マルクでは、一六六三年にスペインがフィリピンでの植民地活動に集中するため、テルナテ、ティドーレから撤退した。オランダはこのときすでにテルナテに覇権を確立していたが、一六六七年にはティドーレをも勢力下においたのである。

オランダはまた、スマトラの胡椒の入手に努め、アチェの高圧的態度に不満を有したスマトラ中部のミナンカバウの首長たちと一六六三年にパイナン条約を結び、現地首長との直接交渉をとおして胡椒を取引する権利を確保した(Kathirithamby-Wells, 1969: 474-476)。さらに後背地に胡椒産地を有した南スマトラのパレンバンやジャンビとも、胡椒取引の条約を締結することができた。その一方でオランダは、ジャワ内陸部のマタラム王国とも一六四六年に友好条約を結び、ジャワ北岸のジュパラに商館を設けて、交易活動を支えるために重要な米と木材を買い付けることができた(Nagtegaal, 1996: 18)。

他方でオランダは、中国商人をバタヴィアに引きつけようとした。中国商人は、オランダの来航以前からすでに東南アジア海域世界の胡椒貿易に従事しており、バンテンをはじめパレンバンやジャンビで胡椒を積載し、中国に持ち帰るだけでなく、島嶼部の他港市にも持ち込み、中継貿易を行っていた。彼らの広範な活動の一端は、一七世紀初頭、中国の銅銭や鉛銭がバンテンをはじめジャワの主な市場で流通していたことからもうかがい知ることができる。オランダは、胡椒貿易に携わるジャンク船をバタヴィアに寄港させることで、胡椒取引をできる限り監督下におこうとし、その見返りにバタヴィアに寄港するジャンク船には関税を半額とした。また中国商人が使用したピチスと呼ばれた鉛製の貨幣をバタヴィアで一七世紀前半に鋳造し、彼らの関心を引こうとした(Blussé, 1988: 46-48)。逆に、バタヴィアに寄港しようとしないジャンク船を時折武力で威嚇した。こうした方策が徐々に功を奏し、一六三〇年代になると中国商人のジャンク船を引きつけ始めたバタヴィアは、島嶼部における主要な中継港の一つとしての地位を築くに至った。

　オランダはさらに、競合する港市の勢力削減をはかった。マルク諸島のポルトガル勢力を駆逐したオランダは、一六四一年ジョホールの協力を得て、ムラカを占領した。またマルク諸島との交易で競合していた南スラウェシのマカッサル王国とは、一六一五年以降対立していたが、六〇年代になるとマカッサルの攻略にかかり、六九年に王国を壊滅させた。オランダはマカッサルの要塞をロッテルダム要塞と改名し、同地に滞在したイギリス人やポルトガル人などのヨーロッパ人を追放した。さらに西ジャワでバタヴィアとならんで繁栄していたバンテンとも抗争し、一六八二年これを服属させ、バンテンがマタラム王家と関係を結ばないこと、さらにはオランダ人以外のヨーロッパ人を寄港させないことを認めさせた。マカッサルとバンテンを追われたイギリス人は、東南アジアでは、南スマトラのブンクルに商館を持つのみとなった。

オランダはこうして、一七世紀後半に島嶼部においてもっとも優位な地位を獲得した。しかしオランダが胡椒取引のシェア拡大に成功した一六七〇年代に、ヨーロッパ市場で胡椒の価格が暴落した。それ以降オランダがヨーロッパにもたらす商品のなかで、胡椒は急速にその重要性を失ったのである(Reid, 1993: 299-300)。

こうしたなかでバタヴィアは、胡椒貿易の中継港から、後背地で栽培された砂糖やコーヒーを輸出する港市へと変容し始めた。とりわけ砂糖は、一七―一八世紀に東アジアをはじめ西アジアさらには南アジアで需要が増大し、バタヴィアをはじめジャワ北岸港市の後背地で栽培が盛んになった(Blussé, 1988: 90-93 ; Nagtegaal, 1996: 137-140)。ジャワでの砂糖企業は、その経営だけでなく栽培から製糖までの作業を含め、ほとんどが中国人の手でなされていた。したがって中国からのジャンク船は、交易品だけでなく、中国人労働者をもバタヴィアにもたらす重要な役割を担うこととなった。ジャンク船は、一六四〇年代後半から七〇年代にかけて中国の王朝交代、さらには鄭氏と清朝との抗争により、一時期バタヴィアへの来航数を減少させたが、一六八三年に清朝が台湾の鄭氏を鎮圧して政治的に安定すると、その数が増加した。バタヴィアにとって、東アジアと東南アジアの間に交易ネットワークを有した中国商人は、アジア間の貿易を進展させるだけでなく、バタヴィアの周辺地域の農業開発において重要な意味をもったのである。

バタヴィアには、当初よりオランダ人をはじめ、中国人、南アジア出身者、マレー人やジャワ人、バリ人やアンボン人などの他のインドネシア地域出身者など、多様な人々が居住した。一六七三年の統計によれば、バタヴィア城内の人口二万七〇六八人のうち、最も多いのがマルデイケル（旧ポルトガル領下のインドやムラカ出身で、キリスト教徒となり解放された奴隷）の五三六二人であった（Chijs, 1902: 28-29；Abeyasekere, 1987: 19-20）。彼らはオランダ東インド会社の職員や兵士、牧師や商人などの職に就いた（Haan, 1922a: 512-549）。続いて中国人が二七四七人を占め、第三位のオランダ人は、二〇二四人ほどであった。その次にムスリム住民（「ムーア人」）およびジャワ人の一三三九人、バリ人九八一人、欧亜混血者七二六人が続き、奴隷が一万三二七八人（出身地の内訳なし）存在した。

中国人は、東インド会社による中国貿易の進展とともに移住者が増加し、一六九九年にはバタヴィア城内の中国人は三六七九人となった。またこの頃には、バタヴィア郊外にも多くが居住し、そこで主にサトウキビ栽培に従事した。一八世紀初めには郊外の中国人人口は、一万人を超えていた。中国系住民は、東南アジアの他港市の場合と同様に、城内において居住区を割り当てられた。オランダは、彼らのなかからカピタンを任命し、オランダ当局と中国系住民との仲介役とした。カピタンの下には、副首領となるライテナントが置かれ、中国系住民の取り締まりや裁判、徴税を行った（永積、二〇〇〇年、一八六頁。Blussé, 1988: 81）。

バタヴィアのヨーロッパ系住民は、一八一五年の統計によると二〇二八人となっており[6]（Raffles, 1988: 246）、一七世紀後半のオランダ人の数とほとんど変わりはなく、少数派であった彼らを取り巻く住民、とりわけ中国人の動向は無視できないのであった。中国人を安価な労働力として活用しようとした砂糖企業家は、オランダ側の監督者と結託し、移住者として登録されない「不法滞在者」として多くを入港させた。それにより、中国人も当局に税金を支払う必要がなくなるのであった（Blussé,

1988: 89-91)。砂糖企業が盛んになるにつれ、バタヴィア郊外に居住する彼らの数が増し、従来のカピタンやライテナント制度で対応することができなくなり、治安は悪化した。

中国人住民に対する反感や不安が、バタヴィアの他の住民たちの間に広がった。一七二一年一二月、中国人たちがバンテンやチルボン、マタラムさらには東ジャワのバランバガンやバリの人々の支援も得て、バタヴィアのヨーロッパ人を皆殺しにしようとしているという噂が、バタヴィアにまことしやかに流れた。オランダは噂にショックを受け、「真相」の究明に乗り出さざるを得なかった。オランダは、時の総督と土地の売買をめぐって係争していたドイツ人とシャム人との混血者ピーテル・エルベルフェルトをはじめ、ジャワ人カルタドゥリアを陰謀の張本人とみなし、長期の拷問の末、彼らから「自白」を得た。彼らが真の首謀者かどうか、きわめて疑わしいが、オランダは、二人を含めその一味とみなした四九名を処刑した(Ricklefs, 1981: 87 ; Haan, 1912a: 472-476)。

しかし、中国人移住者はその後も増え続けた。オランダはこれに対し、一隻のジャンク船に一〇〇人以上の移民を載せてくることを禁じた。しかしそれでも間に合わず、一部を本国に送還したり、スリランカ、バンダ、ケープ植民地(南アフリカ)などに送り、農業労働に従事させようとした。またジャワでの滞在許可書の発行をめぐり、オランダ人官吏が高額の賄賂を要求することがしばしば生じ、オランダ当局と中国人との関係は悪化した。こうしたなかで、中国人が関係する窃盗が頻発し始めたので、一七四〇年七月、当時総督であったファルケニールに対し東インド参事会員のファン・イムホッフは、許可書のあるなしにかかわらず、不穏分子を逮捕することを主張した。彼の主張は実行されたわけではなかったが、ジャワにいた中国人を不安に陥れた。すでに多くの中国人がスリランカに送られていたが、スリランカに連れて行かれるのでなく、水平線の彼方で海に投げ込まれるのだ、という噂が彼らの間に流れ始めた。滞在許可書を有する者も有さない者も、バタヴィアの町から密かに去り、郊外に集結し、強盗を働いたり、砂糖製造所を破壊し始めたりした。オランダ当局は、これを取り締まるために軍隊を派遣したが、成果が挙がらなかった。

バタヴィアのヨーロッパ人の間に、町が中国人に包囲され、総攻撃されるかもしれないという噂が拡がり始めた。オランダ当局は、城内の中国人の動きを警戒し始めた。オランダ側が中国人の居住区に入り武器の調査を行ったとき、一軒の家に火災が起こり、これを中国人の総決起の合図であると誤解した。オランダ人は、一〇月九日と一〇日にバタヴィアの中国人を手当たり次第に虐殺した。さもないと、彼らから報復されると思い込んだからである。一万人前後の中国人が虐殺されたと推定されている(Blussé, 1988: 95 ; Ricklefs, 1981: 87)。事態が落ち着いた後、中国人は再び郊外に居住を認められたが、バタヴィアと中国との貿易は衰退し始めた。また中国人の移住者もバタヴィアを避け、マラッカ海峡域に赴く者が増えた。

8　家族的紐帯と統治——混血者・宗教・女性

少数のヨーロッパ人と多様な出身地からなる住民集団を抱えたバタヴィアにおいて、ヨーロッパ人とアジア人との混血者は社会統合の上で重要な役割を果たした。ヨーロッパ人が少数派であったなかでも、とりわけ女性は極めて限られていたため、バタヴィアに赴任した東インド会社職員のオランダ人は、アジア人女性と結婚する(あるいは現地妻を持つ)者が少なくなかったのである。当初オランダ人男性の結婚相手となったのは、ポルトガル語を話せたマルデイケルの女性たちであった(Taylor, 1983: 17 ; Blussé, 1988)。その結果、バタヴィアには「ユーラシアン」と呼ばれる欧亜混血者が誕生した。この点は、スペイン領のマニラも同様であった。一五七一年のマニラ建設当時、スペイン人は約二五〇人ほどであったが、スペイン系住民はその後徐々に増加し、一八世紀終わり頃には、マニラ城内(イントラムロス)の総人口九七八四人のうち、スペイン人およびスペイン系混血者(メスティーソ)は、一四五六人となっていた(菅谷、二〇〇一年、三二頁)。しかし他に諸島民(ナチュラーレス)七二五三人、中国系メスティーソ一〇七五人であったというから、それでも少数であった。マニラ城外(アラバーレス)まで含めたマニラ全体の総人口は、一八世紀末で八万人とされているが、スペイン人の比率は一割以内と推定される。それに比しスペイン系メスティーソは着実に増加していた。

こうしたヨーロッパ人と現地人との混血者の女性やアジア生まれのヨーロッパ人女性は、バタヴィアにおけるヨーロッパ人の活動に少なからぬ影響力を行使した。東インドに赴任したオランダ人総督の妻の出生を見てみると、一九世紀前半までほとんどがバタヴィアあるいはアジアの他地域の出身であり、ユーラシアンも少なからずいた(Taylor, 1983: 186-201)。彼女らは、多くがアジア人の乳母に育てられ、ポルトガル語を日常語とし、ヨーロッパ本国とかなり異なる境遇にいた。バタヴィアに駐在したオランダ人の東インド会社職員の昇進に、本国の意向は反映されにくく、総督すら諮問機関であった東インド評議会の推薦者を本国が追認するやり方が、一六三六年に総督となったファン・ディーメンから一八世紀末のオランダ東インド会社の解散まで続いた。要するに昇進は会社の上司との人間関係によって大きく左右された。このため、オランダ人はバタヴィアにおける上司や有力者の血縁者と結婚することが頻繁であった。東インド会社職員と死別した未亡人が、新たにやってきた職員と結婚することも頻繁になされた。その結果、誕生した男子は、オランダ本国へ教育のため送られ、バタヴィアに帰らぬ場合が多かったが、女子の多くはオランダ人男性の配偶者となり、バタヴィアにとどまった(Taylor, 1983: 74-76)。

また、東インド会社職員にとってバタヴィア滞在の第一の魅力は、私貿易によって財をなすことであった。既婚者の会社職員にとっても、バタヴィアに根を張り、中国人をはじめとするアジア系商人ともつながりを有するユーラシアンの女性を現地妻とすることは、きわめて重要であった(Abeyasekere, 1987: 31-37)。一八世紀から一九世紀前半期のバタヴィアにおけるユーラシアンの家族の紐帯は女性をとおしてきわめて強く、バタヴィアの東インド評議会にも少なからぬ影響力を行使した。

こうした欧亜混血者は、キリスト教会の活動においても重要な役割を担った。バタヴィアにはオランダ本国より牧師が派遣されていたが、その補佐役やオランダ人子弟・家族の教育は、マルデイケルの牧師や教師が担った。貿易では宗教にほとんど無関係に活動したオランダ人総督や会社職員たちも、バタヴィアではマルデイケルやアジア人キリスト教徒の教会活動を経済的に支援した。一七―一八世紀のバタヴィアには、オランダ人向けにオランダ語で活動を行う教会のほか、ユーラシアンやアジア人のキリスト教徒向けに、ポルトガル語さらにはマレー語で活動がなされる三種類の教会が存在した。なかでも最も信者数が多かったのは、ポルトガル語で活動を行った教会で、一六九八年の時点でおよそ四〇〇〇名の信者を有した(Haan, 1922b: 250)。

こうしたアジア系キリスト教徒は、東インド会社の兵士や下級職員として採用され、輸入業に携わることができ、ヨーロッパ人の服装が許可され、火器を持つことができるなどの、非キリスト教徒住民にはない特権が付与されていた。そしてキリスト教徒女性がオランダ人男性と結婚した場合、その家族はしばしばヨーロッパ人の法的地位を獲得することとなった(Taylor, 1983: 76；深見、一九九七年、四一頁)。このためポルトガル語は、バタヴィアにおいてヨーロッパ人社会でも一八世紀末まで広く使用された。オランダ本国の影響力が強く及びだす一九世紀中葉まで、ユーラシアンやアジア人のキリスト教徒は、バタヴィアの社会統合の上で重要な役割を担ったのである。

この点は、フィリピンにおけるカトリック教会でも同様である。カトリック教会は、スペインのフィリピン統治において、住民の精神世界の掌握を試みるとともに、統治行政にも具体的に参画した。フィリピンにはマニラ大司教のもとに、大司教直轄区と四つの司教区が存在し、それらはさらに聖堂区(または小教区)に細分される構成をとっていた。マニラ大司教と四人の司教は、フィリピン総督の行政上の最高諮問機関である行政委員会に参加し、マニラ大司教は国防問題に関する最高諮問会議にも参加し、植民地統治の枢機に与った。

また聖俗両統治組織の末端に位置するプエブロ(町)と聖堂区とは、通常領域的に重なっていて、これが植民地統治のもっとも重要な基礎単位となった。プエブロの統治に当たったのが、プリンシパリーアと呼ばれた役人衆で、町長や筆頭助役、複数のバランガイ(村)長、数名の平助役、治安判事、書記、翻訳官、二名の公証人などから成っていた。こうした現地住民官吏を監督したのが、聖堂区教会の主任司祭であった。町長やバランガイ長などの要職は、プエブロの選挙人会によって選出されることになっていたが、主任司祭の承認が必要とされた。また主任司祭は、町長およびバランガイ長のもっとも重要な職務である徴税事業を監督し、納税通知票の訂正権を保持した。また彼は、プリンシパリーアが構成した町評議会の顧問であり、プエブロの各種専門委員会の委員長であり、プエブロ予算の監査役であり、プエブロの祭りに現地語で演じられる芝居やコメディアの検閲官であり、プエブロの小学校の視学であり、教員採用試験官であった(池端、一九八七年、一七—一九頁)。

一七〇〇年頃までのフィリピン在住のヨーロッパ人修道士の数は、二五〇—四〇〇人ほどで、この数で一〇〇万人近くの現地住民の改宗事業と改宗者の指導、さらには上述した統治業務にあたらねばならなかった。こうした宣教上の困難に対処するため、現地人の宗教的リーダーを養成し、修道士の補佐役とした。やがて彼らのなかから、修道士に代わって聖堂区を管轄する在俗司祭が誕生し、一七五〇年には少なくとも五一名の現地人在俗司祭が存在していた。また一七七二年には、現地人在俗司祭養成のための神学校がマニラに設けられ、マニラ大司教区内における現地人在俗司祭は、一七八二年に一五三名に上った。彼らのなかには、現地住民有力者の子弟をはじめ、スペイン系メスティーソや中国系メスティーソも少なくなかった。

またバランガイの長の子弟など現地住民信徒のなかには、スペイン人司祭と聖堂区民との通訳に当たったり、司祭の補佐的活動に従事する者もいた。彼らは、タガログ語で詠唱のできるキリスト受難詩(パッション)を作り出し、マリアやイエスの物語をタガログ人の価値観を盛り込んで表現した。さらに彼らのなかから、信仰心と相互扶助の精神を高める目的で、兄弟会を創設し、信徒活動の中心的役割を担った者も出た。パッションならびに兄弟会は、フィリピン人のキリスト教化ならびに社会活動の上で、重要な役割を担うこととなったのである(池端、一九九〇年、二八八—三〇七頁、Ileto, 1979:

37-92)。

一五―一八世紀の東南アジアの港市は、多様な出身地の住民より構成されていた。コスモポリスとなった港市では、イスラーム、仏教、さらにはキリスト教が統合原理として重視された。出身地の異なる住民間では、時として対立や抗争が起きたが、その隔たりは決して固定的なものでなく、通婚もしばしばなされた。港市は、諸集団を交流させ、遠隔地交易を促進させる重要な場所であったのである。

ところで、港町に来航した外来者たちは、東南アジアの豊かな自然環境が産み出す貴重な商品をもたらす後背地や周辺海域の島々にも、高い関心を払っていた。外来商人にとって、産地住民と直接交渉できるに越したことはなかったからである。彼らはそうした場所でも、港市同様に隔たりなく、産地民と交流できたのだろうか。次章では、外来者に港市以外の場所がいかに映ったのか、検討したい。

第二章　「異界」の展開

1　「不気味」な後背地

港市は広く来訪者に開かれており、彼らが慣習にのっとった活動をおこなうかぎり、そこでの滞在が保障された。だが外来者が、港市支配者を介さず内陸部の産地住民と直接接触することは、さほど簡単ではなかった。そもそも港市支配者の存立基盤は、外来商人と王国内の住民とを仲介することにあったからである。また内陸部住民にとり、外来商人はしばしば病気を持ち込んだり、武力を背景に人々を捕え隷属民として売りさばく危険な存在でもあった。このため港市支配者には、外来者と内陸民とが直接接触しにくい状況が望ましかった。東南アジアにおいて内陸民の「奇習」の風聞が流布した背景は、こうしたところにあった。

後背地住民が好戦的な「人喰い族」であるとする話は、その典型である。人間どうしの「共食い」は、人類がまず避けるべき重要な掟の一つとされてきた。そのため「食人」が実際になされたかどうかをめぐり、現代の研究者は大論争を展開してきた(アレンズ、一九八二年。桑原、一九八八年)。食糧危機の非常時や厳格さを期す処刑法として、「食人」が歴史的に存在した可能性は否定できない。ただ本書は、「人喰い」風聞が事実に基づいているか否かについては、直接の考察対象としない。これが風聞として語られたことの史実や、それを流布させた社会構造を問題としたいからである。[1]

東南アジアにおける「人喰い」風聞は古くから存在した。貴重な交易品を産し、かつ産地住民が港市に比較的近接して居住した場所は、「人喰い族」の存在がしばしば語られた(弘末、一九九五年、一四—二二頁)。金や龍脳などの貴重な森林生産物を産し胡椒の産地であった北スマトラも、その一つであった。この地域は、河川上流部の産地住民と港市とが平均的に二〇〇キロ以上も隔たっていた南スマトラ東岸部とは異なり、最も内陸部の住民でも港市に一週間以内で行けるくらい、比較的近接していた。この地の「食人」風聞は、遅くとも九世紀頃から存在し、植民地支配に組み込まれる直前の一九世紀にいたるまで、旅行者の間に広まっていた(Tibbetts, 1979: 25,28,45 ; Marsden, 1966: 390-395)。

本書の第一章で取り上げたパサイ(サムドラ)は、そこを後背地とした港市であった。元朝のフビライ・カーンの使節の一員としてペルシアに向かったマルコ・ポーロは、一二九二—九三年にパサイ王国に悪天候のため五カ月間逗留した。『東方見聞録』のなかで、その地の王は勢力が強く富も大であると述べたあと、ポーロは以下の話を残している(マルコ・ポーロ、一九七一年、一五四—一五五頁)。

ところで、マルコ氏とその一行の人々がどのようにしてこの地で五カ月間を暮らしたか、その模様をお伝えしよう。この島に上陸して二千人の一行とともに五カ月間を送ったマルコ氏は、まず野営地の周囲に大きな濠を掘りめぐらし、島の内陸との連絡を遮断した。これは、人間をすら捕えて食用にあてるという野獣に近い土人《ママ》を警戒しての措置であった。この濠の両端は港に通じており、濠の上には防壁を施した足場まがいの木製櫓を五つ設備した。こうした堡塁に守られて五カ月間の滞在がなされたのであるが、幸いにも付近には木材がたくさんあったから、かかる櫓の造作が可能だったのである。そのうち一行と土民《ママ》との間に相互信頼が生じてくるにつれ、彼等も次第に食糧その他の物資を売りに来はじめるようになった。

ポーロは「人喰い」風聞に影響され、港にいわばへばりついた状態であった。やがて人々と相互信頼関係が生じ、物品の交換が可能になったのであった。ポーロにとって、「食人」は伝聞の域を脱しなかった。ポーロ一行をかくも警戒させた「人喰い」についての情報を、彼はどこで得たのか。彼がパサイに寄港する直前に立ち寄った同じく北スマトラのプルラク(ファーレック)についての『東方見聞録』の一節は、この問いにヒントを与えてくれる(マルコ・ポーロ、一九七一年、一五一頁)。

ファーレック王国の住民は元来すべてが偶像教徒であったが、サラセン商人がこの地にひんぱんに来航するようになって、一部の都邑在住民だけマホメットの教えに改宗することになった。山地に住む島民はまるで野獣のようで、肉なら不浄であろうがなかろうが、何でもかまわず食用に供するし、人肉すらも食べるのである。

パサイの場合と同じく、ポーロ一行は港市付近に逗留したのみなので、この「山地に住む島民……」の部分は伝聞によるものである。おそらくプルラクの港市に居住し内陸民とも接触したムスリム住民が、彼らの「未開性」についてポーロ一行に語ったものであろう。

ポーロはこのほかにも、パサイのつぎに寄港した北スマトラのダグロイアンの内陸部に「人喰い」

がいることを記している(マルコ・ポーロ、一九七一年、一五七頁)。一方、フビライ・カーンの信任篤いポーロをこれらの港市支配者は厚遇し、ポーロは無事これらの港市に逗留できた。彼の記述に、とくに危険な事態に遭遇したという箇所はない。これはまた他の旅行者においても同様である。九―一八世紀に北スマトラに寄港したアラブ人やヨーロッパ人の記録に内陸部の「食人」の風聞がしばしば登場するが、彼らが実際「人喰い」と遭遇したという記述はない。すなわち「食人」風聞が流布する一方で、港市支配者は寄港者に対し安全を保障したのである。「食人」の風聞を耳にした旅行者は内陸民と直接接触することに消極的となり、港市支配者を介することを選ぶ。ポーロにいたっては、港市に逗留しつつも堡塁をかまえたのであった。

とりわけ胡椒取引が活性化して港市が隆盛した一五―一七世紀、内陸部における「人喰い」風聞もエスカレートする。東南アジアにおける胡椒の主要産地の一つとなったパサイを、一四三五年に訪れたニコロ・デ・コンティは、以下の記述を残している(Nicolò de' Conti, 1875: 8-9)。

ゼイラム(スリランカ)からコンティはタプロバナという島にある立派な町へ渡った。その島を地元の人々はシャムテラ(サムドラ＝パサイ)と呼ぶ。コンティはそこに一年間滞在した。その町の周囲は六マイルで、その島の商品を取引しているたいへん高貴な町である。……コンティがいうには、タプロバナは周囲が六〇〇〇マイルある。人々はたいへん残忍で、習慣は野蛮である。……彼らは偶像崇拝者である。この島は通常より大きい胡椒および長胡椒、龍脳とまた莫大な量の金を産する。……この島のバテックと呼ばれるところに、人喰いが住んでいて、つねに彼らの近隣の人々と戦いをおこなう。彼らは頭蓋を宝物として保持する。なぜなら彼らは敵を捕えると首を切り落とし、その肉を食べ、頭蓋骨を貨幣のかわりに使うためにたくわえるからである。……家に頭蓋を最多有する者がもっとも裕福であるとみなされるのである。

この「バテック」(バタック)と呼ばれた地域は、当時の旅行者の記録によれば北スマトラのシンケルやタミアンの内陸部にあたり、龍脳、金、胡椒の産地であった(ピレス、一九六六年、二七二―二七三頁。ピント、一九七九年、四四―四七頁)。一六世紀初めのトメ・ピレスの記述によれば、パサイの商人が内陸に赴き、産品の取引にあたっていた(ピレス、一九六六年、二九〇頁)。コンティは上述のような「食人」風聞のため、この「バテック」の地には足を踏み入れることができなかった。これはまたピレスの場合も同様である。

こうした内陸民の「人喰い」の話を来訪者に信じ込ませるのに最も貢献したのが、港市に居住した人々であった。来訪者が最初に港市支配者と接見した際に得る印象は、とりわけ大きい。時代は下るが一八二三年、北スマトラの東岸港市デリを訪れたイギリス東インド会社職員ジョン・アンダーソンは、デリのスルタンに接見し、その際スルタンの兵士を勧めていた内陸部のシマルングン出身のバタック人より、彼が七度人肉を食したことを聞かされた。またパクパク出身のバタック人の兵士の一人も、かつて何度か「食人」をしたことがあることを彼に語ったという(Anderson, 1826: 34-35)。アンダーソンは、この他同じく北スマトラの港市バトゥバラを訪れた際にも、王家に仕えるバタック人から「人喰い」の体験談を聞かされた(Anderson, 1826: 122)。

内陸部に直接足を踏み入れていない状況下では、こうした港市居住者の話がきわめて高い信頼性を呼び、旅行者たちの話題になっていく。来訪者は「人喰い」話に影響されて、ポーロやコンティのように内陸部に足を踏み入れることにきわめて消極的であった。サムドラはしたがって、コンティの言葉を借りれば、外来者がそこで安全に取引できる「高貴」で「立派な」町であった。

北スマトラは、一五三〇年代以降アチェの影響下にはいり、その後一七世紀前半にかけて隆盛したアチェは、北・中部スマトラの港市を厳重な監督下においた。このため一六二一年にこの地を訪れたフランス人オーギュスタン・ド・ボーリュによれば、「人喰い」は北スマトラだけでなく、中部スマトラ内陸部にも住んでいるとされている。彼の記述によると、アチェの代官が派遣されていたティクやパリアマンの後背地では、外来者が内陸部に足を踏み込むとただちに捕らえられ、胡椒をまぶして食されると噂されていた(Harris, 1744: 742)。港市が隆盛すればするほど、外来者にとって港市を介して映る内陸民は「不気味さ」を増すのであった。

2　相互に流布する「好戦性」——外来者と内陸民

同様な内陸民の「好戦性」は、スマトラ以外の地域でもしばしば外来者の記述に現れる。一五世紀前半に鄭和の第一・四・七次の遠征に随行し、東部ジャワのトゥバンからグレシク、スラバヤを経由してマジャパヒトの王都に入った馬歓は、東部ジャワの沿岸民と内陸民とを以下のように対比している(馬歓、一九九八年、二六頁)。

この国には三種の人々がいる。一種はイスラム教徒(回回人)でみな西方諸国の商人であり、この地に流れて来たもので衣食その他は洗練されている。一種は中国人(唐人)でみな広東、漳州、泉州の人々のここに逃れて来たもので、日常生活は清潔で多くイスラム教を信じ、おつとめをしている。一種は原住民で顔かたちはみにくく、もじゃもじゃ髪であかはだしで鬼教を信じている。仏典にいう鬼国はこの地である。この人たちの飲食はきたなくて蛇、蟻、みみずの類を火で焼いて食べる。飼犬も人と同じ器で食べ、夜も一緒に寝てもいやがることもない。昔のいい伝えに青面紅身赤髪の鬼子魔王がこの地で一匹の罔象《もうしょう》と交わって百余人の子供を生み、いつも血をすって食物としたので多くの人々が食べられた。ある日、雷が鳴り、石が裂けてその中から生まれでたものがある。人々はこれを不思議とし、推して王となし、精兵を率いて罔象などを追い払ったので被害がなくなり、人々は安心できるようになったのであるが、これが今でもここの人々の乱暴を好む所以である。

馬歓は、ジャワ沿岸部からブランタス川下流域の王都に到達した。馬歓一行を案内したのは、沿岸港市に居住した中国人とマジャパヒト王国関係者であろう。王都は米が豊かで、東部インドネシア産の白檀やナツメグ、ジャワ産の長胡椒や蘇木さらには金剛子などを商う商品豊かな交易都市として描かれている(馬歓、一九九八年、二四頁)。しかしジャワ人は上記のように、乱暴を好む「鬼国」の住人とされている。馬歓は同じくジャワについての記述のなかで、ジャワ人が売買の際に銭や物が不明になったり、あるいは酒に酔って狂ったり、言い争いをしたりするとすぐ刀を抜いて殺傷ごとをおこしてしまい、三日間逃げまわったら死んで償わなくてもよいが、その間に捕まると殺されてしまうと述べている(馬歓、一九九八年、二三頁)。このため馬歓は、ジャワで毎日殺人があるのは恐ろしいことであると記している。鄭和の遠征隊には、ジャワ人と直接接触することは、きわめて困難に映った。

またこれは、内陸住民が港市を介してみた外来者にもあてはまる。ジャワ人も中国人をきわめて

「不気味な」存在とみなしていた。マジャパヒト王国の時代ジャワに来た船の多くは、まずトゥバンに寄港した。同じく鄭和の遠征に随行した費信《ひしん》の『星槎勝覧《せいさしょうらん》』におけるトゥバンに関する記述によれば、ジャワ人は中国人を「人喰い」とみなしていた（馬歓、一九九八年、四〇頁）。

> 杜板《ツーバン》（トゥバン）も村であり、また地名でもある。海中に水が一個所清らかであり、淡水で飲むことができるので聖水と称してる。元の時の遠征軍の史弼、高興がこの国（ジャワ国）を攻めて一月経ったが雨が降らず、舟中の水や食糧が尽きんとして軍士が困った。そのとき史、高の二将は、天を拝し祈っていうのに「命を奉じて蛮を伐っている。天が水を与えて生かしめんか、与えずして死せしめんか」と。祈ってから槍を塩辛い海水中に突きさすと、この泉水が槍を突きさした所から湧き出で、その水の味は甘かったので、軍中みなこれを飲み、そこで命令して天が助けを賜わったのであるといったので、士気おおいに振るい、喊声はふるって、蕃兵百万余をことごとく敗走せしめ、ついに上陸して突入し、生けどりの番（蕃）人は煮て食べてしまった。そこで今でも中国では人をよく食べるのだといっている。

鄭和の時代、上述したようにすでにこの港市に長期にわたり居住する中国出身者がいた。彼らは、一方で中国からの使節や商人と接し、他方でジャワ人とも接したことで、ジャワ人の中国人観の形成に重要な役割を果たしたのである。[2]

一六世紀以降東南アジア海域に参入したポルトガル人をはじめとするヨーロッパ人にとっても、隆盛する港市の後背地は「不気味」であった。ムラカ（マラッカ）を占領したポルトガルは、米を入手するため、ペグーとアユタヤさらにはカンボジアを訪れた。ピレスは、いずれの港市の後背地住民も

「好戦的」あるいは「反抗的」で、ムラカでは物腰が柔らかいペグーやアユタヤの商人たちが、後背地住民との間を仲介する自らの港市では、「狡猾」で「尊大」であるとしている(ピレス、一九六六年、二〇四―二二三頁)。これらの諸港市の商人たちとの取引を円滑に進めるために、ポルトガル人は、ムラカ時代の交易慣習を意識的に復活させねばならなかった。またピレスによる北スマトラの「人喰い」風聞については、既に触れたとおりである。ピレスと同じく一五一〇年代にマラッカ海峡域を訪れたバルボザも、北スマトラ内陸部の非ムスリムが、敵対者や外来者を容赦なく食するという話を残している(Barbosa, 1921: 188)。その他、マルク(モルッカ)諸島の丁字栽培が拡大していたアンボン島周辺では、テルナテとティドーレの両勢力が複雑に交錯したため、双方が相手の勢力下にあった島民の「蛮行」をなじり合った。この海域に参入したポルトガル人とスペイン人は、島民の「食人」の風聞に悩まされた(ピガフェッタ、一九六五年、六四七―六五一頁。ザビエル、一九九四年、五三三頁)。

ポルトガルを追い払う形で東南アジア海域に参入したオランダ人もその例外ではなかった。一七世紀前半、鮫皮や麝香の輸出で栄えていたアユタヤに滞在したファン・フリートは、鹿を狩猟する人々やチャオプラヤー川の河口付近を以下のように記している(ファン・フリート、一九八八年a、二一二―二一四頁)。

シアム〔シャム〕人の語るところによれば、毎日森に行くことを習慣としている農民たちはまったく恐れを知らず、従ってもっともおそろしく、もっとも残酷な動物をものともせず、象の一撃、虎の一跳びを避けると、逆にそれに襲いかかって、殺すことができるということである。……国中の河川、とくに大河メナム〔チャオプラヤー川〕には鰐がたくさん住んでいる。シアム人はユディア(アユタヤ)市の周囲には鰐もまたそれ以外のなにかを呑みこんでしまうような動物も住むことはできず、聖職者によって、バンコクの下流、あるいはバンティアウフィアの外側に追放されてしまったのだと断言している。そしてもし鰐が人をかみきったという報らせがあれば、その鰐が然るべき罪のむくいをうけるために、水面に姿を現わすように祈禱がなされる。もし鰐がそれを聞き入れようとしなかったら、できる限り多くの他の鰐を捕らえ、悪事を犯した鰐が他の鰐に迫られて、水面に姿を現わすように仕向ける。……多くの人々の証言によると、これらの鰐は(メナム)河の上流で住民たちから毎日餌を与えられているということである。このため鰐は馴れていて、人々に害を加えない。……また見知らぬ人が河におちて鰐のそばに近付くと、再び姿を現わすことはない。

フリートは鮫についての記述を残してないが、上述の鰐の話は、シャム人がチャオプラヤー川の生き物を統べる力を有していることを表現している。後背地の森や河川は、外来者の介入できない領域であった。

後背地住民の「人喰い」や奇習の話は、決して港市と後背地との関係が無秩序であることを意味するものではない。「人喰い」が居住するとの噂が広まっていた北スマトラは、一五三〇年代後半にアチェが勢力を拡大し、アチェはアルやタミアンまたその後背地と抗争状態となった。このとき、タミアンを拠点としたバタック王国の支援を依頼されたポルトガル人ピントは、この王国に赴き、ともにアチェと戦ったことを記している。この時のピントの記述には、バタック王国の人々の「食人」についての記述は一言もなく、アチェ王の残忍さが強調されている(ピント、一九七九年、三七―五四頁)。

その後アチェがこの地域を勢力下におき、一六世紀終わりから一七世紀前半にかけて隆盛したとき、北スマトラさらには中部スマトラの「人喰い」風聞は広く語られたのであった。「人喰い」をはじめとする内陸民の「奇習」の話は、外来者と地元民との間に介在できるのが、港市支配者とその周辺の一部の人々に限られるという状況下で、花開いた語りであった。

外来者が内陸民との直接的な接触に乗り出すと、こうした話は後退し始める。一七世紀終わりから一九世紀初めにかけてアチェ王国の東西海岸の内陸部では、地方首長が移民を使い胡椒や米の栽培を進展させた(鈴木、一九七六年、六二―九三頁)。すると、かつて盛んに語られたパサイの内陸部を含むアチェの後背地の「食人」風聞は、消滅した。また一七世紀前半に「人喰い」が居住するとされた中部スマトラでは、一六六三年にオランダ東インド会社がミナンカバウの首長たちと条約を結び、胡椒や金の取引にあたることとなった(Kathirithamby-Wells, 1969: 453-479)。ミナンカバウ人とオランダ人とが直接取引し始め、ティクやパリアマンの「食人」風聞も消滅した。同じくジャワでもオランダ人は、重要な交易相手となったマタラム王国を一七世紀中葉以降、定期的に訪問し始めた。ジャワ人の「好戦性」も、オランダ人の話題から後退した。

これに対し、アチェとミナンカバウとの間に位置するバルスやデリは、後背地と従来の関係を保持した。オランダは一六六八年バルスに商館を設けた。しかし、バルスでの交易活動は、在地の王家の介在のもとに展開したので、後背地の「食人」風聞はその後も存続した(Marsden, 1966: 388-395 ; Bickmore, 1868: 424-425)。またデリやその周辺の東岸港市と内陸部との関係も同様であった。風聞が一九世紀にも存在していたことは、先の一八二三年のアンダーソンの記録の語るとおりである。

3 「女人が島」「人喰い」伝承の展開

スマトラの「人喰い」風聞が展開していた頃、海域世界では、女ばかりが住み、男は生きて帰れないという「女人が島」の話が船乗りたちの間で展開を遂げていた。港市への来航は歓迎された外来船も、航路を間違えたり、嵐に巻き込まれて離島や港ではない海岸で難破すると、積荷はすべて住民に没収され、乗組員は彼らの奴隷とされかねなかった。マラッカ海峡域で安全に航行できる知識や経験を一〇世紀頃までに蓄積し、さらに一五世紀頃までにブルネイ経由で中国と東南アジアとを結ぶルートを確立していたアラブ人、ペルシア人、中国人も（Mills, 1974: 7-10；浜下、一九九七年、四四―四六頁）、多数の島々が存在する東南アジア海域のすべてを知り尽くしていたわけではない。またヨーロッパ人には、正確な海図が作成され航海経験が蓄積される一七世紀中葉まで、東南アジアへの航海は難破の危険性が少なからず存在した（Boxer, 1959: 26；Bruijn/Gaastra/Schöffer, 1987: 75, 91）。外来船にとっては、東南アジア海域に通じた水先案内人の情報と、周辺海域に影響力を行使できる港市支配者との関係構築が、何よりも重要であった。

インド洋から東南アジアへ入る海域に存在するニコバル・アンダマン諸島をはじめニアス島やメンタウェイ諸島、エンガノ島、さらには東シナ海を介して中国と向き合うフィリピン諸島やボルネオ島北岸は、しばしば「人喰い族」が居住すると噂されたり（Nicolò de' Conti, 1857: 8-9；Tibbetts, 1979: 52,56,58）、男が入れない「女人が島」であると語られた。「女人が島」や「女人国」すなわち女ばかりの世界は、古くはギリシア神話のアマゾネスのように、ユーラシア大陸の北方に存在すると語られたり、『山海経《せんがいきょう》』や玄奘《げんじょう》の『大唐西域記《だいとうせいいきき》』のなかでは中華やインドの辺境部に存在すると語られた[3]（中野、一九九四年、一四八―一四九頁。玄奘、一九九九年、三四七頁）。女は、男にとって性的対象であり、また子供を産み育てる、生命を育む存在である。生命を司る女は、他方で死とも関係するとしばしばみなされる。こうした男から見た女の両義性と、恵みをもたらす一方で破壊力も行使する海への思いが複合的に発展したのが、「女人が島」の世界であろう。人間が生と死の宿命から逃れられない自然の一部であることを含意する「女人国」や「女人が島」は、上述のように「文明世界」の外れにあるとしばしば観念された。中国、インド、西アジアの間を海で介在した東南アジアは、「女人が島」伝説が発展する地理的条件を有していたのである。

東南アジア海域の「女人が島」伝説は、古くから展開していた可能性があるが、南アジアと西アジアについで中国からも商人が直接来航し始めた一〇世紀以降になると、その内容が東西世界で類似してくる。一〇世紀後半頃に記述されたと考えられる『インドの不思議』は、ペルシアの船主アブー・アルザフル・アルバルハティーが「女護が島」から来た女から聞いたこととして以下のような話を伝えている（ブズルク・イブン・シャフリヤール、一九七八年、一三―一〇頁）。

それによると、中国やペルシア、インドなど様々な地域の人々が乗っていたある大型船が、マラートゥー Malātū 海を航海して中国の外れに近づいたところ、突然嵐に巻き込まれ、南の方角に当たる向こう側へと流れ落ちる淵のなかに突きはなされてしまったという。三日三晩の後、ある島に漂着した。するとそこは女ばかりの島であった。船から男たちが降りると、どの男にも一〇〇〇人以上の女がとびかかり、男たちは山の中へかつぎ込まれ、無理やり彼女たちの相手をさせられた。女たちは腕ずくで男を奪い合い、いつ果てるともなく挑みかかっていったので、男たちは精根尽き果て、一人また一人と死んでいったという。

ただ一人、アンダルシア出身のムスリムの老乗組員だけは、のちにこの話をしてくれるある女に連れて行かれ、かくまわれた。そのうち、風向きが島の方からインドの方角へ変わったので、老人は船に積んであったファルー（falu＝マレー語のプラウperahu〔小型帆船〕であろう）という小舟を引き下ろして、夜中に飲み水と食糧を積み込んだ。女は彼の行動に気づくと、彼の手を取って、島のある場所に連れていき、手で土をかき分けると、砂金の鉱脈を掘り当てたという。二人して小舟に積めるだけの砂金を運び込み、女を連れ、一〇日ばかり小舟で航海し、遭難した船が出航した港に着いたという。

連れて帰った女は、彼と生活を共にし、その後イスラームに改宗し、何人かの子供をもうけた。男は、彼女にその島に住む女たちのことや、男なしに暮らすようになったわけを尋ねた。その女がいうには、自分たちはもともと広大な国々の住民で、いくつもの大きな町が島を取り囲む格好で点在していたという。そこでは、神がまず最初に男児を授け、次に続けて二人の女児を授けるので、女が多くなり、男を凌駕するほどになった。そこで何千人もの女たちを船に詰め込んで、あの島に流したため、女ばかりの島になったという。

「女人が島」は、中国に入る手前のマラートゥー海の外れにあるとされた。次に述べるように、この話は一二世紀に南宋の周去非《しゅうきょひ》が著した『嶺外代答《れいがいだいとう》』に類話が載せられている。『嶺外代答』巻三の「東南海上諸雑国」のなかでこの「女人国」の話が取り上げられ、その直前に「近佛国」についての記述があり、そこで麻羅奴と呼ばれる「蛮賊」がしばしば商船を襲い、人々を喰い、その頭蓋骨を飲食器として用いると述べられている（周去非、一九九九年、一一一頁）。「女人が島」やその周辺には先にも述べたように、しばしば「人喰い族」がでてくる。この麻羅奴は、マジャパヒト王国の王統記『ナーガラクルターガマ』に出てくるカリマンタンのサラワク西北部の地名マラノ、あるいはそこに居住したマラナウ人に比定されてきた（周去非、一九九九年、一一二頁。趙、一九四〇年、七五頁。紙村、一九九一年、九五頁）。「マラートゥー海」が、どこの海域なのか未だ確定されていないが、「麻羅奴 Malanu の海」すなわちサラワク西北部海域かもしれない。

嵐は人間の営みを中断し、船乗りたちを自然界に引きずり込む。そこに現れたのが、「女人が島」であった。男たちは、島の女たちに飛びかかられ、精根尽きて次々と死んだとされ、女が男の性的対象であるとともに、死をもたらすことが如実に語られている。この島は、無事帰還できたら莫大な富をもたらす、砂金が豊かに埋蔵されている宝島でもあった。このムスリムの男を助けた女のみが、イスラームに改宗し、人間世界に戻れたとされた。ムスリムの間で語られた話であり、イスラームが女を「異界」から人間世界に導いたとしている。

類似した話は、上述の『嶺外代答』のほか、一三世紀の趙汝适による『諸蕃志』にも登場する。『嶺外代答』の「東南海上諸雑国」は、「女人国」について以下のような記述をしている（周去非、一九九九年、一一一頁。中野、一九九四年、一四四頁）。

東南に女人国がある。水は常に東に流れるが、数年に一度は氾濫して大洪水となる。そこに産する蓮の実は一尺あまり、桃の核《たね》も二尺という長さなので、手に入れたら女王さまに献上することになっている。昔のことだが、船がこの国に漂着したことがあり、群をなす女たちが（漂着した男たちを）連れ帰ったので、（男たちは）数日して一人のこらず死んでしまった。ただ一人だけ賢い男が夜に船を盗み命からがら脱出できたので、その島のことを伝えたわけである。その国の女たちは、南風が吹くころになると発情し、はだかになって風に感じて（妊娠し）、みんな女の子を生むのである。

女人国の自然環境について、この記述は先の『インドの不思議』の場合と異なり、女たちが風によって妊娠するとされている。モンスーンのもたらす降雨が農耕や森林の植生を育む東アジアや東南アジアでは、蓮の実や桃を実らせる雨を運ぶ風は、豊穣をもたらす源でもあった。そのため女が風によって孕む話が、これらの地域ではしばしば語られた（大林、一九七二年、三五二―三六〇頁）。ただ『インドの不思議』に登場した島から無事帰れた男の話は、こちらにもほぼ同じものが語られている。東西世界の商人や船乗りが交流する中で、話が融合したのであろう（紙村、一九九一年、九二―九四頁）。後の『諸蕃志』や元代の『異域志』にも、ほぼ同じものが語られている（Hirth/Rockhill, 1911: 151; 周致中、一九六九年、三九頁）。

4　水先案内人が広めた「女人が島」伝承

この風によって孕む「女人が島」は、インド洋に面した東南アジア海域にも存在すると語られていたことが、一六―一八世紀に東南アジアに来航したヨーロッパ人の記録から明らかとなる。

ポルトガルに対抗するため、一五一九年にスペインを発ったマジェランの遠征隊に乗船したピガフェッタは、太平洋を横断し、フィリピン群島に至った後、一五二一年にマルク諸島のティドーレ島に到達した。テルナテに先に拠点を構えたポルトガルと競合していたスペインにとって、テルナテとライヴァル関係にあったティドーレのスルタンが彼らを迎え入れてくれたことは、大きな成果であった。一行は、スルタンのはからいにより、二隻の船に可能な限りの丁字を積み込むことができた（ピガフェッタ、一九六五年、六〇四頁）。この海域を航海するのがはじめてとなるピガフェッタらは、スルタンからつけてもらった水先案内人を船に乗せた。マルク諸島をはじめとする東部インドネシア海域は、小島が多いため暗礁が各所にあり、彼らは水先案内人を頼らざるをえなかった。

その水先案内人は、スラ諸島の東を航行してブル島さらにはアンボン島付近を通り抜けて、アロール島さらにティモール島を経由して、翌二二年の初めピガフェッタらをジャワ島付近まで導いた。ピガフェッタは水先案内人から、テルナテの影響下にあったスラ諸島やアンボン島の住民は、ムスリムでもキリスト教徒でもない「異教徒」で、「人肉を食う」ことを聞かされた（ピガフェッタ、一九六五年、六四七―六五一頁）。また白檀の産地であったティモール島に寄港する前に、付近にアルチェトという名前の島があると聞かされ、以下の話を残している（ピガフェッタ、一九六五年、六五二頁）。

この島の住民は男女ともに背の高さが一クビト（約四十六センチ）ほどしかないのに、耳はからだほどの大きさで、片方の耳を寝床にし、もう一方の耳をからだにかぶせるのだという。毛をすっかり剃りおとし、全身は裸のまま、早く走り、金切り声を立てる。地下の穴のなかに住み、魚を食う。また樹皮と木質のあいだにある白い、そして砂糖菓子のようにまるいものを食べるが、これをアンブロンという。以上のような話をしてくれた。しかし、潮流があまりにはげしく、それに暗礁がたくさんあるのでわれわれはその島に行かなかった。

東西貿易で貴重な商品であった白檀は、ティモール島とその周辺でしか産出されなかった。ピガフェッタ一行は、丁字についで白檀の入手先もその水先案内人から、場所を教わったのであった。ここにおいて、このパイロット役の語る話は、一行にとって無視できないものとなる。ピガフェッタらには、世界中でマルク諸島やティモール島周辺でしか丁字や白檀が産出されないように、その島にしか居住しない「ヒト」が存在するかもしれないと思えたのである。

こうしたコンテクストで「女人が島」伝説は開花する。ピガフェッタ一行は、ポルトガル船との遭遇を回避するため、ジャワ島の南岸さらにはスマトラ島西岸をとおりインド洋へ抜けようとした。この航路は、北岸のジャワ海さらにはマラッカ海峡を抜けるルートよりも波が高く難所となる。そこを航海するとき、彼は同じ水先案内人より、以下の話を聞いている(ピガフェッタ、一九六五年、六五七頁)。

われわれに同行していた老人の水先案内人はこんな話もしてくれた。大ジャヴァの下にオコロロという島があり、そこには女だけしか住んでない。風がこの女たちをはらませる。生まれてきたのが男の子であれば殺してしまい、女の子であれば育てる。もし男がその島に近づくことがあれば、女たちに殺されてしまう、ということだ。

水先案内人の果たす役割が鮮明になるとき、船乗りたちが近づけない「異域」があることが一層意味を持ってくるのである。

この海域の「女人が島」の話は、他のヨーロッパ人も伝えている。ピガフェッタより少し前、ムラカ占領直後にピレスがスマトラ西岸のパリアマン(ピラマン)を訪れたとき、こんな記述を残している(ピレス、一九六六年、二八九頁)。

ピラマンの正面には（原文欠）という島があって、そこには婦人だけがいて、男性がいないということであり、彼女らはそこに取引に行った人々と通じて妊娠するが、かれらがすぐ帰ってしまった時は風によって妊娠するということである。この地方の人々はこの話を、グロン・レイダン（グノン・レダン）と呼ばれるマラカ〔ムラカ〕の山に、魔法にかかった女王がいるということと同様に信じている。この信仰は人々の間に拡がっており、それは他の人々の間にアマゾン族（アマゾナ）やローマの女占師が信ぜられているのと同様である。

ここで述べられている「グロン・レイダン」（グノン・レダン）は、ムラカの東方のマレー半島内陸部にある山で、マレー人の間では、中国の王女とマジャパヒトの王女を嫁としたムラカのスルタン・マンスール・シャーが願っても結婚できなかった女王が住んでいる聖山とされていた（Abdul Rahman Haji Ismail, 1998: 186-187; Brown, 1970: 95-96）。これと同様に、「女人が島」の話がスマトラ島の人々にも広く語られていたことがわかる。降雨をもたらすインド洋からの風は、人をも孕ませる豊穣の源とみなされていたのである。

実りをもたらす風を運ぶ海は、巨大な産物を生み出す。先のピガフェッタの記述では彼らの水先案内人が、『嶺外代答』に登場した蓮の実の話と関連する話を、「女人が島」（オコロロ島）の後に続けている（ピガフェッタ、一九六五年、六五七―六五八頁。Stanley, 1874: 154-155）。

この水先案内人はつぎのような話もしてくれた。大ジャヴァの北方の、古人がシーニョ・マーニョ（シヌス・マグヌス）と呼んだシナ海のなかに、すごく巨大な樹木があり、この木にはガルダという鳥が棲息しているが、この鳥はこれまたすごく巨大で、水牛一頭か象一頭を自分の棲んでいる木まで運ぶのである。この場所をプザタエルといい、木の名はカム・パンガギ、木の実の名はブア・パンガギといい、西瓜よりも大きいとのことだ。

われわれが船に乗せていたブルネ〔ボルネオ〕のモロ〔ムスリム〕たちは、ほんとうにその木の実を見たことがあるといった。シャムの王がブルネの王にその木の実を一個贈ってきたというのだ。ところでジュンコ〔大型交易船〕であろうとどんな舟であろうと、その巨木には三、四レーガのところまでしか接近することができない。というのは、ものすごい渦巻きがこの樹木のまわりをとりかこんでいるからだ。はじめてこの巨木のことがわかったのはつぎのようないきさつからである。ある一隻のジュンコが風に吹きながされてその渦のなかに巻きこまれ、ばらばらにこわれてしまった。乗っていた人たちは全員おぼれ死んだが、ただ一人男の子が板きれにつかまって奇跡的にその木の近くへ流されていった。その子は木によじのぼり、それとは気がつかぬままに、その巨大な鳥の翼のしたにもぐりこんだ。翌日その鳥が陸に飛んできて水牛をつかまえたとき、その男の子はまったく安全に翼の下から生還した。このようにしてすべてが判明したのである。そして付近の住民たちは海上にときどき見かける木の実が、その木の実であることを知ったというわけだ。

『嶺外代答』や『諸蕃志』で語られた女王に献上された大きな蓮の実が、ここではブア・パンガキ(Buapanganghi: Buah pangangin「風の実」)と呼ばれ、「風場」(カム・パンガキ Campanganghi: Kampong angin)という海の風を起こす源の木と関係することが如実に述べられている。前者では、女人国の女王にその実を献上し、ここでもこの海域を統べるブルネイ王にシャム王から贈られた珍品であると語られている。嵐に巻き込まれ、その木にたどりついた男のうち一人だけが生還したという部分は、先の『インドの不思議』の話と類似する。ブルネイのムスリムが木の実を本当に見たことがあると語り、話に真実味を加えたのであった。「女人が島」は出てこないが、こちらにも海の荒ぶる力が同時に人間に貴重品をもたらすことが語られている。

南シナ海の外れに「女人が島」が存在するという話は、一七世紀後半にフィリピン人もさかんに語っていた。それによるとレイテ島の東海上に女人国があり、そこは龍涎香《りゅうぜんこう》と金の宝庫であるという(Prevost, 1752: 394)。周辺の島の住民が時々そこを訪れ、女たちと交わりを持つが、男が生まれると連れ帰るので、女ばかりとなった。一六世紀以降植民地活動を拡大したスペイン人は、その島を「アマゾネス島」と名づけ、貴重な交易品を有するということなので、懸命にその島を探したが、見つけることができなかった。

観念世界の事柄である「女人が島」の話は、やがてヨーロッパ人の関心から後退していく。先にも述べたように、一七世紀後半になると海図や航海技術の進展によりヨーロッパ人は難破の危険性を減少させた。しかし、話が豊穣と関係する以上、地元の人々とりわけ内陸民にとっては少なからぬ重要性を持つ。一八世紀後半になると、スマトラ西岸部の交易の主導権はオランダ人をはじめイギリス人やアチェ人やミナンカバウ人の手にあった。オランダ人やイギリス人は、スマトラ沖の「女人が島」の話を真に受けなくなっていたが、イギリス人ウィリアム・マースデンは『スマトラ史』のなかで、南スマトラの内陸部に住むランポン人によって、その話が最近まで信じられていたことを記している(Marsden, 1966: 297)。

語りは本当かもしれないが、さらなる確証がないまま、不思議なことがらを好み誇張して語る癖のある人々を信頼して、そうした話をあまり絶対的に信じるべきではない。〔その一例として〕ランポン族はエンガノ島の住民はすべて女であり、風によって妊娠したと信じていた。まるでヴェルギリウスの農事詩にある雌馬みたいにである。

かつて海域世界の人々の間で広く語られていた話が、内陸部住民によって語られていたことがわかる。沿岸部での活動が、上述した人々によって掌握されていたため、内陸民にはスマトラ沖のエンガノ島は観念の世界に存在することになったのである。

スマトラ島の内陸民だけでなく、ジャワ人も、雨をもたらすインド洋を重視していた。マタラム王国の人々は、インド洋にニャイ・ロロ・キドゥルという女神が住み、水界を司り、稲作を権力基盤としたマタラム王国の守護神であると信じていた(この女神については次章で再び取りあげる)。また「女人が島」とされた島の住民自身にとっても、海からの風は重要であった。一九世紀終わりから二〇世紀前半期においても、メンタウェイ諸島やバトゥ諸島の人々は、島の内陸に女人国があり、風によって孕んだという神話を伝えていた(Kruijt, 1923: 35-36; Münsterberger, 1939: 36)。同様の神話は、東部インドネシアのフローレス島で二〇世紀前半期にも語られていた(大林、一九七二年、三五七―三五八頁)。

元来豊穣と関係する「女人国」や「女人が島」の話は、島民や内陸民さらには海洋民の間で、バラエティを伴いながらも、広く共有されていたと思われる。東南アジアへ東西世界から来航する商人が増え始めた時期、東南アジアの水先案内人たちは、外来者の文明世界の周縁観を逆手に取る形で、「女人が島」の話を開花させた。その結果、外来商人たちは、当該の海域を統べるとされるブルネイやアチェ、バンテン、ムラカ・ジョホールなどの港市支配者への依存度を強めざるを得なかったのである。

5 超人としての王

自然と人間とを統べることを期待された支配者は、外来者にはしばしば通常の人間の理解を超えた力を行使する存在と映る。交易活動の隆盛により権力基盤を強化した港市支配者を、当時の旅行者たちは、時として「魔王」のごとく描いている。

一六世紀終わりになり、東南アジア産品への需要が以前にも増して拡大すると、港市支配者のなかには、外来商人の求める商品を独占的に取引しようとする試みが生じた。東南アジアの港市国家の支配者は、交易活動の統括者であり、同時に自らも商人であった。王は、港市における交易活動にともなう諸税を得るだけでなく、自らが交易に参入して利益を上げ、経済力を増強した(Reid, 1993: 219 ; Thomaz, 1993: 82-83 ; 石井、一九九九年a、八一—八六頁)。他方、王の周辺にはシャーバンダルやオラン・カヤなど、既に長期にわたり港市に逗留し、宮廷にも権限を行使した商業エリートが存在した。彼らにとっては、王国があくまでも彼らの権益を増大させる形で繁栄してくれることが望ましかった。王の独占交易の試みは、そうした商業エリートたちと緊張関係を招くこととなった。胡椒の輸出港となったアチェ、中国・日本向けの森林生産物の輸出港となったアユタヤの場合はその典型であった。

一六世紀終わりから一七世紀前半期のアチェには、西アジアや南アジアさらには東南アジア域内からの商人に加え、イギリス人やオランダ人、中国人が大量の胡椒を買い付けに来航した。スルタンたちは、交易活動を厳重に彼らの統制下におこうと試みた。一六二一年にアチェを訪れたボーリュは、スルタン・アラウッディン・リアーヤット・シャー・アルムカミルが、これまでしばしば王位を操ってきたオラン・カヤの勢力削減を断行したことを伝えている(Harris, 1744: 747)。

スルタン・アラウッディン・リアーヤット・シャーの即位式の後、彼は王宮を構え、オラン・カヤ全員を約束した日に祝宴に招いた。スルタンは招待のために念入りの準備をしたので、オラン・カヤたちは、称賛を惜しまなかった。オラン・カヤたちは、整然とスルタンの部屋の近くの宮廷に入り、廷臣に導かれ広間へ入った。しかし、オラン・カヤ全員が広間に入ると、彼らは即座に取り押さえられ、建物の裏の庭に引きずり出された。そこには、スルタンがあらかじめ掘った深い溝があり、煉瓦の上でオラン・カヤたちは喉を切られ、死体はその溝に投げ込まれた。しばらくすると、音楽が奏でられ、広間では歌と笑いのみが聞こえた。事がかくも激しくなされたので、後ろにいる人々が何も気づかないうちに一一〇〇名の人々が殺された。……この王は危険を感じた人々すべてをこうして殺戮し、王宮で自らを男たちの優れた一団に警護させ、こうした処刑が王自身と国の安寧のためなされねばならなかったことを公に布告した。……王は、古くからいるオラン・カヤを殺し、また彼の行動に不満を表明した者を、最初の年に二万人、次の年はさらに多くの人々を処刑した。

スルタンに反抗的なオラン・カヤや臣下たちは、次々と抹殺されたという。またアラウッディン・リアーヤット・シャー・アルムカミルは、オラン・カヤの勢力を削減したのみならず、臣下たちに石造りの家屋の建築を禁じ、また屋敷の周囲の掘を埋めさせたこともボーリュは伝えている。

その後一六〇七年に即位したスルタン・イスカンダル・ムダは、さらにこれを徹底させた。交易で得た富により増強した王の奴隷兵士が、これを可能にした。ボーリュは以下のように記している(Harris, 1744: 744)。

王の住居のある大宮殿では、宦官が警護している。それ以外に門に一五〇名の奴隷が警護し、外のもう一つの門でも同じぐらいの数の警護がいる。これらの奴隷は、大抵が外国人で、幼いうちに連れて来られ、火器や弓使いの訓練を施されて大きくなった。彼らは宮殿を出ることを禁じられており、他人と会話することが許されていない。そのため王は、彼の臣下を威圧し、恐れて謀反を起こさないようにさせるために彼らを活用する。宮殿でなされる処罰はすべて、彼ら奴隷によってなされる。

オラン・カヤたちをその奴隷たちの管理下におくために、王はオラン・カヤたちを三グループに分けている。そのうちの一グループは、武器を持たないで、奴隷たちに取り囲まれている宮殿を昼夜警護しなければならない。そのため三晩ごとにいずれの貴族も警護にでなければならない。そしてたとえ万一陰謀が発覚しても、国王は常に三分の一の貴族を手中においていることとなる。もし、オラン・カヤのうちで三晩ごとの警護の義務を怠る者がでると、王はその者を処刑し、その財産と妻子および奴隷を没収する。オラン・カヤたちは、王に疑われることを恐れて、彼らの間で親しげにすることも頻繁に会話を交わすことも進んでしない。……オラン・カヤやその他誰でも、宮殿に入るときは、常に刀をはずして、二番目の門にいる警護の者に預けねばならない。

イスカンダル・ムダは、交易活動の活性化のためにアチェの王都の治安を向上させようとした。その一環として犯罪人の厳格な処分を執行した。宮殿に隣接して犯罪裁判所が設けられた。王は商業活動を乱す窃盗について厳しく対処し、鼻や手足、耳や眼球の削除、去勢など身体の部位を傷つける刑を執行した(Reid, 1993: 184 ; 井東、一九八五年、五〇―五三頁)。

イスカンダル・ムダは、また飲酒やギャンブルの慣習に対してイスラーム法の厳格な適用を試みた。酒の製造と販売は、外国人系非ムスリムには認められていたが、アチェ人の飲酒に対しては、厳罰が処された。そのため、一六三六年に飲酒の発覚した二名のアチェ人は、燃えさかる鉛を飲まされ処刑された(井東、一九八五年、五〇頁)。その一方でこのスルタンは、好酒家で、宮廷での祝事においてかなりの酒を飲んだ。またイスカンダル・ムダは、宮廷で闘鶏のギャンブルに興じ、何度も負かされるとその相手の身体の部位を削除する刑を執行した。イスラーム神秘主義により神に近い存在に位置づけられたイスカンダル・ムダには、いかなることも可能なのであった。

同様の事例はシャムのアユタヤ王にも見られた。タウングー王国に服属していたアユタヤをその影響下から独立させ、全盛期への礎を築いたナレースエンは、シャム人にとって外敵に対してだけでなく王国内においても、比類ない「好戦的」な王であったという。先に述べた『シアム王統記』のなかで、彼は以下のように語られていた(ファン・フリート、一九八八年b、一二六四頁)。

彼〔ナレースエン〕はこれまでのシアムで知られている限り、その統治に際してもっとも好戦的であり、またもっとも厳格であった。多くの物語と生証人たちによれば、彼は二〇年間統治している間に、戦争で殺された人々を別にして、自分の手によって、また裁判を通じて八万人以上の人々を殺させたということである。彼は象に乗っている時も、馬に乗っている時も、プラウに乗っている時も、それどころかマンドライン〔役人〕たちを集めて玉座に座っている時でも、片時たりとも武器を手放したことがなかった。彼はいつも矢筒を腰につけ、弓を手に持ち、少しでも自分の気に入らないことをした者を見付けると、その人物に対して矢を放ち、その矢を自分のところに持って来させた。彼はしばしばだれかが些細な失敗をすると、それを犯したのがたとえ自分のマンドラインたちであっても、かれらに自分の肉を一片切りとらせ、彼の見ている前でそれを食べさせたり、あるいは自分の排泄物を食べさせたりした。

ナレースエンは、常識を超えた王であった。

6 「文明世界」と「異界」の介在者

こうした王の超人間性は、王権が強化されるとさらに増大する。ファン・フリートは、全盛期を迎えたアユタヤのプラサートトーン王がきわめて尊大で、国土と社会が国王のためにあるかのようになったことを記したあと、以下のことを述べている〔ファン・フリート、一九八八年a、一二一―一一三頁〕。

国王のために宮殿や建物や、住宅や休息のための場所をたてる際には、地面に立てる柱の一本一本ごとに、その下に妊婦を一人ずつ埋める。その場合、彼女が臨月に近ければ近いほどよいのである。このため国王の宮殿、もしくは住宅が建設されたり、あるいは修理されたりする場合、しばしば非常に大きな悲しみが、とくにユディア〔アユタヤ〕市のいたるところで見られる。……国王がなにか建築工事を行おうとする時には、彼は数名の半奴隷を派遣して街路を歩かせ、妊婦をみな手当たり次第に捕えさせる。そして路上でみつけることができなかった場合に限って、家の中から妊婦を引き立てることがゆるされる。捕えられた妊婦は宮廷の王妃のところに連行され、監視され、あたかも身分の高い女性であるかのように、鄭重な待遇を受ける。彼女たちはそこで数日過ごしたのちに、(ひどい言いかただが)腹を上にして生きながら穴に投げ込まれ、直ちにそこに柱が立てられ、その身体を貫通する。

アユタヤ国王は、人間としては最も「非人道的」とみなされかねない妊婦の人柱を建築物に用いたというのである。ファン・フリートによると、プラサートトーン王が一六三四年にアユタヤの町中を流れる河川の出入口に門を新築したとき、四名の妊婦が犠牲になったという(ファン・フリート、一九八八年a、一一四頁)。これが実際に行われたかどうかを確定することは、「人喰い」の噂が事実かどうかを考えるのと同様に、本書においては重要ではない。それが人々の間で「事実」として語られたことを問題としたいからである。

これに対し人民は、王を神の化身として絶対的に服従するべきものと観念することが理想とされた。先の『シアム王統記』によれば、ナレースエンはある日王宮に帰る前に大雨にあい、一人民を装ってある老婦人の住む民家に雨宿りのため立ち寄ったという。そのときナレースエンは大騒ぎしながら婦人の家に入ったので、婦人は王とも知らずに彼に、そんなに大きな声を上げているといつ王に見つかり、殺されるかもしれないと諭した。これに対しナレースエンは、「もし王様が私を殺したとしても、それは多くの人々を不意に襲った不運が、たまたま私を襲ったに過ぎないのです」と答えた。すると婦人は、「王様のことをそんな風にいわないで下さい」と反論した後、以下のように述べたという(ファン・フリート、一九八八年b、二六六頁)。

神々は陛下を私どものところにお下しになりました。従って陛下は間違いを犯すということはありません。王様は神々から下された復讐者で、われわれの犯した悪事に対する神々の判決の執行者なのです。だから私たちは、私たちを支配するために任命された人物に対して服従しなくてはならないのです。

『シアム王統記』によると、その後ナレースエンはこの婦人を王宮に招き入れ、彼女を母親のように丁重に面倒を見させたという。人々にとりアユタヤ王は、神の意向を体現する存在であり、王の行動は何事も理にかなったものであった。

また同様な現象は、ジョホール王国でも見られた。一六九五年にジョホールを訪れたイギリス人アレクサンダー・ハミルトンは、当時の国王マフムードについて、以下のように記している（Hamilton, 1930: 95-97）。

一六九五年、王は二〇歳の青年であったが、自制心がなく、破廉恥な取り巻きの追従によって堕落するばかりであった。私は王の臣下や中国人との取引のためジョホール・ラミ〔ジョホール・ラマ〕に行った。……私は、慣例に従って王を表敬訪問し、小銃二丁を献上した。王は私に、その小銃で門柱を試し撃ちするよう強要した。私が試し撃ちをすると、王は私の献上した小銃の性能を絶賛し、今度は自らの小銃を取り、宮廷の外で試し撃ちにかかった。銃弾がどのくらい人体に食い込むかを知りたくて、王は往来の人間をねらい撃った。王は男色にひたっていた。その忌まわしい奉仕のため、貴族の子弟を大勢、宮廷へ強引に連れ込んでいた。

さらにスルタン・マフムードは、宮廷貴族の妊娠した妻を王のもとに召喚し、彼女の腹を切り開いて虐殺したという(Raja Ali Haji, 1982: 42)。上記のアユタヤのプラサートトーン王の場合と同じく、王は常識を超えた帝王とみなされた。
こうした支配者の廃絶は、その王に優るとも劣らぬ行動により達成されねばならなかった。スルタン・マフムードは、宮廷重臣間の抗争により生じた海上民の外国船への海賊行為を、取り締まることができなかった。そのため、一六九八年頃からジョホールに来航する外国船の数が減少し、貿易活動が衰退しはじめた(Andaya, L. 1975: 185)。これに対し、マフムードを見限ったスルタン反対派の頭目のブンダハラ(宰相)は、妻を虐待された貴族をはじめ反対派の貴族とともに、白昼に人通りの多い市場を通りかかったスルタンを襲撃し、剣で突き刺して殺害した。そしてスルタンの遺体は裸にされ、ブンダハラの屋敷前まで引きずられ、曝された(西尾、一九九〇年、七一―七二頁)。その後参集した貴族たちの支持のもとに、ブンダハラが、スルタン・アブドゥル・ジャリルとして即位した。彼は、公衆の面前でスルタンを殺戮し、その亡骸を辱めることで、自らが前王以上の強大な力を行使できることを人々に示し、即位できたのである。[4]
こうして権力を高揚させた港市支配者は、後背地の人々に、しばしば超自然的存在とみなされた。北スマトラ内陸部のバタック人がアチェの支配者に対して抱いた観念は、その典型である。アチェが一五三九年以降、バルスやアル(デリ)に影響力を行使しようとしたことは、既に述べた。一七世紀前半のイスカンダル・ムダの時代に全盛期を迎えたアチェは、東海岸のデリやアサハンの後背地であるカロ地区やシマルングン地区に代官を任命した(Joustra, 1910: 285-298 ; Dijk, 1894: 171-172)。バタック人は、バルスをはじめデリやアサハンに金や森林生産物、胡椒さらには米などを搬出した。イスカンダル・

ムダの時代に編纂された『アチェ王統記』は、イスカンダル・ムダがそれまでのスルタンと異なり、内陸部の動物や人々を畏怖させる力を有したことを唱えている(Teuku Iskandar, 1958: 144-146,164-165)。それまでのスルタンには呪術を用いて災いをもたらすことのできた後背地のバタック人にとっても、イスカンダル・ムダ以降のアチェのスルタンは、彼らの力を超えた神聖王となった。

トバ湖周辺に居住したトバ・バタック人の伝承(一九世紀中葉)によると、トバ・バタック人は、アチェのスルタンを「豚王 Patuan Raja Babi」と呼び、豚の顔を持つイスラーム王とみなしていた(Pleyte, 1903: 15-17; Heine-Geldern, 1959: 388)。この豚王は、トバ・バタック人の間でラジャ・ウティとも呼ばれた外部世界を象徴した神聖王であった。彼らの伝承は、バタック人の間で豊穣を司ると信仰されたシ・シンガ・マンガラジャだけが、豚王と面会できたと語る。

それによると、シ・シンガ・マンガラジャは、自らの権威を高めるため戦闘用のボンガロン象と呼ばれる白象を求めて、これを持つ豚王のもとを訪れたという。アチェの戦象部隊は、アルを滅亡させる主戦力となり(Harris, 1744: 745; Milner / McKinnon/Tengku Luckman Sinar, 1978: 18)、スマトラの他地域でもよく知られていた。ボンガロン象は、かつてカロ・バタック人がアチェのスルタンに贈ったとされる白象であった(Tideman, 1922: 71; Neumann, 1926: 24-25)。豚王の住む村は森のなかにあり、動物たちが見張りをしており、生きて村に入れた者は、かつてなかったという。豚王はシ・シンガ・マンガラジャがやってきたとき、屋根裏から彼を見ていた。シ・シンガ・マンガラジャが見上げると、そこに豚の顔をした人物がおり、豚王であることを認めた。

豚王は、シ・シンガ・マンガラジャに訪問目的を尋ねた。シ・シンガ・マンガラジャは、ボンガロン象を求めてやってきたことを語った。すると豚王は、雌雄同体、白皮症の少女、大きな耳を持った乙女、卵を産むことのできる雄鳥、二つの長い尾羽を持ったウズラを、もし持ってくることができたら、その象を授けることを約束したという。いずれも見つけることがきわめて困難とされるものばかりであった。しかしシ・シンガ・マンガラジャは、神の加護を得て、その難問を克服し、課題のものを持ってくることができた。豚王は、シ・シンガ・マンガラジャが豚王同様に、超自然的力に与っていることがわかると、彼に白象を授けた。象をもらうことができたシ・シンガ・マンガラジャは、トバ・バタックの人々の間で一層その権威を増大することができたという。

歴代のシ・シンガ・マンガラジャは、アチェのスルタンより贈られたサーベルや印綬を代々所有した(Dijk, 1895: 301 ; Sidjabat, 1982: 105-106)。アチェのスルタンにとっても、胡椒や森林生産物、食糧を搬出したバタックの豊穣を司る権威は重要であった。シ・シンガ・マンガラジャがアチェのスルタンより、実際に白象を贈られたのかどうか確定することはできないが、トバ・バタックの人々がそう語っていたことは事実であった。トバ・バタック人にとっての豚王すなわちアチェのスルタンは、動物たちを支配し、また自然界の秩序そのもの司る存在とみなされたのである。

熱帯気候のもたらす豊かな自然環境のもとで、東南アジアの支配者は、上記のようにしばしば自然界にも影響力を行使できる存在とみなされた。このため外来者には、隆盛する港市の支配者が、後背地や周辺海域の島々の「野蛮人」を統べる存在と映った。また逆に内陸民は港市支配者を、厄介な外来者を手なづけ、かつ次章で述べるように、後背地の生産活動にも無視できない力を行使する存在とみなすに至るのである。

第三章
内陸民の世界観

1　内陸世界の豊穣を司る権威の台頭

外来者には不気味に映った後背地に対して、港市支配者はしかるべき関係を構築していた。『パサイ王国物語』によれば、「人喰い族」と噂された北スマトラの後背地住民の間でパサイ初代王は、動植物に特別な力を行使できることを示し、建国に際して彼らの支持を取り付けたという(Hill, 1961: 47-55；弘末、二〇〇三年、一〇―一四頁)。また『シアム王統記』は、アユタヤ王国初代王ウートンがチャオプラヤー川の水を制することができる力を示した後、アユタヤに建国したとしている(ファン・フリート、一九八八年b、二一九―二二三頁)。

パサイ、アユタヤのどちらの港市支配者も、後背地住民に対して、外来商人を統轄するための理念とは異なる原理により、関係を構築したことを王統記は伝えている。「交易の時代」における商業の活性化によって、港市の影響力が内陸部に強く及ぶことになったものの、港市自体が食糧を内陸部あるいは海外からの輸入に頼っていた。そのため後背地は、交易商品を生産・搬出しつつ、同時に自らの生産活動を保障しうる体制を構築しなければならなかった。港市支配者が、内陸民との関係構築において地元の原理を無視できなかった大きな理由の一つは、この点にあった。

農業空間が港市周辺に発展しにくかった島嶼部で、農耕に豊穣をもたらす権威が後背地に台頭したのは、こうした事情によるものである。スマトラ島中央部のミナンカバウの山間盆地に君臨したパガルユン王家は、内陸部の権威の典型であった。赤道にまたがるスマトラ島は、南北に走るブキット・バリサン山脈が農耕に適した肥沃な火山性土壌を形成し、また金をはじめとする貴重な鉱産物を産出した。西海岸近くにせまるこの山脈は、マラッカ海峡に向けて緩やかな傾斜を形成した。このため人々は、古くから森林生産物や農産物、鉱産物を近接する西海岸だけでなく、マラッカ海峡に注ぐムシ川、バタンハリ川、インドラギリ川、カンパル川、シアク川、ロカン川などを利用して東海岸へも搬出した。これらの河川の上流部となったミナンカバウ地域は、古くから豊かな農業盆地を有するとともに、金の産地であった(Dobbin, 1983: 60-116)。

北スマトラでパサイが繁栄を迎えていた一四世紀中葉、ミナンカバウの水田地帯のタナダタルを拠点にパガルユン王家が台頭する。王家のアディティヤヴァルマンは、ジャワで隆盛していたマジャパヒト王家の影響力を脱して、パガルユン王家を独立させた。この王家は、一五―一六世紀初めには中部スマトラだけでなく、北スマトラや南スマトラの内陸部でも影響力を行使した(ピレス、一九六六年、二九一―二九二頁)。『パサイ王国物語』は、第一部がパサイ王国の建国、第二部が歴代の王の治世、第三部がパサイのマジャパヒトへの服属とミナンカバウのマジャパヒトからの独立、で構成されていた。このことは、北スマトラの港市パサイが、ミナンカバウの独立すなわちパガルユン王家の台頭を讃えたことを意味している。またムラカ(マラッカ)王国の『ムラユ王統記』は、王家の祖先のスリ・トゥリ・ブアナが、ムラカに建国する前に二人の兄とともにパレンバンの聖地ブキット・シグンタンに降臨した際、その長男がミナンカバウの王として迎えられたとしている(Abdul Rahman Haji Ismail, 1998: 83-85; Brown, 1970: 13-15)。ミナンカバウはスマトラ東岸を介して、ムラカに金や森林生産物を搬出したのであった。

一六世紀中葉以降北スマトラで隆盛し始めたアチェは、一七世紀前半のイスカンダル・ムダの時代に中部スマトラの胡椒および金の輸出港のパリアマン、ティク、サリダ、インドラプラを監督下においた。アチェにとっても、産品を搬出する内陸部の権威は無視できなかった。一七世紀後半になりアチェの勢力が後退し始めると、西海岸のパダンに拠点を設けたオランダ東インド会社が、ミナンカバウの胡椒の独占取引を試み、一六六三年にミナンカバウの首長たちとパイナン条約を締結した。商館を開設したオランダは、パガルユン王と接触を持ち、相互の地位の保障した(Drakard, 1999: 85-93)。

また、一七世紀中葉以降隆盛しはじめたジョホールにとっても、ミナンカバウの権威中枢は重要であった。カンパル、インドラギリ、ジャンビなどの東岸諸港市を介して、中部スマトラの産品が搬出されていたからである。一八世紀後半にマースデンが収集したジョホールの人々の話は、ジョホール王とミナンカバウ王との関係を以下のように語っている(Marsden, 1966: 341-342)。

イスカンダル(アレクサンダー大王)は海に潜り、海の王の娘と結婚したという。彼はそれにより三人の息子をもうけ、彼らが成人すると母親は三人を父のもとに送り届けた。父親は彼らに王冠を授け、彼らに落着くべき王国をさがすよう命じた。シンガプラ（シンガポール）海峡に着いたとき、三人はだれの頭に王冠がぴったり合うのかためすことにした。長男がまず試みたが、冠が頭まで上げられなかった。次男も同じであった。三男がもう少しのところで頭にかぶりそうになったとき、冠が手から海に落ちてしまった。そこで長男は西に行きルムの王となり、次男は東へ行き中国の王となった。三男はジョホールにとどまった。その頃プルチャ島（スマトラ）はまだ海中から上がっていなかった。島があらわれはじめたとき、ジョホール王は釣をしていて、島がシ・カテイムノという大蛇によってつぶされそうになっているのを見た。王はシマンダンギリという剣で蛇を殺したが、剣には一九〇もの切欠きができた。島はこうしてあらわれることができ、王は火山のふもとに行って住みつき、その子孫がミナンカバウの王となった。

前半部分は『ムラユ王統記』と類似点をもっているが、『王統記』に登場したチョーラ王は姿を消し、アレクサンダー大王自身が海の王の娘と結婚し、ルム王（オスマン帝国のカリフ）、中国王、ジョホール王となる三人がその間に誕生したとしている。この話によれば、ミナンカバウ王の祖先はジョホール王であり、ジョホール王家とミナンカバウ王家とが血縁関係にあるとされた。前章で触れたように、一七世紀末にジョホール王スルタン・マフムードが殺戮されて、ムラカ王家の血統は途絶えた。その後、ジョホール・リアウ王国の人々は、『ムラユ王統記』のなかでムラカ王家の血統を有すると語られたミナンカバウ王との関係を模索せねばならなかった。ジョホール・リアウ王家のもとで語られたムラカの王統を最もよく反映した史料の一つとされる Shellabear 版の『ムラユ王統記』は、ブキット・シグンタンに降臨しミナンカバウ王に迎えられたサン・サプルバの息子に、ムラカ建国者の祖先スリ・トゥリ・ブアナがいたとし(Shellabear, 1967: 31-37)、一六一二年編纂の『ムラユ王統記』よりもパガルユン王とのつながりを重視した。またスマトラ島があらわれはじめたとき島をつぶそうとした「シ・カティムノ(サクティムナ)」(Si Katimuno: Saktimuna[Shellabear, 1967: 33])という大蛇は、水界の象徴といえる。スマトラ島には水を統べる存在として大蛇がしばしば登場する(Radermacher, 1824: 9-19)。これを「シマンダンギリ(スマンダン・キニ)」(Simandang-giri: Semandang Kini[Shellabear, 1967: 33])という剣で制し、スマトラ島を誕生させたミナンカバウ王の祖先は、水界を制する力をもち、かつ大地を統べる存在といえよう。

ミナンカバウのパガルユン王は、スマトラの山の王を自認し、雲を統べ、黄金を司る力を有することを唱えた。そして大蛇を制したとされるスマンダン・キニをパガルユン王家は家宝として保持した。王は農耕に重要な雨や水を司ることができ、大地とそこから採れる鉱産物を統べる存在であった(Marsden, 1966: 339)。

ジョホール・リアウ王家をはじめ、スマトラ東西岸の周辺港市支配者もこの内陸部の権威を尊重し、自らの出自をパガルユン王家としばしば結びつけた。スルタン・マフムードを殺戮して即位したスルタン・アブドゥル・ジャリルに対し、スルタン・マフムードの遺児であると主張したラジャ・クチルが、一七一七年シアクに現れた。ラジャ・クチルは、新スルタンに対し、自らがパガルユン王家の支持を得ていることを唱えた(Andaya, L. 1975: 250-252)。クチルは、アブドゥル・ジャリルを攻撃し、一七一八年にジョホール王を一時宣言し、マレー半島東岸に逃れたアブドゥル・ジャリルを殺戮した。クチルは、アブドゥル・ジャリルの息子ラジャ・スライマンの要請に応えて参戦した南スラウェシ出身のブギス人の攻勢に堪えきれず、リアウからシアクに戻らざるを得なかったが、彼によって建国されたシアク王国は、ミナンカバウの胡椒、ガンビール、コーヒー、米、金、籐や蜜蠟などの森林生産物を輸出する港市として一九世紀中葉まで隆盛した。

この内陸部の権威中枢は、港市と後背地との安定的関係を維持する上で、重要な役割を担った。ミナンカバウのパガルユン王は、バタンハリ川河口のジャンビや北スマトラのバルスの支配者とも良好な関係を形成していた。しかしこれらの港市にオランダが一七世紀後半に拠点を構え、港市支配者と商品の独占取引を強化し始めると、港市と後背地との関係が変容し始めた。とりわけバタンハリ川を介してジャンビ王家と取引を行ってきたミナンカバウ人たちは、搬出する胡椒の価格を安く設定され、他方で塩やインド綿布を従来よりも高い価格で購入させられたり、期待した量が入手できなくなった。

こうした状況下、一六八七年にオランダの支援のもとにスルタンとなったスルタン・キアイ・グデに反発したミナンカバウ人は、キアイ・グデの弟プリンガバヤを支持し、一六九〇年、バタンハリ川中流域のムアラ・トゥボに新たな王都(マグンジャヤ)を開かせた(Andaya, B. 1993a: 111-112)。マグンジャヤは、ミナンカバウ人や当時マラッカ海峡で活発な活動を展開し始めたブギス人やマカッサル人、ジョホールからの商人を引きつけ繁栄した。オランダとキアイ・グデは、マグンジャヤを何度か攻撃したが、彼らの活動を監督下に置くことはできなかった。一七〇九年にキアイ・グデとプリンガバヤとの間に一時的な和解が成立したが、再び不和になった。オランダはプリンガバヤを捕らえ、一七一〇年バタヴィアへ連行し、バンダへ流刑に処した。しかしミナンカバウ人の不満は収まらず、一七一一年から内陸部で徒党を組んでジャンビに攻勢をかけた。とりわけ一七一七年には、結集したミナンカバウ人がプリンガバヤの息子の帰還をオランダに求め、一部の人々はジャンビの王都を攻撃した。内陸部から胡椒を期待通りに入手できなくなったオランダは彼らの要求を無視できず、一七一九年プリンガバヤの息子をジャンビのスルタン(スルタン・アストラ・イガラガ)として即位させた。

しかしスルタン・アストラは、前スルタンのキアイ・グデの息子を支持する宮廷勢力と不和が生じ、一七二五年に後者によって幽閉された。これに対し内陸部のスルタン・アストラを支持する人々がジャンビに押しかけ、スルタンを解放した。だが、オランダは宮廷内で指導力を発揮できない彼を見限り、キアイ・グデの息子を新スルタン(スルタン・ムハンマド・シャー)として即位させた。即位させる際、オランダはミナンカバウ側にも働きかけ、承認を求めようとした。しかし、この新スルタンは、翌年に天然痘にかかり逝去した。ジャンビの人々は、キアイ・グデの血統が呪われていると噂した。ジャンビにはスルタンがいなくなり、収拾のつかない状態となった。

一七二七年、混乱を収めるため、パガルユン王がジャンビを訪れ、元スルタンのスルタン・アストラ・イガラガを再びスルタンに据えるよう、王家の一族や宮廷有力者に働きかけた(Andaya, B. 1993b: 160)。また再びスルタンへの造反が起きないように、パガルユン王は伴ってきた多数のミナンカバウ人を宮廷近くの船泊に停泊させ、キアイ・グデ血統の支持派を牽制した。こうしてアストラは再びスルタンの座についた。港市と後背地との関係は再構築されたのである。

2　港市支配者と内陸の権威

内陸部の農耕を司る同様の権威は、北スマトラのバルスやデリの後背地であったバタック地域の稲作地帯においても形成された。北スマトラは、ブキット・バリサン山脈が海岸部近くまで迫り、豊かな森林生産物を産し、また一五世紀以降胡椒の産地となった。河川の航行は海岸部近くでしか行えなかったが、内陸部の人々は古くから山岳部の尾根を交通路として活用し、東西両海岸の港市に産物を搬出した。バルスは古くから上質の龍脳や安息香、金の積出港として知られていた。一六世紀初めピレスがこの地を訪れたとき、東岸のパサイやアルからの商人も商品を持ち寄るきわめて繁栄する港市となっていた(ピレス、一九六六年、二八七—二八八頁)。

この頃バルスに、上バルス王家と下バルス王家の二王家が成立していた可能性が高い。[1] 一六六〇年代にオランダ東インド会社が来航した時には、既に二王家が存在し、それぞれ後背地とネットワークを有していた(Kroeskamp, 1931: 152-153 ; Macleod, 1905: 470)。両家に伝わる王統記は、両家が内陸部のバタック地区と特別な関係を樹立したのち、バルスにやって来たことを語っている。とりわけ下バルス王家のそれは、初代王がバルスに町を造る前に内陸部を巡回し、トバ湖畔の稲作地帯に王の代理を設けたことを語る(Tambo, 1872: 9-16 ; Drakard, 1988: 194-202)。

それによると、初代下バルス王イブラヒムは、パガルユン王家の血縁を有するタルサンの支配者の父親と不和になり、一〇〇〇人の家臣を引き連れて住むべき地を求めて北スマトラにやってきた。イブラヒムは当初海岸部に沿ってやって来て、持参した故郷の水と同じ重さの水を有する地をさがそうとしたが、いずれの場所も重さが足りなかった。バタントル川まで来たとき、彼は神の意向に従い、内陸部に進路をとった。

イブラヒムが訪れたのは、安息香の産地のシリンドゥンとパッサリブ、および稲作地帯のトバ湖畔バッカラであった。最初に訪れたシリンドゥンでイブラヒム一行は、人々から歓迎され、彼らの王となってくれるよう頼まれたという。しかしイブラヒムは、持参した水とその地の水の重さが同じでないことから、これを断り、代わりに四名の代官を任命した。そして彼やその子孫のもとに定期的に貢納するよう命じた。さもないと、稲や芋は実らなくなり、生きとし生ける者は死に絶えてしまうであろうと言い残して、その地をあとにした。

次にイブラヒムが訪れたのは、バッカラであった。一行がバッカラに入ったとき、村人は「どちらの地からおいでになり、どちらの国へ行かれるのか、どちらの村にいらっしゃったのか、何の目的でこちらに来られたのか」と尋ねた(Tambo, 1872: 10 ; Drakard, 1988: 196)。イブラヒムはしかし、村人の言葉が理解できず、「我々は一〇〇〇 seribu 人の男女を連れて旅をしている」とだけ答えた。すると村人は、「そうであるならば、貴方様の氏族はパッサリブ Pasaribu です。我々もパッサリブ氏族ですから、貴方様はこの地にお住まいになり、我々の王になっていただくことができます」と語った。これに対しイブラヒムは、人々がイスラームに改宗すれば、自分もここに居住すると答えた。人々は、イブラヒムのいかなる命にも従うが、イスラームに改宗することだけは容赦してくれるよう懇願した。イブラヒムは了解した。彼はバッカラの一首長の娘と結婚し、しばらくバッカラに滞在した。

しかし持参した水とその地の水が同じ重さでないので、イブラヒムはバッカラを去る決心をした。イブラヒムはバッカラの首長たちを集め、自分は旅を続けなければならないので、代わりに間もなく生まれるであろう子供をシンガ・マハラジャと名づけ、その子にバタックの地を統治させることを約束させた。そして将来イブラヒムが造る町に馬を奉納するよう命じた。ここでも、貢納を怠ると稲や芋は実らなくなり、生きものは死滅してしまうであろうと人々に言い残した。

一方イブラヒムは、バッカラを去った後、西海岸に近接する内陸部のパッサリブにやってきた。その地の首長もバッカラと同様に、イブラヒム一行がどこからやってきたのか尋ねた。イブラヒムは、「自分の国はバッカラで、氏族はパッサリブ」と答えた(Tambo, 1872: 14; Drakard, 1988: 199)。首長たちは、自分たちも同じ氏族であるので、イブラヒムの滞在を歓迎する旨を告げた。滞在中イブラヒムは、パッサリブ・ドロクの地に市場を設け、そこから海岸部へはパッサリブの地の四氏族の関係者以外は商品を運べないことを取り決めたという。

イブラヒムはしばらく滞在した後、海岸部に住むべき土地を捜していることを首長たちに話した。首長たちは協力を申し出た。イブラヒムは、パッサリブの四首長を連れて海岸部に出て、ムアラ・パガナンの地に到着した。そこで水を量ってみたところ、持参した水と同じ重さであった。イブラヒムは、その地が住むべき地であると判断し、故郷の地名にちなんでバルスと命名し、町造りを開始した。また同行したパッサリブの首長たちに、その地に居を構えることを告げるとともに、バルスと内陸部との相互防衛を彼らと誓い合った。イブラヒムはこの町の初代の王となり、町はやがて繁栄し始めたという。

故郷の水と同じ水の重さの地を捜して旅をする話は、ミナンカバウをはじめスマトラ各地の人々の間でしばしば語られた[2](Westenenk, 1913: 235; Nota, 1909: 555)。下バルス王家の伝承は、イブラヒムがトバ・バタックの人々の間で尊崇を得たこと、バッカラやパッサリブの地でパッサリブ氏族出身者とみなされたことを語っている。

トバ・バタック人の間では、パッサリブ氏族の始祖サリブラジャは、バルスの沖の小島に住むと信じられたラジャ・ウティ（ラジャ・ビアクビアク）の弟とされていた。彼らの始祖伝説によると、ラジャ・ビアクビアクは生まれたとき手足がなかったが、神より手足と翼と豚の顔を授かり、西海岸の方向へ飛び去ったという（Hoetagaloeng, 1926: 29）。トバの人々は、彼が神より不死身の力を授かり、「聖なる外界 Tano Jau Puri」と呼ばれるバルスの沖の小島に住んでいるとみなした。以降ラジャ・ビアクビアクは、ラジャ・ウティ（Raja Uti = Magical King の意）と呼ばれるようになった[3]。王統記のなかで述べられているシリンドゥンの四代官やバッカラのシンガ・マハラジャは、その後定期的にラジャ・ウティに貢物を届けるため下バルス王家を訪れた。彼らは、その貢物を下バルス王がラジャ・ウティに届けてくれるものとみなし、それを止めると不作に襲われると考えていた（Ypes, 1932 : 423-424 ; Vergouwen, 1932: 551-552）。パサイやアユタヤの場合と同じく、港市支配者が後背地で人々を引きつけた原理は、地元の人々の信仰にもとづいていた。

バルスは一五三九年までにアチェの影響下に入り、そして一七世紀後半には上述したようにオランダ東インド会社が商館を設けた。オランダ東インド会社の記録によれば、下バルス王家と内陸部のトバ・バタック人との結びつきは強く、シリンドゥンとパッサリブの人々がバルスに良質の安息香をはじめとする森林生産物を多量に持ち寄ったことが明らかになっている（VOC 1272,1067）。アチェにしろオランダにしろ、後背地の森林生産物の産地と緊密な関係を有する王家の存在を無視できず、下バルス王家と上バルス王家を介してトバ地区と交易関係を形成した。

バルスの繁栄は内陸住民に産物の採集や栽培、搬出に多くのエネルギーを割かせることを意味した。

しかしバルスは食糧を輸入に頼っており、それを内陸産地にまで供給することはできなかった。またパッサリブとシリンドゥン周辺のトバ高原は、さほど米作に適した地ではなかった。対してバッカラは、森林生産物の産地ではなく、トバ湖畔の稲作地帯であったことが重要である。王家の伝承は、この地でイブラヒムの子供シンガ・マハラジャに、バタックの地を統治させるよう言い残したとしている。

シンガ・マハラジャのことをトバ地区の人々はシ・シンガ・マンガラジャと呼び、バタラ・グル(シヴァ神)の化身として尊崇した。バッカラの人々の伝承によると、バッカラの一首長の妻は結婚して三年しても子供がなかったところ、ある日天より降った沙羅双樹の実を食べ、身ごもったという(Pleyte, 1903: 1-15)。やがて天界よりバタラ・グルの使者の燕が飛来し、その子の父はバタラ・グルであり、シ・シンガ・マンガラジャと命名するべきことが告げられた。その子は、地震が起こり、雷鳴がとどろき、暴風雨となり、精霊がうろつき、虎や豹があばれまわるなかで誕生した。シ・シンガ・マンガラジャは生来、大地を統べ作物の成育を司り、また農耕に重要な雨を降らすことができる存在として人々の信仰を集めた(Joustra, 1926: 218 ; 大林、一九八五年、一六五—一六六頁。弘末、一九九三年、一三—一四頁)。

シ・シンガ・マンガラジャは代々バッカラに君臨したが、上述したようにラジャ・ウティに貢物を届けるために、定期的に下バルス王家を訪れた。下バルス王家とトバの人々との間にはシ・シンガ・マンガラジャの誕生をめぐって解釈の相違はあるものの、こうした慣行によりバルスとトバ地区との関係は、一九世紀後半に植民地支配が及ぶまで維持された。

またこの豊穣を司る王は、アチェのスルタンよりもその権威を認められた。前章で述べたシ・シンガ・マンガラジャの豚王訪問の伝承は、これを反映したものであった。一七世紀前半のスルタン・イスカンダル・ムダの時期、アチェは東海岸のデリやアサハンの諸港市を影響下に置き、それらの後背地にあたるカロ地区やシマルングン地区に四代官を任命したが、これらの四代官にとっても後背地の権威は重要であり、シ・シンガ・マンガラジャは尊崇された（Tideman, 1922: 36-37 ; Neumann, 1926: 25,27 ; Dijk, 1894: 180-181）。下バルス王家はこの王をイブラヒムの息子とみなしたが、下バルス王もアチェのスルタンも、シ・シンガ・マンガラジャにイスラームを強要しなかった。むしろ内陸部の農耕文化を司る権威を認めることで、港市・後背地関係を維持しようとしたのである。[4]

また、スマトラ同様一六―一七世紀のジャワにおいても、次に述べるように港市の隆盛に対応して新たな内陸農業空間が発展をとげた。この点は、港市に比較的近接した河川平野で稲作が展開した大陸部の場合は、やや状況が異なる。シャムで一八〇五年に編纂された『三印法典《さんいんほうてん》』によれば、一四六六年アユタヤ王は、王族、貴族、官僚、下僚、平民の社会的身分を「位階田」（サクディナー）という水田面積をもって表示する制度を定めたとされている（石井、二〇〇一年、二四四頁）。全国土の所有者とされた王は、上は副王の一〇万ライ（一ライ＝一六〇〇平方メートル）から奴隷の五ライに至るまで、社会的身分を定量的に規定したという。

ただしこのサクディナーの制定には、多分に中央集権化を目指した後世の史観が反映されている。その経済的基盤の多くを交易に負っていたアユタヤは、米とともに多様な森林生産物を輸出した。アユタヤ王は、影響下においたチャオプラヤー川の中・下流域やマレー半島の拠点に米や森林生産物を物納租税（スワイ）として割り当て、代官をとおしてアユタヤに運び込ませた（Loubère, 1969: 93-95；ファン・フリート、一九八八年a、一二一―一二二頁。石井、一九九九年a、八三―八四頁）。このためアユタヤに産物を搬出したこれらの後背地も、島嶼部と類似した状況を有した。この時期これらの地では仏教が広まったが、その展開は港市のものと異なり、農耕に重要な水や土地を司る祖霊や守護霊が信仰され続けたのである（飯島、一九九九年、一五〇頁。田辺、一九九三年、三九―四三頁）。

3　マタラム王国とオランダ

今度はジャワに目を向けてみよう。ジャワ内陸に拠点を持つ王国は、農業生産の発展に伴い増加した人口を背景に、歴史上しばしば沿岸部にも影響力を行使した。一方新たに東南アジア海域に参入したヨーロッパ勢力は、一時的に優れた軍事力を行使できても、大局的には東南アジアの慣行に従わざるをえなかった。ジャワのマタラムとオランダとは、一七―一八世紀における在来勢力とヨーロッパ人との典型的な関係を示す興味深い事例を提示してくれる。

ジャワ北岸において、一六世紀前半にドゥマクが、つづいて一六世紀後半から一七世紀初めにかけてジュパラが米の主要輸出港として繁栄したのに対応して、中部ジャワ内陸部にパジャンとマタラムという二つの農業国家が台頭した。マタラム王国の『ジャワ国縁起』によれば、ジョコ・ティンキルが、ドゥマク王の命を受けてスラカルタの地にパジャン王国を樹立し、また同じ頃、近接するジョクジャカルタのマタラムの地にパマナハンが、パジャン王の命に従って勢力を扶植したという（Olthof, 1941: 33-69）。『ジャワ国縁起』は、マタラム王家の祖先となるパマナハンもドゥマク王同様、マジャ

図6　ジャワ島

パヒト最後の王の子孫であるとしている。

パマナハンの息子のスナパティ（在位一五八四―一六〇一年頃）の時代、マタラムはパジャンの従属から独立する。『ジャワ国縁起』によれば、スナパティは南海の女王ニャイ・ロロ・キドゥルと交信し、王家に対する守護をえたという（Olthof, 1941: 79-82）。このニャイ・ロロ・キドゥルとは、西ジャワのパジャジャラン王国の元王女とされ、苦行の末に不死身となり、その後インド洋に住む水界を統べる女王となったと信ぜられた。またスナパティは、ジャワのイスラーム化に重要な役割を果たしたとされる九聖人の一人スナン・カリジョゴより、マタラム王国の台頭が神の意志にかなったものであることを告げられた。ここにスナパティはパジャンに戦いを挑み、これを併合した。マタラムは、ジャワ的な原理とイスラームとを統合して、建国の礎としたのである。

こうして内陸部に拠点を確立したマタラムは、港市との関係を強化するため沿岸部への影響力の拡大を試みた。スナパティは、一六世紀終わりにドゥマクさらにジュパラを勢力下においた（Nagtegaal, 1996: 18）。またハウトマンの記録によると、バンテンにも影響力を行使しようとしたことがわかる（ハウトマン／ファン・ネック、一九八一年、一五六頁）。その息子クラプヤの代になるとさらに、東部ジャワの主要港市スラバヤと抗争関係に入った。クラプヤのあとを継いだアグン（在位一六一三―四六年）は、スラバヤと盟友関係にあったトゥバンを一六一九年に攻略し、一六二〇―二五年に定期的にスラバヤに攻撃をしかけた。アグンは、一六二四年にマドゥラを攻略し、翌年にはスラバヤを陥落させた。彼は、交易港として中部ジャワのジュパラを重視し、スラバヤ周辺の港市を破壊し、逃げ残ったこれらの港市支配者の一族をマタラム宮廷に連行した。

こうして中・東部ジャワの沿岸部を勢力下においたマタラムは、バタヴィアに拠点を確立したオランダ東インド会社と緊張関係を高めていた。アグンは当初、米を求めたオランダがグレシクやジュパラに商館を建設することを認めた。しかし、アグンがジャワで戦闘を継続するなかで、米がオランダへ十分届かなくなり、オランダはジャワの船舶に海賊行為を働き始めた。マタラムは対抗して、一六一八年八月ジュパラのオランダ商館員を攻撃した。これに対しオランダも、一六一八―一九年にジュパラを攻撃した（Ricklefs, 1981: 42）。マタラムは、スラバヤを攻略するために一時オランダと和平を結んだ。これによりマタラムは、オランダがスラバヤ攻撃のために艦隊で支援してくれることを期待したが、結局実現しなかった。

オランダとマタラムとのさらなる衝突が避けられなくなった。一六二八年アグンは中部ジャワより遠征隊を派遣し、バタヴィアを包囲した。バタヴィアは陥落寸前になったが、何とか持ちこたえた。アグンは翌年再び遠征軍を派遣したが、オランダ船の攻撃によりチルボンとトゥガルの倉庫が破壊され、食糧補給が絶たれた。遠征軍の間に飢餓と病気が発生し、マタラム軍は撤退を余儀なくされた（Graaf/Pigeaud, 1976: 42-43）。

アグンの積極策は続き、一六三一—三六年、西ジャワ内陸部のスムダンとウクルを制圧した。またしばしばマタラムに反旗を翻した東ジャワのギリを一六三六年に制圧し、その地の支配者を中部ジャワに連行した。さらに一六三五—四〇年にジャワ東端のバランバガンをはじめ、パナルカンやブリタルを制圧した。こうしてバタヴィアとバンテンを除くジャワの全域が、一時的ではあるがマタラムの影響下に服した。アグンはさらにパレンバンや南部カリマンタンにも影響力を行使するとともに、バンテンのスルタンに刺激されて一六三九年にメッカに使節を送り、一六四一年にスルタンの称号を獲得した。

こうしたマタラムの対外政策は、内陸部に拠点をおいたことと矛盾するものではなかった。マタラムの基盤は豊かな稲作地帯の中部ジャワ盆地にあり、米を多く輸出することが勢力を拡大するうえで重要であった。一方、マタラムと対峙したオランダ東インド会社がバタヴィアに拠点をおく目的も、内陸ジャワの米を効率よく入手し、かつ船舶用木材を得ることにあった。このためオランダとマタラムとはアグンの死後関係が好転し、アグンのあとのアマンクラット一世(在位一六四六—七七年)は、オランダと友好的関係を樹立し、一六五一年にジュパラのオランダ商館を再開させた[5](Nagtegaal, 1996: 18)。

オランダもまたマタラムの存続を支援した。マタラムは、一六七四—七九年にその支配に不満を有したマドゥラの王族トルーノジョヨの反抗を受け、一六七七年にはアマンクラット一世が王都から追放された。アマンクラット一世は逃亡中に死去し、彼の息子はオランダ東インド会社に援助を求めた。オランダはこれに応じ、反乱軍を制圧し、彼がアマンクラット二世として即位することに協力した。

オランダは代償として、米買付の独占、綿布とアヘンの独占取引、沿岸港市スマランおよびバタヴィアの後背地のプリアンガンの割譲をマタラム側に認めさせた(Ricklefs, 1981: 73；永積、二〇〇〇年、一六〇—一六一頁)。

オランダとマタラムとの相互依存関係は深まったが、アマンクラット二世がオランダに反旗を翻した元奴隷、スラパティを王都カルタスラにかくまい、スラパティ引き渡しのためにオランダ総督が派遣した使節を殺戮したことから、一時不和となった。二世の死後、王家はアマンクラット三世が即位したが、これに異を唱える二世の弟が、オランダの支援を得て王位継承戦争を展開し、パクブウォノ一世として即位した。パクブウォノ一世は、オランダから支援を得る代償として、プリアンガンおよびスマラン割譲の再確認、北岸港市チルボンのオランダによる保護領有、マドゥラ島東半分の割譲、米の買い付けおよびアヘンと綿布販売の独占、毎年八〇〇コヤン(約一三〇〇トン)の米の無償供出、ジャワにおける要塞建設の自由などを認める条約を締結した(Ricklefs, 1981: 83)。ただし、オランダの目的は交易活動の促進であり、マタラム王国を弱体化させることではなかった。

オランダの武力を活用できることとなったマタラムは、王家に反抗的な勢力を封じ込めるとともに、北岸港市においても従来以上に権限を行使した。それまでしばしばマタラム王家に造反していた北岸港市の支配者たちは、シャーバンダルや徴税官の任免権をマタラム王家に委ねざるを得なくなった。シャーバンダルたちは、一七〇五年以降毎年マタラム王家に参内することとなった(Nagtegaal, 1996: 80-81)。またオランダは、獲得したスマランとチルボンをはじめジュパラ、スラバヤ、ドゥマク、ルンバン、トゥガルなどの北岸諸港市に商館を有した。オランダの交易活動は、マタラムの米の無償供出に支えられ、一八世紀前半順調に発展した。

オランダはその後も、王位継承戦争に介入した。一七一九年パクブウォノ一世が死去すると、オランダの支持をえたアマンクラット四世が即位したが、それに異を唱えた二人の弟や叔父との間で、第二次王位継承戦争が生じた。結局オランダの支援のもとに、反対派は一七二三年敗退した。また一七四二年、二年前バタヴィアで起きた中国人虐殺を知り激昂した中部ジャワの中国人たちが暴動を起こすなか、パクブウォノ二世は、反乱派によって宮廷を追われた。王は、オランダに援助を求め、一七四三年ジャワの東北岸をオランダに譲渡する条約を結んだ。これにより、マタラム王家は二万レアルの補償金を毎年受け取る代わりに、ジャワ北岸の港市をすべて失った(Ricklefs, 1981: 92；永積、二〇〇〇年、二〇一頁)。

しかしオランダは当時、中部ジャワを植民地化できる力までは有していなかった。パクブウォノ二世は、スラカルタの地に新たに宮廷を構えた。しかし今度は弟マンクブミならびに甥マス・サイドが、オランダの要求に応じたパクブウォノ二世と不和になり、第三次王位継承戦争(一七四六―五七年)がおこった。マンクブミとマス・サイドは、一七四七年に二五〇〇名の砲兵を含む一万三〇〇〇名の兵士を集め、大勢力となった。

オランダはパクブウォノ二世を支持した。一七四九年パクブウォノ二世が死去する直前、オランダは、マタラムの領地をオランダ東インド会社に譲渡したいとの申し出を王から受けた。話を聞いたオランダはその処置に困り、いったん話を受け、その領地をパクブウォノ二世の遺児に譲り、パクブウォノ三世として即位させた。しかし、オランダはマンクブミとマス・サイドの攻勢からスラカルタを守るのがやっとの状態であった(Ricklefs, 1981: 93 ; 永積、二〇〇〇年、二一九―二二〇頁)。

長引く軍事行動は、オランダ東インド会社の財政を悪化させた。一七五二年になり、マンクブミとマス・サイドとが不和になると、オランダは交渉により事態を打開させる方向に転じた。マンクブミもこれに応じ、その結果一七五五年にマンクブミとパクブウォノ三世との間で和平が成立し、マタラム王家は分立することとなった。マンクブミは、ジョクジャカルタに王家を開設しスルタンを称し、パクブウォノ三世はスラカルタにこれまでどおり王家を構え、ススフナンを称することとなった。[6] さらに一七五七年、この決定を不服としたマス・サイドは、スラカルタ王家の東部を分けてもらい、マンクヌガラ王家を開設することとなった。

ジャワ王家とオランダとの関係が新たな段階を迎えることとなった。オランダの力では、中部ジャワ全体をコントロールすることができないことがジャワ人にも明らかとなったのである。オランダ軍は若干名の兵士をジョクジャカルタとスラカルタの理事官 resident のもとに駐在させた以外は、中部ジャワから撤退した。

一七五七年に第三次継承戦争が結着をみた後、ジャワの政局は落ち着き、一八世紀後半の中部ジャワは人口も増え、農業も発展をとげた。一七五五年の時点でおよそ六九―一〇〇万人であったと推定されている中部ジャワの人口は、一八世紀末には一四〇―一六〇万人へと増加した(Ricklefs, 1981: 105)。また未開墾地の開拓が進み米作も進展をとげ、こうした人口増加を支えることができた。オランダは、一七八八年にパクブウォノ三世が死去すると、その息子をパクブウォノ四世として認め、また一七九二年にマンクブミ(ハムンクブウォノ一世)が逝去したのちも、その息子をハムンクブウォノ二世として承認し、王家の存続を保障した。これに対し旧マタラム王家のなかには、オランダのジャワ沿岸部における存在を正統なものとみなし、次節で述べるように、オランダ人をマタラム王室と血縁関係を有する存在として位置づける動きが生まれるのである。

4　地元世界の構築――「土着民」神話

港市は、内陸農業空間を発展させ、後背地社会を結実させる。しかし地元の原理を無視できない港市は、必ずしも内陸世界の精神的中核になれない。むしろ後背地住民は、内陸の権威中枢を中心に据え、自らを神意に叶った「土着民」として正統化し、周辺港市支配者を彼らの血縁者と位置づけようとする。

ミナンカバウの場合はその典型である。一七世紀後半になり、アチェの影響力がスマトラ東西岸で後退すると、ミナンカバウ人は活動範囲を拡大した。西岸のパダンを拠点にミナンカバウの首長たちとオランダ東インド会社が交易を開始し、東岸ではカンパル、インドラギリ、ジャンビ、さらにはシアクを介して中部スマトラの産品が搬出された。ミナンカバウの青年男子にはムランタウ（出稼ぎ）の習慣があり、故郷を離れ、スマトラ東西岸やさらにマレー半島に活動の場を求めた。オランダの記録によると、一六七七年にムラカの後背地住民がオランダの課した税に反発した際、三七〇〇名のミナンカバウ人と海上民がパガルユン王家の血縁者を称したラジャ・イブラヒムのもとに結集した（Drakard, 1999: 184 ; Andaya, B. /Andaya, L. 1982: 71-72）。すでにかなりの数のミナンカバウ人が、マレー半島にいたことがわかる。またスマトラ東岸におけるミナンカバウ人の活動の拡大は、先に述べたシアクのラジャ・クチルの活動やジャンビの支配者に対する攻勢からもうかがえる。

本章の第1節において、ジョホール王が水界を統べた大蛇を制し、その子孫がスマトラの代々の王となったという話を取り上げた。この話は、マラッカ海峡域を往来したミナンカバウ人により、さらに彼らの始祖神話として発展をとげた。一九世紀にミナンカバウの人々の間では、アレクサンダー大王の息子で中国王ならびにオスマン帝国のカリフと兄弟のマハラジャ・ディ・ラジャが、舟に乗って海中からあらわれてきたムラピ山のふもとに最初に到着し、スマトラ島の最初の王となったと語られていた。そしてその子孫は、ムラピ山のふもとの地に住みつき、タナダタル、アガム、リマプルコタのミナンカバウ中心部を形成したという。そこからさらにスマトラ島各地に拡がり、ジャンビ、パレンバン、シアク、アチェなどの海岸部に移り住む者があらわれ、その地の支配者となったと神話は語る(Legende, 1859: 378-389 ; Datoek Batoeh Sango, 1966: 12-81 ; Kato, 1982: 19-23)。すなわちミナンカバウの人々は、マハラジャ・ディ・ラジャ(パガルユン王)を始まりとするスマトラ島の土着先住民であるというのである。

同様の神話は、北隣のトバ湖周辺のバタック地区の人々のあいだでも語られていた。一八世紀後半にオランダ人ラーデルマッヘルは、バタック人の間で豊穣を司る権威が君臨するとされたバッカラをめぐる、次のような始祖神話を記録している(Radermacher, 1824: 9-10)。

この地方の住民が語るには、バタラ・グルは天界の主であり、全人類の父である。そして以下の場合において部分的にはこの世の創造者でもある。この大地は最初からナガパドハという者の頭で支えられていたのであるが、とうとう疲れて頭を振ったところ、大地は沈んでしまい、この世には水しかないようになった。人々はこうした大地と水が元々どういうふうに造られたのか知らないようであるが、彼らがいうには、水がこの世のすべての物を覆ったとき、至高神のバタラ・グルにはプティ・オルラ・ブランという名の娘があり、彼女はその下界に降ろしてくれるよう父に頼み、犬に引かれて白いふくろうに乗って降りたが、水のためそこに居つづけることができなかった。彼の父は、バッカラという名のそびえ立つ山をバタラ・グルの娘の居住地として天界から降ろしてやり、それは今バタ地方にある。この山から次第にその他の大地が拡がっていった。……プティ・オルラ・ブランはその後大地に居住し三人の息子と三人の娘を得た。彼らから全人類が誕生したのである。

バタック人の間でナガパドハは、先の「シ・カティムノ（サクティムナ）」と同じく、水界を統べる大蛇とされた（Warneck, 1909: 30）。水ばかりの世界に、至高神バタラ・グルがバッカラという名の山を娘のために降ろし、バタ（バタック）地方のバッカラから人類が拡大していったというのである。

バタックの人々の始祖神話はこれ以外に、同じくトバ湖畔のプスック・ブヒット山にバタラ・グルの娘が降臨したというのも一般的によく語られていた（Hoetagaloeng, 1926: 24-26 ; Ypes, 1932: 219-220）。バッカラにせよプスック・ブヒットにせよ、いずれも稲作盆地を有し、プスック・ブヒット山のふもとのリンボンにも、下バルス王家が代官を任命したと唱えていた（Tambo, 1872: 35 ; Drakard, 1988: 219）。これらの神話によると、バタラ・グルの娘が天孫降臨したのち誕生した最初の人類から四代目の人々のなかに、アチェへ移った者とバルスへ移った者があらわれ、それぞれの地の支配者となったという。一方プスック・ブヒットにとどまった人々の子孫から、最初のバタック人となるシ・ラジャ・バタックが生まれ、以降バタック人がトバ湖周辺から東西岸にかけて拡大していったと神話は語る。ミナンカバウの場合と同様、バタック人も自らの農業空間がスマトラ島の始まりであり、周辺港市支配者たちはその地から移り住んだ子孫であるというのである。[7]

トバ湖周辺では、毎年農耕を始める前に、彼らの祖霊が宿るとされる山々に豊穣と子孫繁栄を祈願して供儀(水牛)を奉納した。この儀礼はビウスと呼ばれ、地域の人々の集う最大規模の儀礼であった。その儀礼のなかでバタラ・グルの娘とナガパドハによる地上創造のドラマが再現された。そして外界へ飛び去りラジャ・ウティとなったラジャ・ビアクビアクの霊と、同じくその地からトバ湖に去ったとされる水界を統べるボル・サニアン・ナガの霊が呼び出され、人々に安寧と繁栄をもたらすよう祈願された(Ypes, 1932: 187-188 ; Korn, 1953: 121-122)。農業にとって重要な水の霊と外部世界の力を象徴するラジャ・ウティとが、農耕儀礼を通して結びつけられたのである。バタック人の間で、下バルス王が稲や芋の生育を司る力を有するとみなされたことは先に述べた。同様な力を、アチェのスルタンも有するものと彼らはみなした(Neumann, 1926: 25)。それは、これら港市支配者がラジャ・ウティとの仲介者あるいはこの神聖王の具象化したものと考えられ、後背地住民の祖霊と結びつきを持つとみなされたからである。

内陸住民が港市支配者との血縁関係を主張する現象は、ジャワにおいてオランダ東インド会社と共存する政策を採ったマタラム王家の王統記にもみられた。

イスラームを建国の礎の一つとしたマタラム王国は、ジャワ世界の成立をイスラームにのっとり人類の始まりから説明した。インド世界を至上としてきたそれまでの時代と異なり、『ジャワ国縁起』

は、そもそも人類の始まりはアダムであり、アダムの孫の一人アンワスがメッカに居をかまえてイスラームを信奉してゆくのに対し、もう一人の孫のヌルチャハヤはサタンに導かれて異教の道に入り、インド人やジャワ人の祖先となったという(Olthof, 1941: 7-11；青山、一九九四年、五〇—五三頁)。

インド世界のパーンダワー族の末裔の一人ジョヨボヨが東ジャワのクディリに王都を移したときから、ジャワ世界が始まるとされた。そして東ジャワを中心に諸王国が展開したのち、歴史の舞台は西ジャワのパジャジャラン王国に移る。史実としては、東ジャワの最後の王国とはマタラム以前に最大の繁栄を誇ったマジャパヒトであるが、『縁起』は、マジャパヒト王国を台頭させる前に、パジャジャラン王国を展開させる。中部ジャワに拠点をおいたマタラムが、西ジャワも重視していたことがわかる。そのパジャジャラン王国は五代目パムカスの時代に彼の長男に王位を奪われてしまい、次男スルが東に逃れてマジャパヒト王国を建国する(Olthof, 1941: 15-17)。マジャパヒト王国が最終的にイスラーム勢力に滅ぼされることは第一章で述べたが、王室の子孫たちはムスリムとしてドゥマク王国さらにはパジャン王国で活躍する。その子孫の一人でパジャン王国に仕えていたパマナハンが、アダムの孫のアンワスの末裔の女性と結婚し、息子をもうけ、この息子がマタラム王国を建国するスナパティとなったとする。

『ジャワ国縁起』はこのようにマタラム王室が、ヌルチャハヤに始まるインドとジャワの支配者の系譜と、アンワスに始まるイスラームの預言者たちの系譜とを統合したものとみなしたが、さらにバタヴィアのオランダ人もそのなかに位置づけようとした。先の西ジャワのパジャジャラン王国が、ここで重要な意味を持ってくる。

中部ジャワの王家のうちでも、ジョクジャカルタのスルタン王家は、強力な兵力を有した上に、中部ジャワの未開墾地の開発が順調に進み、王国は隆盛に向かった。スルタン王家にとってオランダは、海岸部にあって王国の繁栄を支援する存在であることが望ましかった。一八世紀後半から一九世紀初めにかけてスルタン王家が作成した『スラト・サコンダル』によれば、バタヴィアのオランダ人はパジャジャラン王国の正統な後継者であるという(Ricklefs, 1974: 377-402)。それによると、オランダの地のマブキット・アムビン Mabukit Ambin の王は、一二名の美しい妻を有していた。そのうちの一人の妻は、身ごもったのちに、貝を産み落としたという。そのなかより、バロン・スクムルとバロン・カセンデルが生まれた。バロン・カセンデルは、成長するとスペインに赴いた。スペインの王は実はマブキット・アムビンの王の弟であった。カセンデルは、スペイン王のため数々の軍功をたて、ついに王の跡を継ぎ、次のスペイン王となった。

スペインはカセンデルの統治下で栄えたが、カセンデルは精神修行の旅に出たくなった。そこで王位を兄のスクムルに譲ろうとしたが、他の兄弟たちの反対を受け、結局父親のマブキット・アムビン王に王位を譲った。王となった父親は、兄弟たちの不和を諫め、一致団結することを説き、この結果オランダ東インド会社 Kumpni が結成されたという。

カセンデルと他の三人の兄弟は、そこでジャワの地に赴いたという。当時ジャワは、マタラム王スナパティの時代であり、カセンデルら四人は、スナパティに仕え、王国を繁栄に導いた。またスペインにいたスクムルも、ジャワの地に商売のため出かける決心をした。一〇隻の船が商品を積んで、一〇カ月かけてジャワの地に到着したという。スクムルは、ジャカルタの支配者に歓迎され、ジャカルタ沖のオンルスト島に滞在することとなった。

その頃西ジャワのパジャジャラン王国は、イスラームを信奉するジャカルタの支配者にすでに滅ぼされていたという。パジャジャラン王家の王女の一人は、山岳地域に逃げ、そこで聖者と結婚し、一人の娘をもうけた。この娘はたいへん美しく、ジャカルタの支配者は彼女を娶ろうとしたが、彼女の子宮から発する炎のため、叶わなかった。そこで彼女は、ジャカルタの支配者からスクムルに売り払われた。スクムルは彼女をスペインに連れて帰り、やがて二人の間にジャンクンが生まれた。

ジャンクンは成長すると、母の出身地がどこかを尋ねた。母親は、出身がパジャジャランであり、ムスリムのジャカルタ王によって滅ぼされたことを打ち明けた。そのためジャンクンは、ジャカルタ王を討つべく、ジャワに出発した。ジャカルタに到着したジャンクンは、ジャカルタ王と戦いとなった。激戦の末、ジャカルタ王は、ジャンクンにジャカルタを譲らざるをえなかった。ジャカルタ王は、南部の山岳地に退き、そこで元パジャジャランの王女のことを思い出し、悲嘆に暮れたという。

以上が、オランダ人がジャカルタに拠点を築くこととなった経緯を語ったものである。マブキット・アムビンがオランダのいかなる場所を指しているのか明らかでないが、オランダとスペインとの関係やオランダ東インド会社の設立、さらにはジャンクンがジャカルタにやってきたいきさつが、スルタン王家の枠組みをとおして語られている。ジャンクンの父親が貝の中から生まれ、一方母親の子宮から炎が発せられたことは、彼の両親が通常の人間を超えた強力な霊力の持ち主であったことを示している（Berg, 1965: 115-116 ; Anderson, 1972: 16-18）。このジャンクンとは、バタヴィアにオランダ東インド会社の拠点を確立し、またマタラム軍と対峙した総督ヤン・ピーテルスゾーン・クーン（在位一六一九―二三、一六二七―二九年)その人である、とスルタン王家はみなした。そしてジャンクンの一族は、マタラム王家の隆盛を支えた人々であったとした。旧マタラム王家は、ジャワ王権の正統性がマタラム王室にあるとしつつ、同時にバタヴィアの「オランダ人王」ともパジャジャラン王家を介して血縁関係にあるとしたのである。

いずれの内陸民も、彼らの居住地が神意にかなった聖なる場所であり、彼らが由緒正しい「土着民」であり、周辺港市支配者は彼らの祖先が居住した聖地より沿岸部へ移った子孫である、との世界観を構築した。外来者から見れば、それは一つの特異な「地域世界」であり、彼らの考える「世界秩序」が及びにくい地であった。しかし、その個別的な「地域世界」と「世界秩序」とは、港市を媒介として表裏で構築されていたのである。

第四章
海域マレー世界の形成

1　ムラカをめぐる勢力図

東南アジアの港市間は、時に厳しい緊張関係を有したが、東南アジア域外から来航した商人にとっては、訪れた港で多様な東南アジア産の香辛料や森林生産物を効率よく入手できるに越したことはなかった。東南アジア域内ネットワークの構築が求められるのは、このためである。ムラカ（マラッカ）は、海上民を多数引きつけることで、東西世界に広く開かれた港市空間を形成しつつ、同時に東南アジアの諸港市間を結びつけることに努めた。

ムラカが海洋交通路の要衝という利点を活かす上で、海上民は重要な礎であった。『ムラユ王統記』が、ムラカ王家がアレクサンダー大王やチョーラ王の血統を有すると唱えていることは先に述べたが、『王統記』は同時に、チョーラ王がシンガポールの海に潜り、海の王に迎えられその王女と結婚し、三人の息子が誕生したとし、海との特別な関係を語る。三人の息子たちは、やがて成人するとパレンバンの聖地ブキット・シグンタンに降臨し、人々の尊崇を得たという。『王統記』は、三男スリ・トゥリ・ブアナが海上民を引き連れシンガポールに移り、その子孫（スリ・トゥリ・ブアナから五代目）がムラカに建国したことを語る（Abdul Rahman Haji Ismail, 1998: 86-92 ; Brown, 1970: 16-21）。パレンバンは、古代海洋帝国シュリーヴィジャヤの中心地であり、ブキット・シグンタンはその聖地であった。『ムラユ王統記』は、ムラカ王家がシュリーヴィジャヤの後継者であり、マラッカ海峡の海上民の支持を得ていることを唱える（Wolters, 1970: 77-107 ; 弘末、二〇〇三年、一七―二一頁）。

一六世紀初めのムラカ占領後、その対外関係を模倣しようとしたポルトガル人のなかにあってトメ・ピレスが聞き取った話によると、ムラカの建国者パラメスワラは、元来パレンバンを拠点としていたが、ジャワのマジャパヒト王国の攻撃を受け、海上民を引き連れて、シンガポールさらにムラカに移ったという（ピレス、一九六六年、三八〇―三九二頁）。史実としてムラカ王国の建国者は、中国側史料も総合すると、パラメスワラであったことが明らかとなっている（Wang, 1981: 97-107 ; 生田、一九六六年、五八七―五八八頁）。『ムラユ王統記』のスリ・トゥリ・ブアナの話は、ピレスの話と直接的に符合しないが、王家にとって海上民の重要性を語っている点では、両者は一致する。

ムラカは中継港として台頭し始めた。ピレスによると、パラメスワラの跡を継いだイスカンダル・シャー（在位一四一四―二三年頃）は、敵対関係にあったマジャパヒト王に使節を遣り、次のように要請したという（ピレス、一九六六年、三九五頁）。

私の父はすでに死んでしまいましたので、これからは友人となって過去の不和を終らせたいと存じます。またパリンバン〔パレンバン〕の国をお譲りしましたから、今後は私は私の国で取引を行ないたいと存じます。そうすれば私は私の商品をここで処分することができますし、それによって私の国は急速に人口が増えるでありましょう。そしてそれは（取引の）たびごとに盛んになるでしょう。私はそうなければならぬと存じますし、またそうなって来たことをこの十年来経験して来たからであります。それは当地では一方からの季節風が終わり、他の季節風がはじまり、（殿下の）部下や人々が航海しているパセー〔パサイ〕やその他の場所に行くには浅瀬があるのに対し、（マラカ〔ムラカ〕までは）最小の危険でジュンコが航行できるからであります。こうしていただくよう私はお願いしたいのです。

ムラカに居を構えたイスカンダル・シャーは、父親パラメスワラの出身地パレンバンがマジャパヒト王国の勢力下にあることを認め、マジャパヒト王に和議を請うたのである。ムラカは以降、マンスール・シャーの代（在位一四五九頃―七七年）まで定期的にマジャパヒトに貢納した。それにより、ムラカの存在を認めてもらうとともに、マラッカ海峡の中央部という交通上の利点を訴え、ジャワ人にもムラカに寄港してもらうことを期待した。

マジャパヒト王はこれに対し、以下のような返答をムラカの使節に渡したという（ピレス、一九六六年、三九五―三九六頁）。

長い間自分のジュンコはパセーに航海しており、またパセーは友情で自分と堅く結ばれている。自分の商人は同地でかれらの商品に対する良い見返品を得ているし、また尊敬されていて（税金を）免除されている。またパセー王は自分の臣下である。従って、もしそれが（同時に）彼（パセー王）の意志であったならば、自分はそこ（マラッカ）に船を派遣しよう。さもなければ自分は（パセー王の意志に)さからうことはしないであろう。これは自分たちの間でこれほど長い間同意して来た古い習慣を破ることはできないからである。

パサイとマジャパヒトとの交易関係は、第一章で述べたように、一四世紀中頃にはすでに形成されていた。マジャパヒト王は、パサイの了解がないと、ムラカに直ちに船を派遣することができないとした。

イスカンダル・シャーは、そこでパサイ王に使者を遣り、以下のように王に伝えたという(ピレス、一九六六年、三九六頁)。

ジャオア〔ジャワ〕がマラカ〔ムラカ〕で取引することを悪く思わないように譲歩していただきたい。また同様に貴国の商人にも商品を持たせてマラカに来させるようにしていただきたい。私の国には見返品としての黄金があり、またパセー王にとって必要なものが(ジャオアよりも)豊富である。また私が(このことについて)ジャオア王に手紙を書いたところ、もしそれがパセー王の意志であればそれをたいへん喜ぶと答えて来た。

ムラカ王は、パサイ王の認可を得ることで、ムラカをジャワと北スマトラとの中継港として発展させることができた。マラッカ海峡を挟んで近接する中部スマトラからムラカには、ミナンカバウの黄金が搬出されていたし、鄭和の遠征の寄港地となったムラカは、中国との交易が進展した。そこで、ジャワよりも必要なものが豊富であると述べ、パサイ王の関心を引こうとしたのである。

これに対しパサイ王は、ムラカ王がイスラームに改宗すれば、その要請に応えると回答したという(ピレス、一九六六年、三九六頁)。パサイ王は、インド洋のムスリム商人のネットワークのもとにムラカを位置づけようとしたのである。

イスカンダル・シャーは、パサイの要求にすぐには対応しなかった。他方マジャパヒトに対してムラカ王は、以降定期的に贈り物をすることで臣従の関係を深め、ジャワから多数の船がパサイに妨害されることなく、ムラカに来るようになった。これにより、ジャワの胡椒と東部インドネシアの香辛料や白檀が、ムラカに持ち込まれた。すでに中国との関係も構築していたイスカンダル・シャーは、ムラカがパサイ以上に西方イスラーム商人を引きつけうると判断し、ここにパサイ王の申し出を受け入れた。イスカンダル・シャーは、イスラームに改宗し、パサイ王の娘を娶った(ピレス、一九六六年、三九九頁)。その結果パサイからは、ペルシアやアラブさらにはベンガルからやってきていた多数の商人が、ムラカに移った。パサイはイスラームの先進地としての地位を固めていく一方、ムラカは中継港としての地位を高めたのである。[1]

またムラカは、建国当初よりアユタヤの南進に苦しんでいた。アユタヤは先にも述べたように、マレー半島の北部および中部を影響下におくことで、シャム湾とベンガル湾の両方と交易し、東西交易の中継港として発展できた。アユタヤにとって同じく中継港となりうるムラカの台頭は、決して望ましいものではなかった。

ムラカがまず明朝の冊封体制に入ることで、シャムにその存在を認めさせようとしたことは第一章で述べた。ただしムラカにとってアユタヤは、食糧となる米を供給してくれる重要な港市であった。次第に人口が増えてきたムラカは、同じくイスカンダル・シャーの時代、アユタヤに臣従を表す使節を送った。ピレスによれば、王と義理の兄弟の使節が次のような上奏文をもってシャムに赴いたという（ピレス、一九六六年、三九三―三九四頁）。

私はたまたまこの土地を所有することになりましたが、そのために非常な努力をしたので、当然の権利として私に食糧を供給していただきたいと存じます。またこの土地はあなた（シャム王）のものですから、常に自分の土地にどんな人々が生活しているかを御存じでなければなりませんし、またあなたのものであるこの土地に人を住まわせるために私を援助していただきたく存じます。

人口過少の当時のマレー半島において土地を所有すること自体はあまり意味がなく、それを利益が上がるように開発することが重要であった。シャムに使節を送ることで、シャム王に服属する意思があることをムラカは表明したのである。それにより食糧をアユタヤから送ってもらうことを、ムラカは期待した。

これに対しシャムは、ムラカへ人間や食糧や商品を贈り、援助を約束したという（ピレス、一九六六年、三九四頁）。以降ムラカはマレー半島の利権をめぐりしばしば対立しつつも[2]、スルタン・アラウッディン・リアーヤット・シャー（在位一四七七―八八年）の代に至るまで、王の一族がシャムへ定期的に使節として赴いた。東南アジア域内でムラカは、パサイ、ジャワ、シャムに臣従する形を取りながら、商業ネットワークを形成し始めたのである。

ムラカが勢力を拡大する上で、海軍力と婚姻関係も重要な役割を果たした。ピレスによると、ムラカ王国はスルタン・ムザファル・シャー（在位一四四五―五九年頃）の時代に、錫の産地であったペラクのミンジャンとスランゴール、さらにムアルとシンガポールとの間の港シェグアを占領した。さらにシンガポール海峡とビンタン島を勢力下に置き、パハン、トルンガヌ、パタニの諸王と戦って、優位に立ったという(ピレス、一九六六年、四〇二―四〇四頁)。『ムラユ王統記』によれば同スルタンの時代にムラカは、マレー半島のこれらの地域に影響力を行使してきたシャム(アユタヤ)の攻撃をたびたび受けたという(Abdul Rahman Haji Ismail, 1998: 136-145 ; Brown, 1970: 55-62)。しかし、アユタヤの攻撃は撃退された。ムラカはさらに北スマトラのアルとも抗争し、スマトラ東岸のロカンを奪う一方、ミナンカバウの金の輸出港のカンパル、インドラギリと長い間戦争し、それらを占領した(ピレス、一九六六年、四〇四頁)。

ムザファル・シャーは武力を行使する一方で、王と兄弟のラジャ・プティの二人の娘をカンパル王とインドラギリ王と結婚させ、この二王をイスラームに改宗させた。また自分の姉と、マレー半島の金の産地であるパハンの王とを結婚させ、同じくイスラームに改宗させた(ピレス、一九六六年、四〇四―四〇五頁)。以降カンパル、インドラギリ、パハンの三王家は、ムラカ王家と通婚を重ね、互いに緊密な関係を形成したのである。

2　マレー世界の成立

こうして形成された対外関係を、ムラカは商業的に発展させた。海峡の中央部に位置する利点を活かす一方で、ムラカはマンスール・シャーの時代に商業取引の関税を他港よりも低くした。第一章で述べたように、ムラカにやって来た西方商人は六%、東南アジアの他地域からの商人は贈り物を課せられるにとどまった。これにより、マンスール・シャーは、王国民や外国人から大いに尊敬されたという(ピレス、一九六六年、四一四頁)。

ムラカは次第に東南アジア域内で自立した権力を形成し始めた。マンスール・シャーの跡を継いだスルタン・アラウッディン・リアーヤット・シャーは、リンガ諸島を制圧し、王国はますます隆盛に向かった。そのため、周囲の地域はムラカと比べると無に等しく思われ、パハン、インドラギリ、カンパルの三王も、ムラカで暮らし、第一章で述べた船舶所有者に商品を委託取引させる方法で、大きな利益を得ていた(ピレス、一九六六年、四一七―四一八頁)。

一五世紀終わりになるとさらに、上述のパサイ、ジャワ、シャムへの服属関係を脱した。パサイは、一五世紀半ばにはムラカの繁栄に及ばなくなり、昔日の面影をなくした。またムラカが熱心に使節を送ったジャワも、一五世紀終わりには沿岸部をムスリムが支配するようになり、内陸部に勢力を残すのみとなった。またしばしば緊張関係に陥ったシャムに対しても、スルタン・マフムード・シャー(在位一四八八―一五一一年)が即位すると、アユタヤへの貢納を止めた。これに対しアユタヤは、ムラカの勢力下にあったパハンに侵攻したが、敗退した(Brown, 1970: 149-151;ピレス、一九六六年、四二一頁)。

スルタン・マフムード・シャーの時代ムラカは、イスラーム法と在来の慣習法とを統合して『ムラカ法典』を編纂し、海域世界での商業活動の規範の整備に努めた。ムラカにとって、東南アジア域内で商品を売買するための船舶と乗組員の活動は特に重要であった。同法典のなかの「海事法 Undang-Undang Laut」には、船長をはじめとする乗組員の役務と権限が規定されていた。彼らは、船乗りであると同時に商人であり、「海事法」は積荷の扱いについての規定も具体的に定めた(Winstedt / Jong, 1956)。これにより、ムラカにおける船舶所有者への委託取引が促進された。

この結果、ムラカの商業ネットワークをとおして、売買・貸借そして委託取引をめぐる規範を有するイスラームが、海域世界で重視されるに至った。一三世紀後半以降パサイを中心に、ランブリやプルラクさらにはアルやバルスなどの北スマトラの港市でイスラームが受容されていたものの、一五世紀前半までは北スマトラ周辺に限定されていた。しかしムラカの商業ネットワークが拡大した一五世紀後半以降、イスラームは、スマトラ東海岸やマレー半島沿岸をはじめ、ジャワ海岸部や東部インドネシアさらにはカリマンタン沿岸部やフィリピン南部にも広まった。ピレスは、一五世紀中葉より海岸部のジャワ人有力者がイスラームに改宗しだしたことを述べている（ピレス、一九六六年、三一六頁）。『ジャワ国縁起』は、ジャワのイスラーム化に寄与したとされる九聖人のうちのスナン・ボナンとスナン・ギリが、先達のワリ・ラナンにメッカ巡礼の希望を伝えると、まずムラカに行きそこで修行することを勧められたことを述べている（Olthof, 1941: 22）。ムラカはパサイに代わり、東南アジアにおけるイスラームの中心地の地位を獲得するに至ったのである。

またこれとともに、元来マラッカ海峡のリアウ・リンガ諸島周辺で話されていたオーストロネシア系の一言語のマレー語が、海域世界に拡がった。マレー語は、ムラカの交易ネットワークの拡大とともに、アラビア語、ペルシア語、タミル語、ジャワ語などの語彙を加味しつつ商業共通語として発展をとげた。ポルトガル人が一六世紀初めにマラッカ海峡域に来航したとき、スマトラ東海岸のそれぞれの地域で異なる言語が用いられていたにもかかわらず、ほとんどの人々がマレー語を話せたという（Dion, 1970: 143）。また、一五二一年にマジェランがフィリピン中央部の島に上陸した際、スマトラ出身の奴隷に通訳させたが、その地の人々が彼のことばを理解したと記録されている（ピガフェッタ、一

パタニ
クランタン
クダー
南シナ海
トルンガヌ
マレー半島
ブルアス
ペラク
ミンジャン
ブルナン
スランゴール
パハン
マラッカ海峡
クラン
スンガイ・ジュグラ
リンギ川
グノン・レダン
ランガット
ムラカ
(マラッカ)
ルパト
ムアル川
ムアル
シェグア
ジョホール
ロカン川
スマトラ島
シンガポール
ビンタン島
シアク
リアウ

図7　ムラカとその周辺

九六五年、五三五頁)。ムラカの商人たちが頻繁に訪れたジャワ北岸、マルク(モルッカ)諸島、ブルネイ周辺におけるマレー語の普及は、より確かなものだったといえよう。また文字についても、マレー語をアラビア文字で表記したジャウィが用いられ、王統記や系譜が作成され始めた。『パサイ王国物語』や『ムラユ王統記』はその代表的なものである。

ムラカ王国の直轄地は、ムラカを中心に西はリンギ川から東のムアル川までの海岸部と、内陸部はグノン・レダンに至るまでの地域にすぎなかった。その周辺の、錫の産地となるシニョジュン(スンガイ・ジュグラ)、クラン、ブルナン、ミンジャン、ペラク、ブルアスなどの王の臣下が領有した地域や、海上民が拠点としたシンガポール、ルパト、リンガ、リアウなどが、いわば王国の属領であった(Cortesao, 1990: 259-264; ピレス、一九六六年、四三三―四四四頁。西尾、一九九五年、五一頁)。またマラッカ海峡域に存在したインドラギリ、ロカン、カンパル、シアク、トゥンカルなどのスマトラ東岸諸国とマレー半島のパハンが、ムラカの服属国であった。

こうしたムラカ王国の勢力圏を中核として、ムラカの政治文化が形成された。ムラカの王族や貴族さらに地元民は、マレー人と呼ばれ、マレー語を母語とした彼らは、ムラカ王家のブキット・シグンタン降臨神話を信奉した。[3] この範疇に入る商人たちは、先に述べたように他地域からの商人に比して低い、三%という税額で商業取引が営めたのである。

3　マレー世界の拡大

ポルトガルによるムラカ占領は、ムラカの形成した東南アジア海域世界のネットワークを拡散させた。マレー商人の多くは、先に述べたアチェやジョホール、バンテンをはじめ、パタニやブルネイ、パレンバンやバンジャルマシン、マカッサル、シャムなどに移住した。この結果マレー文化は、ムラカの後継者を自認する港市間の競合により、周辺海域に拡大することとなった。

ムラカ王家の血統を有したジョホール王国は、海上民を率いてポルトガルに対抗したが、ムラカを奪い返すことはできず、またアチェの攻勢も受け、一六—一七世紀初めは海峡域に覇権を唱えることができなかった。他方アチェは、ポルトガル支配下のムラカを避けたグジャラート商人ら西方世界のアジア商人を引きつけ、一五三〇年代以降オスマン帝国とも直接交流を持ち、東南アジアにおける反ポルトガル勢力の代表となった。

かつてのムラカが、域内ネットワーク構築の原理を、シュリーヴィジャヤの後継者としての海を統べる力に置いていたのに対し、すでにマレー文化が形成されていた時代に台頭したアチェは、イスラームとマレー語を重視した。アチェにおいてイスラームが発展をとげたことはすでに述べた。これはイスラームが、西方イスラーム世界からの来訪者が多いアチェでの統合原理となっただけでなく、ムスリムが増加していた当時の東南アジア海域世界において、域内ネットワークを再構築するためにも重視されたからであった。それを意識して、アチェでは地元のアチェ語ではなく、マレー語による著述がなされた(Andaya, L. 2001: 45-50 ; Lombard, 1967: 151-159)。アチェでは、すでに一六世紀後半以降マレー語による宗教注釈書が書かれていたが、一六世紀終わりから一七世紀初めには、第一章でもあげた神秘主義思想家のハムザ・ファンスーリーが、マレー語で四行詩を著した。また一七世紀前半には、『アチェ王統記』のほか、ジョホール出身のブハリ・アルジャウハリがアチェで、王に求められる要件をテーマに『タジ・アル・サラーティーン（諸王の王冠）』を著した。イスカンダル・ムダの後を継いだイスカンダル・タニの時代にも、ラニーリーによりあるべき王の姿をテーマに、『ブスターン・アル・サラーティーン（諸王の庭園）』が編纂された。王権論に関する最後のこの著作は、その後多くの王家関係者に参照されることとなった（西尾、一九九五年、一三九―一四二頁）。また法令に関しても、『アダット・アチェ（アチェの法令）』が同じくマレー語で著され、宮廷儀礼や港湾・税則についての規定が整備された（井東、一九七七年、一二一―一四九頁）。その他、第一章で触れたアブドゥル・ラウーフは、司法制度の整備に貢献しただけでなく、アラビア語で書かれた代表的なクルアーン注釈書のマレー語完訳を成し遂げた。彼のマレー語クルアーン注釈書は、その後広く東南アジアで用いられるに至った。

アチェは一七世紀前半に全盛期を迎えたが、一六二九年のポルトガル領ムラカ攻撃の際、ポルトガル側の反撃により二万人近い海軍が壊滅的打撃を受けた（Boxer, 1990: 110-113）。加えて一七世紀後半にミナンカバウの胡椒や金の産地民の離反を招き、オランダの介入を招いた。アチェのマラッカ海峡域での主導的地位は、後退した。しかし、東南アジアにおけるイスラームの重要なセンターとしての地位は、その後も変わらず、蒸気船が就航するまで、東南アジアからのメッカ巡礼者が出発する主要拠点であり、またメッカから帰還した人々の逗留する地でもあった（Anderson, 1840: 164）。

アチェの後退は、ジョホールの復活を助長した。アチェは、一六一三年についで、再び一六二三年にジョホールに侵攻したが、先に述べたようにアチェ海軍がポルトガルから壊滅的打撃を受けると、ジョホールは再び復興の機会をえた。『ムラユ王統記』は、ムラカ王室がムラカを追われ、時にはカンパルやインドラギリの裏切りに遭いながらも、海上民を束ね、この両国をはじめリンガ、シアク、アル、パハン、ペラクの服属をとりつけながら、ポルトガルに対抗したことが述べられている(Abdul Rahman Haji Ismail, 1998: 273-313 ; Brown, 1970: 166-200)。アチェの直接的脅威から解放されたジョホールは、ポルトガルと対抗したオランダと結び、一六四一年、オランダによるムラカからのポルトガル人追放に協力した(Andaya, B. /Andaya, L. 1982: 69)。

オランダは、マラッカ海峡域の秩序維持のため、ジョホールとの盟友関係を重視した。ポルトガル人追放への協力の代償に、オランダは、ジョホールの王族と貴族のムラカでの航行許可書を不要とし、関税は無税とした。ジョホールの王族や貴族は交易特権を活用して、外国商人たちと結び、彼らの保護者かつ出資者として、交易に参加し始めた(Andaya, L. 1975: 38-40 ; 西尾、一九九五年、一一一頁)。ジョホールの王族や貴族と結ぶことで、外国商人はオランダが課した交易上の拘束から解放されたのである。

またオランダの仲介のもとに、アチェとジョホールは相互の勢力を認め合う協定を結んだ。パハンからアチェは撤退した。そしてたびたびアチェと覇権を争ったデリ(アル)とペラクへの宗主権も、ジョホールは復活させた。こうして胡椒や金、錫の産地への影響力を復活させたジョホールに、インド系ムスリム商人が寄港し始めた。また中国や台湾からもジャンク船が多数寄港した。ジョホールは域内交易の拡大をはかり、インド綿布を購入するためにコロマンデルやベンガルへジョホール船が出向くことをオランダ側に認めさせた(Andaya, L. 1975: 70)。また東インドネシアの香辛料を輸入するため、マカッサルとも積極的に交易を行った。先にも述べたようにジョホールは、以後一七世紀後半に隆盛の時期を迎え、東西交易の中継港として、オランダ領のムラカをしのぐ繁栄を築いた。

ポルトガル、ジョホール、アチェの抗争が終焉し、ジョホールが域内拠点として台頭すると、マラッカ海峡にミナンカバウ人やブギス人が多数参入し始めた。ミナンカバウ人の多くがスマトラ東岸やマレー半島に移住し、農業や商業に従事した。またマカッサルがオランダに占領されると、一七世紀後半にマラッカ海峡域へブギス人が移住し始めた。住民が多いスマトラの主要港市周辺では、彼らはしばしば先住者と確執を起こしたが、比較的人口過少なマレー半島ではコミュニティを形成し、リンギ、スランゴール、ランガットなどに彼らの定住地ができた（Raja Ali Haji, 1982: 57-59 : 西尾、一九九五年、一二〇頁）。ジョホールにとってこうした移住者は、出身地との交易活動を促進させ、また移住先の農業や鉱業の進展をもたらすので、その活動を認めた。

ジョホールの復権により、ムラカ王家は再び海峡域の人々の間で尊崇を復活させた。こののち一六九九年にスルタン・マフムードが殺戮され（第二章）、ムラカ王家の血統が途絶えたとき、スマトラ東岸のデリ、バトゥバラ、ロカン、インドラギリさらにはマレー半島のスランゴール、クラン、ルンバウの諸地域に動揺が拡がった（Andaya, B. /Andaya, L. 1982: 78-79）。また海上民にも動揺が起こるとともに、ミナンカバウ人やマラッカ海峡域に移住したブギス人の間でも、次に述べるような新たな動きが起こってくる。マレー世界の中核としてジョホール王家は、重要な位置を占めていたのである。

4　マレー世界におけるブギス人の活動とヨーロッパ勢力の拡大

マレー世界は、一八世紀にはジョホール・リアウ王国のもとで、新たな展開をとげることとなった。

マフムード弑逆事件が起こると、王家に忠誠を誓っていた海上民たちは、ジョホールから離反し始めた。新たにスルタンを宣言した元ブンダハラのスルタン・アブドゥル・ジャリル(在位一六九九―一七一八年)は、海上民の動揺を収めるため、王都を彼らの拠点のあるリアウに移した。それにより海上民たちを一応帰順させることに成功したが、マフムードの遺児を自称したラジャ・クチルによりスルタン位から降ろされた。ラジャ・クチルのもとを逃れたアブドゥル・ジャリルは、トルンガヌに逃れ、パハンやクランタンの地元貴族の支持をえて、宮廷を構えたが、クチルの追手により一七二一年、パハンで殺された(Andaya, L. 1975: 291)。

だが、アブドゥル・ジャリルの息子ラジャ・スライマンの要請に応えたブギス人が、ラジャ・クチルに立ちはだかった。ブギス人は航海技術に優れ、高い戦闘能力を有し、傭兵としても有能であった。他方ラジャ・クチルを支援したミナンカバウ人たちは、内陸河川での戦闘を得意とし、海での戦いに不慣れであった。彼らは、ラジャ・クチルをリアウから追放してシアクに押し返し、スライマンを新たなスルタンに据えた。援助した代償としてブギス人の首領ダエン・マレワは、副王(ヤン・ディプルトゥアン・ムダ)の地位を獲得し、代々ダエン・マレワ五兄弟の一族が継ぐこととなった。またブギス人は、ジョホール・リアウ王国においてマレー人と同等の地位が保障され、リアウ港での停泊税や交易関税が免除された(Netscher, 1854: 185; 西尾、一九九五年、一五八頁)。

マラッカ海峡の海上交通の要衝に位置したリアウは、ブギス人の海運活動に支えられ、一八世紀中葉には繁栄の時代を迎えた。リアウ王国副王の末裔となるラジャ・アリ・ハジが一九世紀に記述した『トゥーファト・アル・ナーフィス(貴重な贈り物)』によれば、一八世紀中葉のリアウの人口は約一〇万人とされ、そのうち半数がブギス系の人々であったという(Raja Ali Haji, 1982: 161)。ブギス人は、南スラウェシを拠点として、マルク諸島や小スンダ列島などの東部インドネシア海域でも広く活動した。彼らは、当時オランダが交易独占を試みたマルク諸島の香辛料をその監視網をくぐって入手し、スラウェシからカリマンタンを経て、マラッカ海峡にまでもたらした。またパレンバンやジャンビの胡椒さらにはスランゴールの錫をリアウにもたらした。リアウはまた、中国貿易で重要な海産物も豊富であり、海産物の採集を担ったのは海上民であった。一八世紀中葉になりマラッカ海峡域に来航する中国船が増えると、中国商人とともに移住者も多くなった。彼らは、一七三〇年代にビンタン島で始まったガンビール栽培の労働力を提供した。こうしたリアウの隆盛に対応して、西方からはイギリス人私貿易商人をはじめインド系ムスリム商人やアラブ商人が、インド産の綿布やアヘン、武器や弾薬などを持って寄港した。

ブギス人が主導するジョホール・リアウ王国に対し、スルタン・スライマンの女婿でトルンガヌ王のスルタン・マンスール(在位一七四一—九三年)が、マレー人王権の復権を図り、反旗を翻した。スルタン・マンスールは、マレワのあとブギス人副王となったダエン・チュラクが一七四五年に死去し、甥のダエン・カンボジャがあとを継ぐと、オランダにリアウからのブギス人追放への支援を依頼した。その見返りに、リアウの影響下にあったシアクやスランゴールなどの領土と関税免除の特権を提供するとした協定が、一七四七年に結ばれた。この両派の対立は、ジョホール・リアウ王国のスルタンと副王、さらには王位をめぐって抗争していたシアクにまで拡大された。

これに対し、副王カンボジャは、一七五四年リアウのブギス人をすべてマレー半島のリンギへ引きあげさせ、リアウの交易に大打撃を与えた。翌年、オランダがシアクでブギス派の国王を追放したことを機に、両者の間で戦争が始まった。これに対しブギス勢は、ムラカを先制攻撃して多大な損害を与えた。しかし、翌年体制を立て直したオランダ軍に破れ、和平に応じざるを得なかった。マレー半島のクラン、リンギ、ルンバウのブギス人はオランダを宗主として認め、またジョホール国王を君主としてあおぐことを承認した。スルタン・マンスールはさらなるブギス人の追放をオランダに依頼したが、ジャワの場合と同様、当時のオランダにブギス人を追放する力はなかった(Andaya, B. /Andaya, L. 1982: 96-99 ; 鈴木、一九九九年、一五三―一五四頁)。

オランダからの協力を断られたマンスールがトルンガヌへ帰還すると、マレー人高官たちはダエン・カンボジャにブギス人のリアウへの復帰を要請した。ブギス人なくしては、リアウの交易は成り立たなかったからである。スルタン・スライマンの死後二人の国王がつぎつぎと死去したあと、カンボジャはスライマンの、また自らの孫でもある幼君をスルタンに据え、実権を確保した。リアウの繁栄は、副王ダエン・カンボジャとチュラクの子で一七七七年に副王となったラジャ・ハジの時代に頂点に達した。

一八世紀のマラッカ海峡域では、上記のようにムラカの正統な後継者を自認する諸王が競合した。彼らはいずれも、ブキット・シグンタンに降臨したムラカ王族との血縁を主張したが、それだけではマレー世界を束ねることができなかった。こうしたなかでブギス人たちは、ジョホール・リアウ王を支援しながら、競合者を退け、ジョホール・リアウ王国を中心勢力に台頭させた。ブギス人たちは、マラッカ海峡域で権威を有しかつオランダから交易上の特権を保障されていたマレー王族や貴族を排除しなかった。むしろ彼らは、マレー人王族や貴族と通婚関係を形成しつつ、勢力を拡大した。ブギス人たちは、一方で東部インドネシアとの交易ネットワークを保持するためにブギス人同士の関係を維持しつつ、他方でマレーの王族や貴族との共存を目指した。こうした状況下で、第一章でも述べたように、イスラームが希求され、ジョホール・リアウ王国のブギス人たちは熱心なムスリムとなった。

もともとムラカ・ジョホール王国の王族とその臣下を指した「マレー人」の意味は、ブキット・シグンタンに降臨した王族の血統の意義が薄れていくなかで、変容し始めた。かつてのムラカの商人たちが周辺港市に拡散したことに加え、ミナンカバウ人やブギス人がこの海域に新たに参入し、マレー商業文化が彼らの間で広く共有されるに至った。『ムラカ法典』は、ジョホール・リアウ王国をはじめ、アチェ、クダー、パハン、ポンティアナク、パタニ、ブルネイなどの諸港市でも採用され、再編纂された(Liaw Yock Fang, 1976: 1,10-11)。また先述の『ムラカ法典』中の「海事法」も、ブギス人に採用され、再編纂された(Tobing, 1961: 41-64)。このためマレー人は、その出自よりも、文化様式にもとづき定義されることが多くなったのである。

オランダは、監視網をくぐり抜け香辛料や奴隷を運んでくるブギス人の交易活動を敵視していた。おりしもヨーロッパでは第四次英蘭戦争(一七八〇―八四年)が起こり、一七八二年にオランダがリアウに停泊していたイギリス船を捕らえた。これに怒ったラジャ・ハジはオランダに抗議するとともに、ブギス人の慣習により支配者の取り分として没収品の半分を要求した。これを拒否されたハジはリアウ、スランゴール、ルンバウのブギス人を動員して戦争準備を進めた。オランダは一七八三年末にリアウを先制攻撃したが、ブギス人の反撃に敗退した。ハジは全力をあげてムラカを包囲し、これを危機に陥れた。オランダは英蘭戦争の終結により、六隻の艦隊を送り、やっとこの危機から救われた。

一七八四年八月、オランダは勢いをかってスランゴールを降伏させ、オランダの支配権を承認させた。また同年一〇月にはリアウも占領した。ジョホール・リアウ国王スルタン・マフムードは、ブギス人のくびきから解放されたことをオランダに感謝し、同国がオランダの属国となる協定を結んだ。これにより、宮廷にはオランダ人理事官が送り込まれ、リアウ生まれでないブギス人は追放された。

しかし、スルタン・マフムードとオランダとの関係は、まもなく悪化した。マフムードは、リアウの実質的統治者となったオランダ人理事官の監視を嫌うようになり、当時マラッカ海峡にまで進出し始めたスールーの海洋民のイラヌン人を使い、リアウのオランダ人を追い出した。しかし、報酬のもつれからイラヌン人とマフムードが対立し、オランダの反撃を受け、国王はパハンへ逃亡した。リアウからは、多くのマレー人がパハンやトルンガヌへ去り、ブギス人もスランゴール、シンタン、カリマンタンへ去り、リアウの繁栄は終わりを迎えた(Andaya, B. /Andaya, L. 1982: 106)。

一八〇四年、スルタン・マフムードとブギスの副王ラジャ・アリは、誓約を結び、リアウに復帰した。しかし両者の確執は解消せず、まもなくスルタンはリアウを去り、リンガに移った。一八一二年マフムードが亡くなると、王位継承をめぐりブギス側とマレー側とが対立した。結局、イギリスとオランダとが介入し、マフムードの長男はイギリスによりジョホール王国のスルタンに就任し、ブギスの推したアブドゥル・ラーマンがリンガ王国のスルタンとなった。

リアウに代わりシンガポールが、新たな交易拠点として発展し始めた。一八一九年シンガポールを開港したイギリスは、この港を関税のかからない自由港とした。建設者スタンフォード・ラッフルズは、既にイギリスが獲得したペナン、ムラカとともにシンガポールを東南アジア域内の交易拠点にしようとした。ラッフルズがそのために最も期待した東南アジア側の相手は、ブギス人であった(Wurzburg, 1954: 171-72; 白石、二〇〇〇年、四三―四四頁)。ブギス人たちは、中国向けの重要な商品となる燕巣や鼈甲などの海産物や砂金、龍脳や安息香などの森林生産物を、東部インドネシアをはじめカリマンタンやスマトラからシンガポールに運んだ(Crawfurd, 1820: 149-151; Turnbull, 1972: 183-185)。彼らはシンガポールでインド産あるいはヨーロッパ産の綿布やアヘン、タバコを得た。蒸気船が一般的になる一九世紀後半まで、ブギス商人たちの活動は、東部インドネシア海域において最も活発であり、シンガポールやスールーに産品を搬出し続けた(Warren, 1981: 12-16)。

リアウは一九世紀においてもイスラーム神秘主義者の集うセンターであり続けた。マラッカ海峡域でブギス人が活発に活動を持続する限り、マレー社会の一員となることは、一九世紀においても重要な課題であり続けた。マレー人王族との共存をイスラームの教義のなかに見出そうとした彼らは、神の意向を忠実に実現することに努める支配者の王国は安寧と繁栄を得、権力増強の欲望にとらわれた者は滅亡の道を歩むとして、しばしばブギス人との対抗をもくろんだマレー人支配者を牽制した(Raja Ali Haji, 1982: 103,110; Andaya/Matheson, 1979)。

リアウに居住したブギス人たちは、必ずしもブギス人とマレー人との差異を強調したわけではない。マレー人との通婚をとおしてマレー文化に馴じみ、またオランダからリアウ居住を認められた彼らは、多くが自らをマレー社会の一員であると考えていた。リアウのブギス系副王一族の一人ラジャ・アリ・ハジは、ヨーロッパ文化に傾倒してマレー文化をないがしろにしがちなリンガのスルタンを批判し、マレー人支配者の採るべき行動規範やマレー人としての正式なマレー語の使用法を、マレー語著作のなかで訴えた(Andaya/Matheson, 1979: 122-128)。また植民地統治のために必要となるマレー人の慣習や文化についての情報を、オランダ人官僚たちもリアウのブギス人からしばしば収集した(Putten, 2001: 349-354)。

一方、マレー世界は大きな転換期を迎えていた。東南アジア海域では、一八二四年にイギリスとオランダがマラッカ海峡を挟んで勢力圏を画定し、マレー半島とシンガポールはイギリスの、それ以南のリアウ・リンガ諸島をはじめスマトラやジャワは、オランダの勢力圏とされた。これまで東南アジア海域に参入した外来勢力を介在することで権力を構築してきた港市支配者に対して、その権限を制限する植民地支配が持ち込まれようとしていたのである。

他方リアウ・リンガでは、ブギス系副王やマレー系スルタンが、シンガポール開港後も活発な経済活動を続けた。オランダはリアウに理事官を派遣し、スルタンや副王を監督下におこうとした。だが、ヨーロッパ人支配者が在来勢力の利害を満足させられないとき、マラッカ海峡は後述するような、「海賊」が跋扈する厄介な海域に変身するのであった。

第五章　一九世紀における港市・後背地関係の変容

1　イスラーム改革運動と後背地社会

一八世紀から一九世紀はじめのマラッカ海峡域には、シンガポールが成立するまで覇権を形成できる港市勢力は現れなかったが、これまでの章で触れてきたようにアチェ、シアク、パレンバン、ジャンビ、リアウ、ポンティアナク、トルンガヌなどの港市が競合しつつ、交易活動を活性化させた。このため内陸後背地は、交易に有利な港市を選べる可能性が拡がるとともに、生産活動が発展を遂げ、人口を増大させた(Andaya, B. 1993b: 151-153 ; Keuning, 1953-54: 160-164)。流動性を高めた後背地社会は、再編活動を進める一方で、海域世界に勢力を拡大したヨーロッパ勢力と衝突せざるをえない局面を迎えた。後背地社会―港市―外世界という比較的安定した秩序形成のあり方が、変容を余儀なくされるのである。スマトラ島のミナンカバウ人とパダンを拠点としたオランダとのパドリ戦争(一八〇三―三八年)や、中部ジャワのスルタン王家とオランダとのジャワ戦争(一八二五―三〇年)は、その典型であった。

ミナンカバウでは一八世紀後半になると、以前からの輸出品であったタナダタルの金や米に加えて、高地地帯で栽培されたコーヒーやガンビール、胡椒の輸出が増加した。この地域では一七世紀中葉までに主要な村々でイスラームが受容されていたが、こうした高地地帯では、一八世紀後半になると商業活動の活性化とともに、盗賊が横行するなど市場活動の安全が保障できないことや、賭博、アヘンの吸引などの非イスラーム的慣行の蔓延が、深刻な社会問題として認識され始めた。商業活動をはじめとする村落(ナガリ)間の問題については、従来プンフルと呼ばれた村長たちが集まり協議していたが、増加した商人と多様化した商業活動に対し、彼らが調停役として十分に機能できなくなったのである。

高地地帯のアガム地区では、そうした状況に対し一七八〇年代より、有力なタレカット(イスラーム神秘主義教団)であるシャッタリーヤ派の宗教教師で商人でもあったトゥアンク・ナン・トゥアが、イスラーム法の遵守を説いた。彼は居住地のコタ・トゥア周辺の礼拝所(スラウ)での活動をとおして人々の支持を得、一七九〇年代中葉にはコタ・トゥア周辺での市場活動は秩序を取り戻した(Dobbin, 1983: 125-128)。トゥアンク・ナン・トゥアの教えは、アガムの南西部のコタ・ラワスでも信奉者を獲得し、アガムの広域にわたって、イスラーム法の遵守が人々の間で話題にされ始めた。

また、コーヒーをはじめとする商品作物取引がもたらした経済力の上昇により、メッカ巡礼者も増えた。ちょうどこの頃西アジアでは、クルアーンとムハンマドの言行に立ち戻ることを主張したワッハーブ派の改革運動が盛んになり、一九世紀はじめにはメッカが彼らにより一時占領された。一八〇

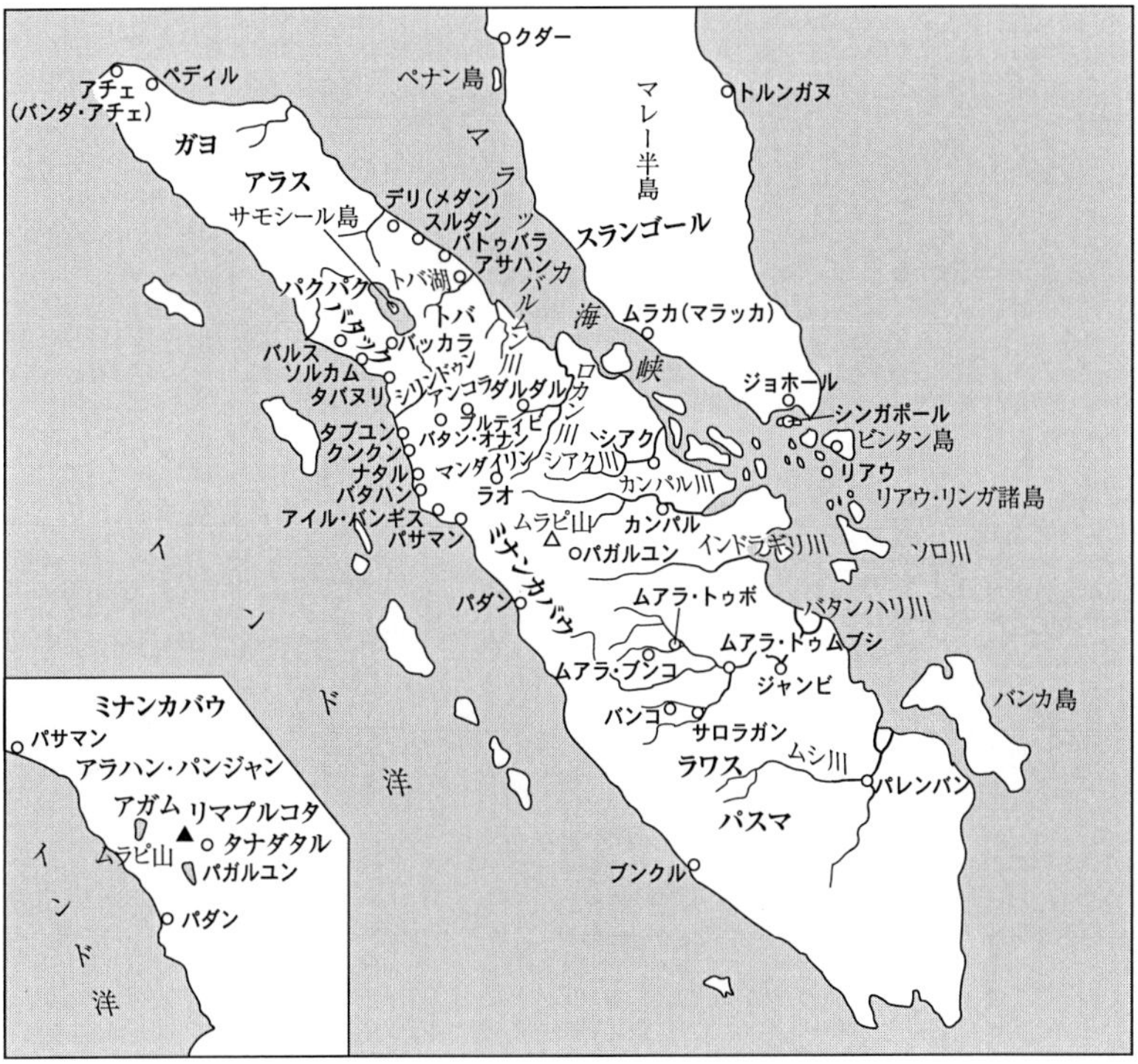

図8　スマトラ島およびミナンカバウ地域

三年、この改革運動の影響を受けたアガム出身のハジ・ミスキンら三名のハジがメッカより帰還すると、彼らは賭博、飲酒、アヘン吸引、タバコの喫煙やミナンカバウ社会の母系制に基づく財産相続の慣行などを非難し、イスラーム法の遵守を唱えた(Dobbin, 1983: 128-187; "Padri's", 1919: 246)。彼らの主張は、同じくアガムのトゥアンク・ナン・トゥアの弟子トゥアンク・ナン・レンチュに受け入れられ、彼らは教えを広めるためにワッハーブ派にならい、武力的手段をも用いるようになった。彼らイスラーム改革派は、メッカ巡礼者が利用した港であるアチェのペディル Pedir に由来する、「パドリ Padri 派(ペディルから来た人々)」と呼ばれた。

一九世紀初め頃、東南アジアからは毎年およそ一〇〇〇人ほどのメッカ巡礼者がいたものと推測される[1](Anderson, 1840: 164)。ワッハーブ派の影響を受けたハジは、ミナンカバウ出身者以外にもいたものと思われるが、イスラーム法遵守の主張は、巡礼者が寄港したアチェや、ミナンカバウと緊密な交易ネットワークを有したシアクなどの港市では運動に発展しなかった。これらの港市支配者にとっては、交易相手として重要な非ムスリムと多様な出身地よりなるムスリムとを統合することが必要であり、その王国の隆盛が、イスラーム法を遵守し神意を体現していることの証しとみなされた。例えば、シアクは、パドリ派の活動を必ずしも歓迎しなかった(Anderson, 1826: 164, 343)。

むしろイスラーム改革運動は、港市権力や従来の後背地の権威中枢では市場活動の安全を十分保障できなくなったという状況下で、内陸のミナンカバウ地域やバタック地域で展開を遂げたのである。彼らの活動は、まずアガム地区の村々に支持を得た。その後彼らの活動は一層精力的になり、イスラーム法を遵守しない村々に対しては、聖戦(ジハード)を唱えて襲撃さえしかけるようになった。アガムに続いて、東岸地域との交易活動が盛んだったリマプルコタは、パドリ派の影響下に入った。パドリ派の村では、カーディー(宗教裁判官)が任命され、宗教や交易について管轄した。

パドリ派の活動は一八一〇年代になると南下して、パガルユン王家の拠点の水田地帯、タナダタルへも拡大した。アガムやリマプルコタの商品作物栽培地帯にとって、食糧生産地のタナダタルは重要であった。この地でパドリ運動を展開したのは、山岳地帯に接するタナダタル東北部でコーヒー栽培を行っていたトゥアンク・リンタウであった。彼は、西岸のパサマンでイスラームを学んでいたが、トゥアンク・ナン・レンチュの教えに共感し、一八一三年タナダタルに帰還した。

当初パガルユン王はトゥアンク・リンタウの活動に反対ではなく、イスラーム擁護者の立場から支援した。しかし、水田地帯を多く抱えたタナダタルの村々のプンフルは、自らの権限の縮小を恐れて、ミナンカバウの内政にあまり干渉しない従来のパガルユン王の方式を支持し、パドリ派の改革に反対した。トゥアンク・リンタウは、もはやパガルユン王に人々を動かす力がないとみなした。一八一五年パドリ派はパガルユン王を追放し、二人の王子を殺害した(Dobbin, 1983: 137)。

パガルユン王家の関係者は、当時パダンにいたイギリス人勢力に支援を求めた。イギリス側はミナンカバウ地域の重要性を認識し、王室派の求めに応じた。しかし一八一九年、イギリスはオランダに主権を委譲し、スマトラを離れた。代わってオランダが、パダンと内陸部との交易路を保持する必要性から、王室派の支持に乗り出した。一八二一年、オランダは最後のパガルユン王の甥など王室派と協約を結び、タナダタルに進駐した。そしてパドリ派との戦闘の末、一八二二年にはタナダタル中心部のパドリ派を制圧した。その後両者の戦線は膠着状態となり、一八二五年に双方は停戦に合意した。

タナダタルで膠着状態となったパドリ派は、運動の鉾先を北部に転換した。イギリスによる一七八六年のペナン開港以来、マラッカ海峡を隔ててマレー半島に近接する北スマトラは、以前にも増して交易活動が活発になっていた。北部ミナンカバウを後背地に持つパサマンやアイル・バンギスそしてバタック地域の後背地を持つナタルやタパヌリも、金や森林生産物さらには胡椒の積出港として繁栄していた。しかし、これらの港市に向かう交易路もしばしば盗賊の拠点となり、市場活動の障害となっていた。またバタック人は、イスラームを受容しておらず、外来者の間ではその「好戦性」がしばしば話題となっていたことは第二章で述べたとおりである。これらの地域でパドリ運動を担ったのは、北部ミナンカバウのボンジョルにいたイマム・ボンジョルであった。彼は、アガムに滞在してトゥアンク・ナン・トゥアの信奉者となった後、一八一〇年前後よりボンジョルの地で教えを広めていた。ボンジョルの位置する北部ミナンカバウのアラハン・パンジャン地区は、アガム同様東西両岸の港市と交易が盛んになり、コーヒーや胡椒がパサマンおよびシアク方面に搬出された。

バタック地域と近接する北部ミナンカバウの金の産地であったラオでは、イマム・ボンジョルの信奉者トゥアンク・ラオが運動を展開していた。トゥアンク・ラオは、バタック地域と港市とのネットワークを強固に再構築するため、一八二〇年代前半、アイル・バンギスやナタルの後背地となるマンダイリン・バタック地区、アンコラ・バタック地区に遠征軍を派遣し、これらの地域を制圧した。パドリ軍団は、制圧したバタック人をムスリムに改宗させ、彼らを兵士とし、有力者にはカーディーの称号を与えてその地の首長とした。改宗を拒んだ者は、奴隷として売りさばかれた。そしてイギリスに代わって一八二五年からオランダが駐留していた、ナタルとアイル・バンギスと後背地とを結ぶルートを遮断し、交易路をパドリ派がおさえていたタブユン、クンクン、バタハンの港へと導いた(Dobbin, 1983: 175-182)。

トゥアンク・ラオは、さらにタパヌリの後背地のトバ・バタック地区に、一八二〇年代後半―三二年の間に遠征した。トゥアンク・ラオの遠征軍は、シリンドゥンからトバ高原へ進軍し、従来バルスとネットワークを有したシ・シンガ・マンガラジャ軍を撃破した(Gabriel, 1922: 319-326)。代わってトゥアンク・ラオは、ミナンカバウ人の移住者が多数居住していたタパヌリやソルカムと後背地とのネットワークを統制下におこうとした。

シアク川の北隣、ロカン川上流部の交易拠点ダルダルでは、ラオの地でパドリ派の教えを受けたトゥアンク・タムブサイがパドリ運動を展開した。この地は、中国人やブギス人さらにはイギリス人の商人が、ミナンカバウ商人のもたらす森林生産物を買い付けに来、中継貿易地として繁栄していた。トゥアンク・タムブサイは、一八二〇年代半ばにラオから帰郷後ダルダルの地で教えを説き始めた。ロカン川やバルムン川の上流部は、カッシア(桂皮)や籐などの貴重な森林生産物の産地であり、バタック人が主要な居住民であったが、活性化した商業活動に対応できる確固たるネットワークができていなかった。森林生産物の取引者に支持を得た彼は、次にロカン川上流部からバルムン川上流部の主要商業地であったバタン・オナンやプルティビなどアンコラ・バタック地区を制圧した。ここでも改宗した有力者をカーディーとし、改宗を拒んだバタック人は奴隷とされた(Dobbin, 1983: 183-186)。

2　オランダの攻勢——植民地化への序奏

こうしたパドリ派の活動により、マンダイリン地区やアンコラ地区、トバ地区は制圧され、商業ネットワークが再構築された。しかし、ミナンカバウでのオランダ軍の攻勢が一八二〇年代終わりから強まったため、トゥアンク・ラオ軍は、応戦のためミナンカバウに引き返した。オランダ軍によって一八三三年頃までにミナンカバウ中央部が制圧された。ボンジョルやラオでの活動は、その後三七年まで続いたが、結局オランダ軍の前に敗北した。また最後まで活動を続けたダルダルも、一八三八年にオランダの影響下に入った。ミナンカバウ地域および南部バタック地域は、オランダの植民地支配に組み込まれてゆくのである。

オランダは、ミナンカバウのアガム、リマプルコタ、タナダタルの三地区に、オランダに協力を誓った各地の有力首長をレヘント（地区長）として任命した。パガルユン王家の代表者はタナダタルのレヘントに任ぜられ、アガムではトゥアンク・ナン・トゥオの甥をレヘントにした。そしてタナダタルに二三郡、アガムに二一郡、リマプルコタに一四郡をそれぞれ置き、各地の有力首長を郡長（クパラ・ララス）に任命した。村の首長プンフルは、各村の代表者としての地位を保障され、郡長のもとに位置づけられた。また南部バタック地域でも、オランダに服属を誓った有力首長を郡長（クパラ・クリア）と村長（クパラ・カンポン）に任命した（Dobbin, 1983: 152 ; Castles, 1972: 22）。彼ら植民地首長は、オランダと地元社会とを仲介する役割を担うこととなった。オランダは、彼らを介してミナンカバウと南部バタック地域にコーヒーの強制栽培制度を導入した。

しかし一方でイスラームも、これらの内陸部で影響力を減じたわけではなかった。オランダは、従来の慣習法的権威を植民地体制下で再構築しようとし、イスラームの宗教教師やメッカ巡礼者との間に距離をおこうとした。しかしパドリ運動をとおして、慣習法とイスラームとの関係が緊密になり、慣習法がイスラームに基づくとする観念が、人々の間で一層共有されるに至った（Taufik, 1972: 200）。

また一八二四年以降、レヘントの地位に押し込められたパガルユン王家の関係者は、たびたびオランダに反旗を翻した。とりわけ一八三三年には、パドリ派のボンジョルでの抵抗と連動して、オランダに対する抵抗運動をミナンカバウ規模で展開しようと計画した（Dobbin, 1983: 199-200）。だが、いずれの計画もオランダの武力の前に頓挫した。しかし、ミナンカバウ以外の地に居住したミナンカバウ人の、パガルユン王に対する畏敬の念はその後も存続し、ミナンカバウ人はオランダ体制下でも、土着民の観念とイスラームとを統合したアイデンティティを保持した（Datoek Batoeah Sango, 1966: 12-81；Taufik, 1972: 183-188）。またバタック地域でパドリ派の活動が最も長期に及んだマンダイリン地区の人々は、多くがムスリムとなった。オランダ統治下でも、ミナンカバウ人との接触が緊密となったため、イスラームがさらに彼らの間で拡大した。そのため彼らは、それまで唱えていたバタック人のアイデンティティを捨て、自分たちがアレクサンダー大王の子孫であると称し、パガルユン王家との血縁関係を唱える者さえ現れた（Keuning, 1953-54: 162）。

他方トバ・バタックの人々は、破れたシ・シンガ・マンガラジャの息子を次の神聖王に据え、スマトラ東西海岸との関係を再構築した。彼らは、シ・シンガ・マンガラジャを破ったトゥアンク・ラオを、シ・シンガ・マンガラジャ王家の血縁者と位置づけ、幼児期のトゥアンク・ラオに対するシ・シンガ・マンガラジャの虐待が、後のトゥアンクによる彼への復讐となったと解釈した[2]（Gabriel, 1922:

305-339；Parlindungan, 1964: 56-70,198-267）。バタック人たちは、武器の購入に努めるとともに、外来者の間で広まっていた「人喰い族」のレッテルを自らが意識的に掲げ、外来者の侵入に備えようとした。

3　オランダと中部ジャワ王家の関係の変容

スマトラ同様、ジャワでも中部ジャワ王家とオランダとが衝突を招いた。中部ジャワの王侯領では、一八世紀後半から一九世紀はじめにかけて大きな戦争がなかったため、人口が順調に増加し、増加した人口により未開墾地を農地に転換できた。新たに開墾された農地には王家の主導のもと、ムラピ山やスンビン山、スンドロ山の麓の湧き水を利用した灌漑がなされた。このため、ジョクジャカルタ王家の直轄領では、一七九六―一八〇六年の間に米の生産量が二五％増加した（Carey, 1986: 89）。中部ジャワの自作農は、米のほかタバコやインディゴ、綿花、落花生、安息香などの商品作物を栽培した。住民たちは綿花を綿糸や綿布に加工し、さらにインディゴによりそれらを染色して中部ジャワの特産品とした。彼らは、オランダ治下のジャワ北岸部の農民に比べ、耕地に適した作物を栽培できる自由をより多く享受していた。

米をはじめとする商品作物は、中部ジャワの市場に集められ、地元の人々に消費されるとともに、少なからぬ量がジャワ北岸へも搬出された。中部ジャワの市場では、一九世紀はじめになると米の取引に中国系商人が重要な役割を果たし始めたが、多くの地元市場ではジャワ商人が主導的役割を担っていた。ジャワ北岸港市に搬出された商品は、さらにジャワ以外の地域に輸出された。オランダ東インド会社は、アジア間交易の重要商品である米を取引し、中国系商人やジャワ商人は、タバコやインディゴ、綿糸や綿布、安息香をインドネシアの他地域やマラッカ海峡域に輸出した(Knaap, 1996: 173)。

オランダは一九世紀はじめまで、一八世紀中葉に中部ジャワ王家と取り決めた事柄以外は、王家の活動にあまり干渉しなかった。しかし一八〇八年にヴィレム・ダーンダルスが総督として赴任すると、ヨーロッパにおけるナポレオン戦争に対応して、彼はイギリスの攻撃に備えねばならなかった。彼はジャワのオランダ軍を増員し、中部ジャワ王家への干渉を強めた。ダーンダルスは一八一〇年、オランダの介入を認めたがらないジョクジャカルタ王家に対し遠征し、スルタン・ハムンクブウォノ二世をスルタンの座から降ろした。ダーンダルスは、スルタン王家から領土の一部割譲を迫るとともに、北岸地域に対するオランダの領有権を認める見返りとして王家が毎年受け取っていた補償金を廃止した(Ricklefs, 1981: 108)。

一八一一年イギリスがジャワに上陸し、オランダに代わって統治を開始した。ジャワを管轄したラッフルズは、当時の時代思潮ともいうべき自由主義の信奉者であった。彼は、オランダがジャワにおいて採用してきた王侯や上級首長のブパティ(県長)を介した間接統治方法に否定的な意見を有しており、それにかえて、農民の自由意志による栽培や交易がなされることをめざした。とくに税制では、農民が首長に生産物を納め労役に服するのを廃止し、政庁が個人に直接、金納を原則とする地税を課し、これを政庁の歳入の中心にしようとした。

ラッフルズは、ジャワ王室に積極的に介入した。ジョクジャカルタ王家では、退位させられていたハムンクブウォノ二世が、イギリスのジャワ占領を利用して、一八一一年に王位に返り咲いた。しかしハムンクブウォノ二世は、イギリスの影響力が増大するのを恐れ、スラカルタのススフナンとも密かに通じ、イギリスに対抗した。イギリスは、一八一二年六月、一二〇〇名の兵士をジョクジャカルタに派遣し、ハムンクブウォノ二世を捕らえ、ペナンへ流刑に処した。王位には、彼の息子でもとのスルタンであったハムンクブウォノ三世が復位したが、領土の一部を政庁に割譲された。またイギリスに協力したハムンクブウォノ二世の兄弟のノトクスモは、独立した王室をもつことを認められ、パクアラム王家の初代王となった。ジョクジャカルタにも、スラカルタと同じく王家が分立することとなったのである。

一方、スラカルタのススフナン王家へは直接軍を進めなかったものの、ラッフルズはスルタン王家と同様に領地の一部を政庁領に併合することを認めさせた。その結果、王家の臣下たちの多くは封土を失うこととなった。ラッフルズはまた、ジョクジャカルタとスラカルタ両王家の関所や市場の管轄権を政庁に委譲させ、それを中国人の徴税者に委ねた。一八一四—一五年に、ススフナンのパクブウォノ四世は、駐留するインド人傭兵の不満分子と共謀して、イギリスに対抗しようとした。だが、この計画は発覚し、パクブウォノ四世は王位にとどめられたものの、計画に加担した王子が流刑に処された。そのほかラッフルズは、すでにオランダ統治時代に名目的存在となっていたバンテンのスルタンを廃絶した。

他方、イギリス統治下で農民の負担は増大した。ラッフルズの期待に反し、貢納や労役など農民による首長への諸義務は、多くの地方で依然として存続した。結局農民は、そうした諸義務を担うとともに、金納による新たな地税にも対処せねばならなくなったのである。また地税の額を農地ごとの生産量に基づいて査定する作業は、膨大な手間と時間が必要だった。このとき始まったジャワ全土の地籍測量は、その後一〇〇年以上を要してもなお完了しなかった。したがって、一九世紀初め頃の貧弱な行政機構のもとでは個人課税は不可能であり、村落単位の課税にならざるをえなかった。そのため植民地官僚の恣意的な税額査定もおこなわれた。

ナポレオン戦争に勝利したイギリスは、オランダを盟邦として確保するため、戦争中に奪った東南アジア地域の植民地を返還することに決めた。ジャワは一八一六年にオランダに返還された。オランダが復帰したとき、ジャワには新旧の統治方法が混在し、しかも植民地財政は困窮状態にあった。一八一九年にファン・デル・カペレン総督(在任一八一六―二六年)は、財政状態を立て直すために、自由主義政策から政庁による統制強化へと方針転換した。だが、その一方で彼は、政庁によるジャワ人の福祉を考えた統治を理想とし、中部ジャワの王家やブパティらの権限を可能なかぎり縮小させるべきと考えた。その一環としてカペレンは、一八二三年五月の政庁決定により、一八二一年一一月一六日以降の中部ジャワ王侯領の私企業への土地貸与は、一八二四年一月末で失効するとした。以降カペレンは、いかなる王族や貴族でも、私企業への土地貸与は、オランダの許可なくしては行えないとした(Klerck, 1938: 124-125)。

一八〇八年のダーンダルスに始まり一八二〇年代半ばまで続くこれらの植民地政策は、従来のものと大きく異なっていた。結果としてジャワの王家や首長の地位は低下し、かわってヨーロッパ人官吏の担当する職務が多くなり、ジャワ社会には植民地支配の影響が強く及び始めたのである。それまで中部ジャワの四王家の間では、バタヴィアのオランダ人はパジャジャラン王国の後継者とみなされ、盟友として位置づけられていた。しかし、彼らの王室に対する態度は盟友から上下関係へと変わっていった。また農民のなかには地税の導入により、現金収入を求めて農園労働者として働かざるをえない者が多く生じた。さらに、これまで王家が管轄してきた関所が政庁の管轄に委ねられたことにより、中国人がここに進出し、多くのところでアヘン販売を行い、中部ジャワの常用者の間に債務者が多く生じた。その上、カペレンの一八二三年の決定により、王侯領に大きな混乱が生じた。中部ジャワの王家の周辺では、一九世紀初めのヨーロッパ植民地支配の拡大がもたらした矛盾が、もっとも深刻にあらわれていたのである。

一八二五—三〇年の間、中・東部ジャワで展開したジャワ戦争は、こうした植民地支配に対する、マタラム王家の一族による反乱であった。反乱のリーダーとなったディポヌゴロは、ジョクジャカルタのスルタンであるハムンクブウォノ三世の王子であった。祖父ハムンクブウォノ二世が統治していた幼少の頃、ディポヌゴロは、祖父により、ジョクジャカルタを離れてトゥガルルジョで育てられた。ディポヌゴロは、その地でイスラーム法やクルアーンの教育を受け、イスラームの宗教家や学生たちと親交を結んだ(Carey, 1980: 63-67)。

一八一四年、父ハムンクブウォノ三世が亡くなり、ディポヌゴロの弟がスルタン・ジャロットとして即位した。正妻の子ではなかったディポヌゴロは、スルタンにはなれなかった。一八二二年、弟のスルタンが崩御すると、その王子(当時二歳)がスルタンとなった。ディポヌゴロと彼の叔父マンクブミが、幼少のスルタンの後見人となった。だが、一八二三年の土地貸与禁止令の後始末をめぐって、スルタンの補佐役のダヌルジョおよび彼を支持したジョクジャカルタのオランダ理事官との対立が尖鋭化した。その結果、ディポヌゴロは王宮を去り、トゥガルルジョに隠遁した。トゥガルルジョには、宮廷政治やオランダの方針に不満を抱く貴族たちが、ディポヌゴロに会いに来た。

当時、中部ジャワでは社会不安が増大していた。一八二一年にコレラが流行し、二二年にはムラピ山が噴火した。同年、地代導入で混乱を引き起こしていたクドゥでは、前年のコレラ流行により米価が上昇し、人々の困窮が増し、反乱が生じていた。また、他の地域でも、中国人の徴税請負人や関所管轄者に対する反感が増していた。すなわち、しかるべき指導者が登場すれば、様々な不満が一つの運動として展開する局面にきていた。ディポヌゴロはスルタン王家の一員であり、貴族たちに人望もあり、イスラームの宗教家とも面識が広く、その上王都以外に滞在した経験があり社会情勢に通じていた。それゆえ、人々はディポヌゴロに、混乱した社会を本来の秩序ある状態に戻す「正義王 Eru-cakra」たることを期待するようになった。ジャワ Wawu 年（八年サイクルの七年目）の Sura 月（一月）の一日（西暦一八二五年八月一五日）は、ジャワにおいて「正義王」の登場する日と語られており、ジョクジャカルタの王宮は取り壊され、他の場所の新たな王宮で「正義王」が即位すると、人々は待望するようになった（Carey, 1980: 70-71）。

こうした状況下、ディポヌゴロ派とダヌルジョ派との口論から、オランダは、ディポヌゴロ派の計画を察知した。オランダは機先を制して、一八二五年七月二〇日、ディポヌゴロやマンクブミのいたトゥガルルジョに向けて遠征軍を派遣した。ディポヌゴロとマンクブミは、オランダ軍の攻撃をかわして、山岳地域のスラロンへ退却した。その後、このスラロンには、キヤイ・モジョをはじめとする著名なイスラームの指導者が集まり始めた。さらに、ジョクジャカルタの宮廷に不満を持つ王族や貴族たちさらに従者たち（元兵士も含まれる）も集結した。とりわけジョクジャカルタの王族や貴族は、そのおよそ半数がディポヌゴロのもとに集まった(Ricklefs, 1981: 112)。

こうした中で、ディポヌゴロ自身が「正義王」を宣言した。彼が後に記した自伝によると、前年彼は「正義王」と出会う幻覚をおぼえ、変革のための戦いの必要性を自覚したとされている。また彼は少年時代、瞑想中に王家の守護神ニャイ・ロロ・キドゥルと交信したことがあり、女神より将来王になると告げられたという[3](Louw / Klerck, 1894: 92-93 ; Kumar, 1972: 76-77)。まずディポヌゴロは、ジョクジャカルタに進攻した。さらに、中国人やヨーロッパ人へ繰り返し攻撃をしかけた。ディポヌゴロの活動に呼応して、マタラム王国の台頭を神意に叶ったものとしたスナン・カリジョゴの子孫のパンゲラン・スランが、スマランやドゥマクにおいて支持者とともに、オランダに攻撃を仕掛けた。またマディウンでも、ジョクジャカルタ宮廷から追われたクルトディルジョが、ディポヌゴロに呼応し、中部ジャワからマドゥラ海峡に注ぐソロ川沿いの中国人が徴税を司る関所を攻撃した(Carey, 1980: 72-73)。

オランダは、一八二五年九月末から反撃を開始し、ディポヌゴロをスラロンから追い払った。だが、ディポヌゴロは態勢を立て直し、一八二六年になると、再びジョクジャカルタへの攻撃を繰り返した。同年七月には、マタラム王家の聖所であるプレレッドを攻撃し、そこを守備していたオランダ軍とジョクジャカルタ軍を全滅させた。また、キヤイ・モジョの助言を受けたディポヌゴロは、さらにスラカルタへの進軍をも計画し始めた。対するオランダ軍とスラカルタ宮廷軍は、同年一〇月一五日ディポヌゴロ軍を撃破し、ディポヌゴロ自身にも重傷を負わせた。

この戦闘を機に、戦況はディポヌゴロ側に不利に傾いた。パンゲラン・スランやクルトディルジョの活動も、これに連動した。一八二七年キヤイ・モジョは、オランダとの和平を望み始め、ディポヌゴロ軍の戦列を離脱した。そして、ディポヌゴロ軍に参加していたジョクジャカルタの王室血縁者の中からも、離反者が現れ始めた。しかし、ディポヌゴロは依然として一般民衆の篤い人望を集めており、彼を軍事面で補佐したスントットの活躍もあって、その後もオランダ軍をゲリラ戦で悩ませ続けた。

この戦乱の長期化は、オランダ側の財政をすっかり窮乏させた。そこで、オランダは、ディポヌゴロに和平をもちかけ、和平交渉の場で彼を捕らえる計略を立てた。一八三〇年三月二八日、会見に現れたディポヌゴロは捕らえられ、流刑に処せられた。反乱軍は戦意を喪失し、なお散発的な戦闘が続けられたとはいえ、戦争は実質的に終焉した。この戦争により、中部ジャワの王都周辺の直轄領を除くすべての王侯領は、オランダ側に併合され、王室の植民地政庁への従属度はさらに強まったのである。

4　後背地へ進出するヨーロッパ人——再び「食人」風聞について

パドリ戦争とジャワ戦争をとおしてオランダは、スマトラ島のミナンカバウ地域およびジャワ島を植民地支配下におき、現地人支配者の協力のもと、農民に強制的に作物生産を課す強制栽培制度を導入した。オランダは、多額の出費を強いられたジャワ戦争の反省から、いずれの地域においても現地社会の既存の有力首長を植民地首長として取り込む統治を実施した。オランダ植民地支配の拡大に寄与したのは、こうした現地人首長たちであった。

彼ら首長たちは、ヨーロッパ人支配者と現地社会との仲介役として重要な役割を担うこととなった。

ともすれば、植民地権力の命令伝達者という側面のみを注目しがちであるが、彼らはあくまでも仲介者であり、両者の関係は一義的にとらえられない。むしろ彼らによって、現地社会はしばしばオランダ人にコントロールできないものに映る。彼らの営みは、近代植民地体制成立前夜の東南アジア世界の最終局面を提示してくれる。

オランダに「食人」習慣を強調することで、地元社会を異化して示し、現地社会とヨーロッパ人とを介在する彼らの存在価値をアピールした北スマトラの事例は、その典型といえよう。第二章で述べたように、スマトラ島の「人喰い」風聞は、中部スマトラやアチェでは一七世紀後半以降消滅をたどったが、従来の港市・後背地関係が維持されていたデリやアサハンさらにはバルスの内陸部については、一九世紀に至るまで外来者の間で語られ続けた。

一九世紀に入り、ペナン・シンガポールを拠点とするイギリスの海峡植民地が形成されると、マラッカ海峡域の交易活動はさらに活性化した。これに応じ、スマトラ島の後背地でもイギリス側との取引に関心を示し始めた。第二章で述べたアンダーソンは、ペナン駐在のイギリス東インド会社職員であった。彼はバトゥバラを訪問した後、内陸部の商業活動の調査のためヨーロッパ人としては初めて、アサハン川河口の港市アサハンから、中流部にある内陸産物の集荷地ムントゥパネイを訪れた。その地の首長はバタック人で、アンダーソンによると周辺二〇村に影響力を行使した。沿岸マレー地区と内陸バタック地区を往来したこの首長は、流暢なマレー語でアンダーソンと会話した。首長は、カニバリズムに関心をもつアンダーソンに、彼の影響下にあった村で六日前に食されたという人間の頭蓋骨を臣下に命じて運び込ませた。アンダーソンは、その犠牲者が五分ほどで食べ尽くされたことを人々から聞かされた。頭蓋骨を見せられたアンダーソンは、その光景に強い衝撃を受けたことを記している(Anderson, 1826: 147-148)。港市支配者と同じくムントゥパネイの首長は、アンダーソンの理解を超える内陸世界と外来者とを仲介できることを彼に示したのである。

同様に、西海岸のタパヌリと後背地との交易ネットワーク強化を図ったイギリスは、一八二四年四―五月、トバ地区に二名のバプテスト派の宣教師を派遣し、内陸部の人々と接触を試みた。彼らは、タパヌリへ交易のためやってくる後背地のシリンドゥンの首長のもとに一〇日ほど滞在した。二人は、シリンドゥンが人口一〇万人以上をかかえる豊かな農業地域で、この地が多様な商品作物を栽培できる可能性を指摘している。そして彼ら両名を泊めた首長は、たいへん友好的で、交戦中の敵対する村人をも無事村に返したことを述べている。首長は彼らに、一二カ月前にタパヌリとシリンドゥンの間でしばしば内陸部からの交易者を襲っていた村人二〇人を、一日で食したことを語った(Verslag, 1856: 299-300)。海岸部との交易活動の活性化を望んでいたイギリス側に対し、交易活動の妨害者を「食した」ことを説いたのであった。

一八二四年、イギリスはスマトラから撤退し、他方オランダは、パドリ軍団の活動と対抗しつつ、パダンを拠点にナタルから北スマトラへも徐々に勢力の拡大を図った。

その一環として一八三四年、オランダは、ボストン協会の宣教師二名をタパヌリから内陸部のシリンドゥンに派遣した。だがタパヌリ内陸部のトバ地区は、先にも述べたように一八三二年頃ミナンカンバウからパドリ軍団の侵入を受けたため、外部勢力の進出を警戒していた。両者はパドリ派との関係を疑われ、接近を拒否したシリンドゥンのフタティンギの首長によって殺害された。オランダ側は、二人が「食された」ものと理解した(Coolsma, 1901: 305-306)。

一八三七年、パドリ派の主要勢力を制圧したオランダは、バタック地区南部のマンダイリンとアンコラ地域に影響力を拡大し始めた。そして一八四〇年、バタック地区南部からさらに北隣のトバのシリンドゥンを再調査するためフランツ・ユングフーンを派遣した。ユングフーンは、アンコラやシリンドゥンの首長の案内のもとに一年半にわたりこれらの地域を踏査した。シリンドゥンの一首長グル・スンビランの案内のもとに、ユングフーンは上述のフタティンギを訪れた。グル・スンビランから彼は、フタティンギがかつては多くの人口をかかえ繁栄した村であったが、宣教師を「食して」以来人口が減り、貧しい村になったと聞かされた。ユングフーンは、これを「天罰」が下ったものとみなし、フタティンギが当時一〇戸のみすぼらしい家屋よりなる寒村であることを記している(Junghuhn, 1847: 113)。オランダとの接近をはかるグル・スンビランの説明であった。

こうしたトバの首長らの介在のもとユングフーンは、「食人」の場面を目撃したという。彼はその場面を次のように語っている(Junghuhn, 1847: 158-160)。

敵が捕まった場合、慣習または(にっくき敵が、生々しい復讐の欲望に抗しきれない相手方の手に落ちたときには)裁量によって犠牲者が選ばれ、食する日が決定される。使者が、親しいあるいは同盟している首長やその臣下たちのもとに送られ、供犠への招待が行われ、祭りのごとき準備がなされる。数百人の人々が集まってくる。犯罪者は通常村の外で杭に縛られるが、見物人が入るのに村が十分に大きいときは、村のなかで行われることもある。たくさんの火が焚かれ、音楽が奏でられる。……彼らに言わせると、こういうやり方で復讐心を満足させることは楽しみであり、食人によって慰められる気持ちは、他の何事にも比することが出来ないという。すべての人が、こうした欲情にかられてナイフを取り出す。首長または侮辱された者が、最初の肉を切り取る。それは好みによって、前腕の場合もあれば頬肉の場合もある。彼は肉片を取り上げ、ほとばしる血をうまそうに吸う。そして急いで火のもとに行き、それをむさぼり喰うまえに、少し焼く。……通常八―一〇分で犠牲者は気を失い、一五分たつと大抵死んでしまう。

ユングフーンによれば、こうした公の場での「食人」による処刑が彼の滞在中に、トバ(シリンドゥン)、シゴンプロンとビラ川上流部の三カ所でなされたという。彼の記述内容が、本当に目撃したものなのかどうかを確定することは、本章にとって重要ではない。重要なことは、それがたとえ伝聞によるものであったにせよ、彼を逗留させたバタック人首長たちの提供した情報が記述に大きな影響を与えたことである。

彼ら首長たちは、オランダから派遣されたユングフーンが「食人」を警戒し、それに高い関心を有していることを心得ていた。だからこそフタティンギに彼を案内した際に、上記のようなオランダ側に配慮した説明をしたのであった。彼らはまた、トバやアンコラでの「食人」の話を詳しくユングフーンに語った。ユングフーンは、上記の事例の他、シリンドゥンの首長たちから、バンダルナホルの首長が密かに戦争捕虜を「食した」ことや、アンコラのシヒジュックの首長が「食人狂」で、自分の隷属民をかまわず「食する」ことを聞かされた(Junghuhn, 1847: 161-162)。オランダから調査を依頼された彼は、その調査記録『スマトラのバタ人』(第二巻)のなかで「特にバタ人のカニバリズムについて」という章を設けて、これらのバタック人の「食人」を記述している。彼ら首長たちは、ユングフーンに「食人」に関する情報を提供することで、オランダが関心を寄せたこの地域をより特異化して示すことができたと言える。

ユングフーンの調査の翌年、オランダはその踏査地域にあたるアンコラとシゴンプロン、シリンドゥン、およびその周辺のシパフタル、パンガリブアン、シゴトム、シラントムの領有を宣言した(Joustra, 1910: 31)。これらの地域にオランダの実効的支配が及び出すのは一八七二年以降のことであるが、オランダはこれらの地域の有力者がオランダへの服属の意思を表明したと判断し、まず名義上の領有を宣した。結果として彼ら首長たちは、オランダ側との仲介者として存在価値を高めた。

「食人」の話は、第二章でも述べたように、外来者—介在者—地元住民の関係が保持されている場において開花するものであり、決してこれらの関係が崩壊したことを表すものではない。トバ地区では、この後一八六一年よりキリスト教の布教活動が始まり、オランダ植民地政庁も一八七〇年代にはこの地域への影響力の行使を本格化した。これに対し、植民地体制下で勢力の拡大を図ったトバ・バタックのグループはキリスト教会に接近し、反オランダ派は、一八七八年より神聖王シ・シンガ・マンガラジャを奉じてオランダと戦争を始めた。こうして外来者と地元住民との関係が混乱した状態において、トバ・バタックにとってもっとも重要な問題は、変動する世界を司る力は何であり、いかにしてその力に与るかということであった(弘末、一九九四年、二六四—二八四頁。Castles, 1972: 74-170)。そこにおいて「食人」は、トバ・バタックの人々にも、キリスト教会の宣教師にもオランダ植民地官吏にも、ほとんど話題とならなかった。

外来者と地元住民との関係が介在者をとおして保持されていて、外来者が内陸部深くやってきたとき、「食人」は強調される。トバ地区とシマルングン地区のほとんどは、一九世紀終わりにはオランダ植民地政庁の影響下におかれるに至った。北スマトラの中で最も遅くまで独立を保っていたのが、トバ湖畔西北部のパクパク地区であった。一八八〇年代から二〇世紀初めにこの地域を踏査した旅行者たちは、この地区の首長たちから多数の「食人」が行われたことを聞かされた。

一八八七年、ドイツ人探検家フォン・ブレンナーは、デリのプランテーション経営者やオランダ政庁、キリスト教会の支援のもとに、デリからカロ地区、さらには未だオランダの影響力が及んでいないパクパク地区そして北部トバ地区の踏査旅行を実施した。その成果は七年後に『スマトラの人喰い族訪問』というタイトルで出版された。彼が聞いた「食人」の事例は、カロ地区と近接したパクパク地区のプンガバダンで出会ったその地の有力首長の情報にもとづくものであった。それによるとその首長は、デリのプランテーションを逃亡したと思われる一一名の中国人クーリーを村人とともに食したという(Brenner, 1894: 209)。デリのプランテーション経営者の支援を得て旅行中だったブレンナーを意識した、パクパク側の首長の説明であった。

パクパク地区は、当時オランダとアチェ戦争(一八七三—一九一二年)を展開していたアチェ王国とも近接していた。一九〇四年アチェの内陸部のガヨ、アラス地区を制圧し、パクパク地区まで南下したオランダ人のJ・C・ケンペースに、トバ湖畔北西部のクタラジャの首長は、近年彼の村近くにやってきた一三名のアチェ人の一団を襲い、「食した」と語った(Kempees, n.d.: 199)。先の場合と同様、来訪者との関係を配慮した「食人」であった。

二〇世紀初めになると、オランダ政庁は加速度的にその勢力圏を拡大していった。パクパク地区がオランダ支配下に入るのも時間の問題となりつつあった。またパクパク・バタックが「食人」を行うことは、外来者の間で「周知」となりつつあった。こうしたなかでこの地区のインフォーマントたちは、来訪者に対して「食人」を積極的に説いた。一九〇五年、オランダ政庁よりこの地域の調査を認可されたヴィレム・フォルツがパクパク地区にやってきた時、クタラジャに近接するクタウサン出身の四〇歳前後のインフォーマントは、既に五〇人以上を食したと彼に語ったという(Volz, 1909: 323-325)。「食人者」というレッテルから逃れられない状況下では、介在者自身が偉大なるカニバリストを自称することで、来訪者にその存在価値を印象づけたのであった。フォルツは、彼のインフォーマントが二五年間に五〇人食したものと算出し、この地域の人々が平均毎年二名ほど「食人」したものと推定している。

このほか同じ頃、パクパク中央部のクパスの村落間抗争で八名の女性が食されたことがオランダ政庁の話題となっていた(Volz, 1909: 323)。従来バタック人の間では、婦女子は「食人」の対象にならなかった。これが事実であるのかどうかは問題ではない。重要なことは、パクパクの人々が、この地の「食人」が尋常でないことを外来者に語りかけたことである。

北スマトラのバタック地区は一九〇八年までに、パクパク地区も含めすべての地域がオランダ植民地政庁の支配下におかれるに至った。トバやパクパク地区では、オランダへの服属を誓った有力首長が植民地体制下でその地位を保障された。彼らの役割は、植民地政庁に評価されたといえる。

5　ヨーロッパの植民地支配と現地社会の首長

現地人首長は、強制栽培制度下のジャワやミナンカバウにおいても重要な役割を担った。一八三〇年この制度を導入したオランダは、現地社会の首長たちの協力のもとに、砂糖、インディゴ、コーヒー、綿花、胡椒などの商品作物の栽培と引き渡しをジャワ農民に請け負わせ、オランダ側が指定した価格で買い上げた。強制栽培制度は、オランダ本国のリベラル派の影響力の増大により、一八六〇年代以降利益の上がってないものから順次廃止されたが、コーヒーは一九一六年まで続いた。ジャワの全農民の約半数がこの制度に従事したと推定されている(Fasseur, 1992: 239)。オランダはこれにより、東インドから一八三一―七七年の間、総計八億二三〇〇万ギルダーの送金を受けた。オランダの財政は立ち直り、本国政府は負債を解消しただけでなく、鉄道建設や公共事業などをまかなう財政的な余裕さえ生じた。

栽培の実行に際しては、首長たちが政庁と農民とを仲介する重要な役割を果たした。わずか数百人程度のオランダ人官吏で、数百万人のジャワ農民を監督することは、ほとんど不可能であった。オランダは、ブパティから末端の村落首長にいたる首長たちにその実行権限を委ねざるをえなかった(Fasseur, 1992: 22)。彼らは、地税の査定をはじめ強制栽培のための耕地の割り当てや労働力の調達に重要な役割を担った。この制度の導入により、ジャワの村落共同体は強固に再編され、住民の村落への帰属意識が強まった。ジャワでは、従来小規模な村落が多くかつその境界もあいまいであったが、強制栽培を効率的に実施するために村落はその最小基本単位として重視され、小村は統合された。これまで村の長老たちとの合議で重要事項を決めていた村長は、オランダより従来以上の権限を認められた(Elson, 1994: 157-162)。彼ら村落首長をはじめ郡長や県長は、栽培と供出にかかわる手数料をオランダから受け取り、安定的に利益を享受できた。

オランダ権力を背景にその地位を強化した首長たちは、一般農民の尊崇を保持するために、潤った経済力で一族にメッカ巡礼などの宗教活動を行わせた。この点は、スマトラのミナンカバウ地域でも同様であった。一八四〇年代より本格化したコーヒーの強制栽培制度の実施は、パドリ運動の中心地であったアガムの人々をより多くコーヒーの栽培・搬出に従事させた。その結果、栽培の監督、倉庫の管理や帳簿記載などの新たな職種が人々に開かれた。これらの職務に対応するため、文字の読み書きを含むスラウ(礼拝所)での宗教教育は重要なものとなった。また新たな職種の導入により、経済力を蓄えた人々の子弟のメッカ巡礼も盛んになった(Dobbin, 1983: 240-242)。

ムスリムの活動が、発展を遂げつつあった交通通信手段にも支えられて活性化した。蒸気船の就航やスエズ運河の開通により、東インドからのメッカ巡礼者は増加した。一九世紀初頭で年間約一〇〇〇人ほどと推定されるメッカ巡礼者は、一九世紀中葉になると約二〇〇〇人ほどになり、一八七八年から一八八〇年代の年平均がおよそ四六〇〇人、一八九〇年代にはおよそ七五〇〇人に増加する(Vredenbregt, 1962: 93,148-149)。一八八四—八五年にかけてメッカに滞在したスヌック・ヒュルフローニェによれば、当時メッカにはジャワーと呼ばれる東南アジア出身者のコミュニティが存在し、地元のアラブ人コミュニティ以外では最大であったという(Snouck Hurgronje, 1931: 213-292)。

メッカから帰還したハジたちの影響を受けて、東インドではタレカット(イスラーム神秘主義教団)の活動が活性化した。第一章で触れたサンマーニヤやナクシュバンディヤをはじめ、カーディリヤ派とナクシュバンディヤ派との教義と技法を統合したカーディリヤ・ワ・ナクシュバンディヤなどの教団が、イスラーム寄宿塾での活動をとおして、ジャワをはじめ東インド各地で影響力を拡大した（Bruinessen, 1994: 13-17）。ジャワやミナンカバウにおいてイスラームは、現地人首長の介在により、植民地体制下でより一層影響力を増大したのである。

本章では、オランダがスマトラ島やジャワ島において沿岸部から内陸部へと植民地支配を拡大したことを検討した。同様なことは、海域世界でも展開した。マラッカ海峡を挟んで勢力圏を確定したオランダとイギリスは、この海峡域で頻発する「海賊」活動に悩まされていた。シンガポールの開港とともに、海上民によるヨーロッパ船や中国のジャンク船などの商船を襲う海賊行為が以前よりも増加した。人員と財源に限りあるオランダとイギリスは、彼らの活動に効果的に対処できなかった。そこでオランダ、イギリスは、海上民に影響力を行使できるジョホールのトゥムングンやリンガのスルタン、リアウのブギス人副王に報酬金を与える代わりに、「海賊」の取り締まりを依頼した。彼らの協力により、一定の成果は挙がった。しかし、東南アジア海域での海賊行為は、武装した小型巡回ボートが普及する一八七〇年代まで活発に展開した（Turnbull, 1972: 242-255 ; Logan, 1851: 374-382 ; 早瀬、二〇〇三年、一二五―一二七頁）。現地人支配者や首長が介在した現地社会は、ヨーロッパ人支配者にとって必ずしもコントロールしやすいものではなかったのである。

第六章
植民地体制下の港市と現地人インフォーマント

1　港市・後背地関係の崩壊と植民地体制の構築

一九世紀後半を迎えると、東南アジアにおけるヨーロッパの植民地勢力は、現地人有力者の協力のもとに支配を進める従来の間接統治法の転換を迫られるに至った。一八五〇年代に入ると、ジャワにおける砂糖の強制栽培をめぐるオランダ人官吏やブパティ（県長）らジャワ人上級首長の「恣意性」が、オランダ本国の自由主義者の批判の的になり始めた（Fasseur, 1992: 198-238）。また帝国主義時代の到来に伴い、欧米列強の活動が周辺地域で活性化し、いったん勢力を扶植した地域を恒常的に支配するためには、より直接的に現地社会に関与せざるを得なくなった（Klerck, 1938: 374-375；Andaya, B. /Andaya, L. 1982: 154-155）。東南アジアを輸出用第一次産品の生産地として開発することを目論んでいたプランテーション企業や鉱山企業が、こうした政策の転換を支持した。

ジャワにおける強制栽培制度は、一八七〇年の「農地法」と「砂糖法」の導入により、終焉に向かった。代わって砂糖企業を中心とする農園企業が、ジャワに参入し、住民と直接契約し、活動を進展させた。強制栽培制度に伴う諸義務から解放された農民たちは、村落外での収入獲得の機会が増えた。またオランダは、一八七〇年代以降植民地統治の効率化をはかるため、村々(約一五村)を管轄する分郡長を設ける一方で、ブパティの権限の縮小化をはかり、ブパティの補佐役であったパティを重視し、しばしばブパティを素通りさせて植民地統治を施行した。さらに一八六九年には職田制を廃止し、一八八二年には臣民の労役奉仕制度を撤廃するなど、従来ブパティが有していた特権を縮小した(Sutherland, 1979: 16)。農民たちの首長への依存度は低下した。また中部ジャワの王家は、オランダ体制下でその存続を認められるにすぎないものになった。

オランダはスマトラ島においても勢力の拡大をはかり、服属を拒んだパレンバンやジャンビ、さらにはアチェの港市支配者たちを廃絶した。他方オランダの勢力下に服した東岸のシアクやデリ、バトゥバラ、アサハンなどのマレー人港市支配者たちは、交易税の徴収権の大部分と外交権をオランダに委譲するかわりに、オランダから年金を受け、内政面の自治権が認められた(Schadee, 1919: 1-18)。それまで交易活動の統轄者であった港市支配者は、大きな変容を余儀なくされたのである。そしてオランダは、内陸部のミナンカバウやバタック地区にも直接統治を試みようとした。

オランダはスマトラの植民地化を進めるにあたり、従来の港市と後背地との複合的な関係をあまり理解していなかった。パレンバンではオランダに反旗を翻したスルタン・バダルディン二世を一八二一年流刑に処し、さらにスルタン制を一八二三年に廃絶した。またジャンビでも一八五八年に服属を拒んだスルタン・ラトゥ・タハ・サイフディンを攻撃し、別のスルタンを擁立し、一九〇一年にはスルタン制を廃絶した。

ところがパレンバンのスルタンを廃したことで、オランダはムシ川上流域への影響力の行使がかえって困難となった。一八四〇年代さらに五〇年代には、パスマやルジャン地区からの攻撃や内陸部の首長のオランダからの離反が頻発した(Klerck, 1938: 279-280)。オランダは、一八四九年さらには一八五一―五三年にコムリン川の上流部に遠征隊を派遣し、反オランダ活動を取り締まろうとしたが、一時的な効果しか挙がらなかった。またオランダに廃位されたジャンビのラトゥ・タハ・サイフディンは、バタンハリ川の上流部に移り、住民の支持を得た。一九世紀終わりまでにオランダが影響力を行使できたのは、ジャンビ周辺のバタンハリ川下流部に限られていた。一九〇四年にオランダに殺害されるまで、ラトゥ・タハ・サイフディンは上流部に拠点を構え反オランダ活動を続けた。

北スマトラでもアチェ王国の制圧を試みたオランダは、内陸部で激しい抵抗を受けた。一八七三年三月に開始されたアチェ戦争で、王都バンダ・アチェを同年後半に制圧したオランダは、翌年一月スルタン制の廃絶を宣言した。しかし、アチェ軍は山岳地帯にたてこもり、スルタン・ムハンマド・シャー(在位一八七四―一九〇三年)を中心に、抵抗を続けた。海岸部の領主たちは、海上封鎖を恐れて表面上はオランダ軍に従属の姿勢を示したが、密かに内陸部の反オランダ勢力と交易関係を保っていた。

アチェ戦争では、長期にわたる攻防戦が繰り返された。オランダ軍が進攻すると、村人たちは山岳地域に逃れてゲリラ戦を展開した。一八八〇年代になるとこうしたゲリラ戦は、トゥンク・ディ・ティロらウラマーによって導かれるようになった。オランダに対する抵抗運動は、ムスリムの非ムスリムに対する聖戦の様相を呈し始めた。こうして一八九〇年代中頃まで、アチェ軍はオランダ軍に対して優位を保っていた(Reid, 1969: 251-253)。

またアチェに隣接したバタック地区でも、デリやアサハンさらにはバルスなどの東西両海岸の港市から内陸部に勢力を拡大しようとしたオランダに対し、前章でも触れたように、一八七八年よりシ・シンガ・マンガラジャが抵抗を展開した。一八七八年と一八八三年の戦闘により、オランダの優位が確立したかに見えたが、シ・シンガ・マンガラジャはゲリラ戦を続けた(Sidjabat, 1982: 165-245)。

こうしたアチェをはじめとする諸地域での膠着状況を打開するために、オランダ軍は一八九六年以降植民地化に向けて積極策をとり、大攻勢に転じた。その結果、アチェでは一九〇三年にスルタンが降伏し、抵抗派の領主たちも続いて降伏した。翌年、オランダはガヨ・アラス地区に進攻し、これらの地域を制圧した。さらに南下したオランダ軍は一九〇七年、シ・シンガ・マンガラジャをバタック地区の西北部で討った。アチェ側の主な抵抗運動も、一九一二年までに終焉した。

こうして、一九一〇年代にバタヴィアを中心とするオランダ領東インドが完成した。これ以外にも、マニラを拠点としてスペイン(のちにアメリカ)が、シンガポールおよびラングーンを拠点としてイギリスが、ハノイを中心としてフランスが、それぞれ植民地領域を画定した。植民地体制下において、かつて食糧生産を維持しつつ産品を港市に搬出した後背地は、輸出用第一次産品の生産地として一元的に位置づけられるようになった。英領ビルマや仏領インドシナでは米のプランテーションが、フィリピンやジャワでは砂糖の、スマトラではタバコ、コーヒー、ゴムなどの農園企業や石油の鉱山企業が、英領マラヤでは錫の鉱山企業やゴムのプランテーションが、それぞれ活動を展開した。

そこでは食糧は必要な場合、他地域より輸入されるようになった。かつて米を輸出したジャワも、

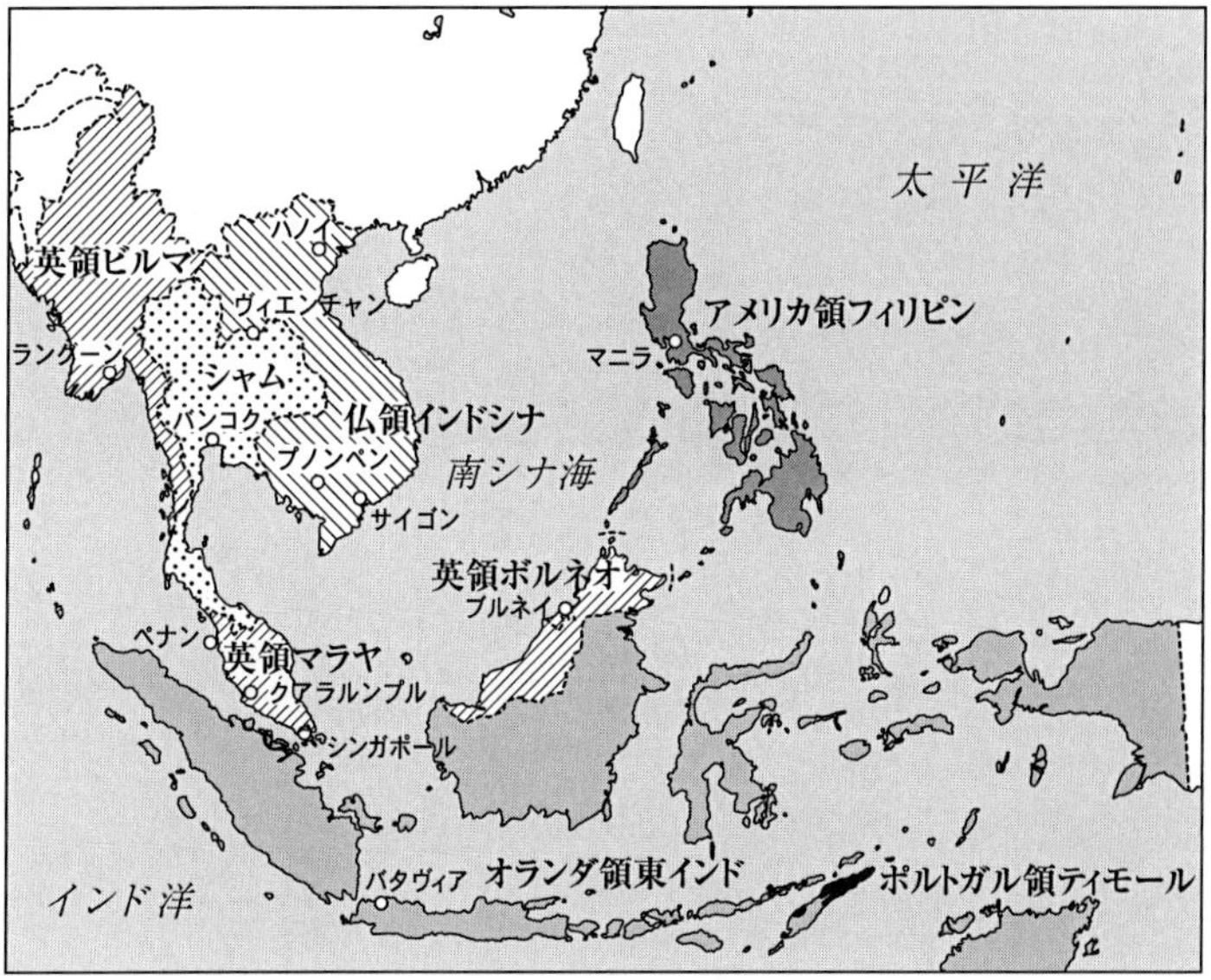

図9　植民地体制下の東南アジア（1930年）

サトウキビのプランテーションの展開と人口の増加により、一八七〇年代以降東南アジア大陸部より米を輸入しなければならなくなった（大木、二〇〇一年、二二四頁。植村、二〇〇一年、三八―三九頁）。もはやかつての港市・後背地という関係性は、社会的意味を失い、たんなる地理的意味にすぎなくなった。後背地の水や豊穣を司る権威も存在意義を大幅に後退させた。

新たな港市を拠点としてヨーロッパ人支配者は、「文明の使徒」を自認し、植民地体制を確立しようとした。一八六〇年代以降オランダはジャワを中心に、内務、教育、宗教、産業、公共事業、財政、司法の各部門の行政機構を拡大した。これにより、行政および司法官僚のポストをはじめ、森林、用水、予防接種、製塩、倉庫、鉄道、電信などの係の長や学校教師、医師、法律家といった職種が現地人に開かれた。これに対応してオランダは、学校制度の充実をはかった。現地住民向けの小学校は、一八五四年には東インド全体で二〇校ほどであったが、七〇年には七九校に増加した。さらに一八九三年には小学校の改革が実施され、上流階級向けで修業年限五年の第一級小学校と、一般向けで従来通り修業年限三年の第二級小学校との二種類に分けられ、一九〇〇年の東インドには、第一級小学校が二七校、第二級小学校が五〇六校存在した。あわせてジャワ医師学校や師範学校などの「原住民」向け中等教育機関が開設された。また一八七九年には、ジャワ人首長の子弟のために首長学校が三校開設された。この首長学校は、一八九三年以降現地人官吏養成をより明確に教育目的にかかげ、法律、簿記、測量などの科目による実践的な教育が行われ、一九〇〇年に「原住民官吏養成学校」に名称が変更された。

こうした学校制度の導入や植民地行政の改革により、現地人首長は変容を余儀なくされた。県長や郡長などの役職は世襲が保障されなくなり、出自よりも個人の能力や学歴が職業の獲得に重要な意味を持ち始めた(Sutherland, 1979: 18)。またスマトラをはじめジャワ以外の地で現地人首長の協力により植民地支配を拡大できたオランダは、統治の効率化を図るため、一九一二年以降彼らの上位に現地人官吏の地方長・副地方長を据えた(Haga, 1929: 178-179)。これら地方長や副地方長には、「原住民官吏養成学校」の卒業生やオランダ人官吏のもとで働いた経験を有した者が任命された。現地住民は、副地方長と直接接触することが認められ、従来の現地人首長は、ヨーロッパ人との介在役としての立場を失い、植民地政庁の命令伝達者となってしまった。植民地政庁は、一九世紀後半より顕著となる交通通信手段の発展を基盤に、官僚制と学校制度のネットワークを全国に張りめぐらし、首都を中心とする植民地領域づくりを目指した。「食人」をはじめとする内陸民の奇習も、現地人首長たちによる語りを離れ、過去の事象にすぎなくなったのである。

2　植民地体制下における港市と「人種」

だが、こうした学校制度を基盤とした世襲制にとらわれない現地人官僚制度の拡大は、植民地支配の強化に寄与する一方で、新たなエリート層を台頭させ、広範な人々に現地社会と植民地都市とを仲介させることとなった。二〇世紀初めの東インドでは、プランテーション企業や鉱山企業の労働者をはじめ、鉄道や港湾の労働者、学校教師、下級植民地官吏、公共事業の労働者など多彩な職種が人々に開かれ、植民地の主要港市には、ヨーロッパ人をはじめ中国系、インド系、アラブ系住民、混血者、地元出身者など多様な人々が存在した。

東南アジアの港市に多様な出身地の人々が居住したことは、歴史的にみて植民地時代に限ったことではなかったが、植民地政庁は、これらの人々を人種的観点から分類し、しばしば法的に差異を設けた。オランダ領東インドで住民は、ヨーロッパ人、「外来東洋人」(中国人、インド人、アラブ人など)、「原住民」に区分され、刑法、民法、商法などにおいて、三者のあいだに差異が設けられた。たとえば刑法に関しては、「原住民」の方がヨーロッパ人よりも刑罰が重かった。刑法では「外来東洋人」は「原住民」と同じ扱いであったが、商法、民法に関しては、ヨーロッパ人法が適用された。これまでヨーロッパ人と結婚したキリスト教徒のアジア人女性は、しばしばヨーロッパ人の法的地位を獲得できたが、一八五四年の東インド統治法改正によって、キリスト教徒の現地人も「原住民」のなかに固定化された（吉田、二〇〇二年、一二六―一三〇頁。Taylor, 1983: 170）。従来アジア人キリスト教徒が有したヨーロッパ人に準ずる特権は、廃止されたのである。また欧亜混血者は、法的にヨーロッパ人と同等の地位を有する者が多かったが、一九世紀後半になりスエズ運河が開通し蒸気船が就航すると、ヨーロッパ本国からの人員派遣がふえ、かつての職種への登用の機会が減った（Sutherland, 1979: 15）。

植民地体制下の不平等を最も深刻に感じたのが、それまでヨーロッパ人と現地人とのパイプ役として重要な役割を担ってきた中国系やアラブ系の「外来東洋人」や欧亜混血者であった。オランダ領東インドにおいて、中国系、アラブ系住民は、商業活動において「原住民」より優遇されたが、ヨーロッパ人に比し居住や旅行に厳しい制限が課されていた。彼らにとって、ヨーロッパ人と同じ地位を獲得するには、現地住民と協力してその地位の改善を目指すか、あるいは一八九九年に日本がオランダとの交渉により日本人の法的地位をヨーロッパ人と同等にした如く、出身本国に働きかけ本国とオランダとの交渉にかけるかであった。

中国系住民は、一九〇〇年の時点で東インドに五三万七〇〇〇人ほど（うちジャワ・マドゥラ島に約二七万七〇〇〇人。*Volkstelling 1930*, vol.7: 48）いたが、プランテーション企業の進展とともに労働者としその移住者人口が増えていた。増加する中国系住民に対しその勢力を分断し、また植民地体制への不満を和らげるため、オランダは清朝との交渉により、一九一〇年、オランダ領東インド生まれの中国人をオランダ臣民籍に移すことを決めた（Mona Lohanda, 1996: 176-177）。そして中国系住民に課されてきた居住・旅行制限が緩和された。また一九一一年の辛亥革命と翌年の中華民国の成立は、中国系住民の法的地位改善への動きを加速させることとなった。勢いづく彼らはまた商業活動においても砂糖企業、タバコ（クレテック）産業、バティック（ろうけつ染め）産業へのさらなる進出を図った。

アラブ系住民は、一九〇〇年の時点で東インドに約二万七〇〇〇人いた（*Volkstelling 1930*, vol.7: 48）。数彼らもオスマン帝国に働きかけ法的地位の改善に努めたが、オランダはその要求に応じなかった。数は中国系住民に比し少なかったが、彼らは宗教活動、バティック産業、タバコ産業、砂糖企業、海運業、出版業において重要な役割を果たしていた（Berg, 1886: 134-158）。とりわけ出版業については、東インドでヨーロッパ系印刷業者以外で印刷機を有したのは、中国系業者とアラブ系業者であった。アラブ系業者は既に一九世紀後半より石版刷りにより、イスラームに関するアラビア語の著作をパレンバンやスラバヤ、バタヴィアにて出版していた。二〇世紀に入るとそれらの印刷業者は、アラビア語だけでなく、マレー語、ジャワ語での出版物も手がけ始めた（Mandal, 2002: 172-176）。

一九一一年、中国系住民の商業活動の拡大に対抗してアラブ人とジャワ人商業者は、彼らの商業活動を守るべくボゴールの地にイスラーム商業同盟を創設した。創設者ティルトアディスルヨは、アラブ人商業家の支援を得てマレー語の新聞を発行していたジャーナリストであった（Niel, 1984: 90）。このイスラーム商業同盟は、翌年九月スラカルタのバティック業者サマンフディとの協力のもとにイスラーム同盟 Sarekat Islam と改称した。同盟は、一、「原住民」に商業の気風を振興する、二、不当に困窮しているメンバーを助ける、三、「原住民」の精神的発展と物質的利益を促進する、四、イスラームに関する偏見に対処し、イスラームの法や習慣にふさわしい宗教生活を「原住民」の間で促進する、を主要目的に掲げた（Blumberger, 1987: 58-59；深見、一九七六年、一二二頁）。綱領は、現地住民の間でのイスラームと商業の振興を唱えているが、アラブ系住民は資金面や出版活動においてこの団体を積極的に支援した。

とりわけスラバヤのアラブ人が経営する出版社スティア・ウサハは、同盟の実質的な機関誌となる『ウトゥサン・ヒンディア』の発行を担った。一九世紀後半からスラバヤはアラブ商人が多数居住する都市であり、イスラーム関係の出版物の刊行ではジャワにおけるセンターとなっていた(Mandal, 1994: 174-187)。同盟は議長にスラバヤ出身のジャワ人チョクロアミノトを迎えた。元下級官吏であった彼は、ジャワの社会情勢に通じていたし、優れた演説家であり、また優れたジャーナリストでもあった。『ウトゥサン・ヒンディア』を通して彼は、同盟の設立意義を訴えかけた。

当初は小規模な互助組織であった同盟は、米の不作と米価高騰、マラリヤやコレラ、ペストなどの疫病の流行や洪水などの自然災害の多発、そして辛亥革命に刺激された中国人の興奮などの社会状況のなかで、急速にジャワに広がっていった。会員数は、一九一二年半ばにすでに六万人を突破し、翌年半ばには三〇万人を超え、ジャワ以外の島々にもその支部を拡大した(深見、一九九六年、五二頁)。会員は商人、イスラーム教師、下級官吏、学校教師、港湾および鉄道労働者、一般農民など多彩であった。

同じ年、スラバヤの近郊で砂糖産業やタバコ産業に進出しようとする中国系商人とアラブ人との間で衝突が起こった。とりわけ二月と一〇月にスラバヤで起こった衝突は、当初の中国系住民とアラブ系住民との喧嘩からエスカレートして、最後は警察と植民地軍が出動して鎮圧する事態にまでなり、ヨーロッパ人一名、中国人五名、アラブ人二名が死亡し、ヨーロッパ人一名、中国人八名、アラブ人五名、ジャワ人二名が負傷した(*Koloniaal Verslag*, 1913: 4)。アラブ人と中国人とは、その後の代表者の話し合いで和解が成立した。だが、今度は同盟員のジャワ人が主体となり、中国系住民との衝突を起した。こうした衝突は一九一二―一四年に頻発した（Kartodirdjo, 1973: 161-167）。

当初アラブ人の後援によりイスラームを基盤として出発したイスラーム同盟は、次第に現地人の団体へと変容した。アラブ人と中国人との間で和解が成立し、また「外来東洋人」に課されていた居住・旅行の制限が、中国系住民同様にアラブ系住民も緩和された。同盟におけるアラブ人との共同戦線はやがて崩壊し、一九一四年のスラカルタ大会では、「非原住民」を同盟員から排除する決議がなされた。初期の同盟の運動を支えたアラブ人有力者は、その後も会員としてとどまることを認められたが、幹部にはなれないとされた。

イスラーム同盟が拡大中の一九一二年、欧亜混血者の間からも植民地体制下の不平等を撤廃しようとする運動が起こった。同年九月、オランダ人を父とし、ジャワ人とドイツ人の混血者を母としたダウウェス・デッケルは、東インドにおける人種的平等の達成を唱えて、東インド党を結成した。東インド党は、その一環として「東インド人 Indiërs」を母胎にした東インドの独立を掲げた。この「東インド人」には、オランダ人であろうが、現地人であろうが、「外来東洋人」であろうが、東インドを祖国と考える人ならば、誰でもなれるとされた。東インド党の運動は、欧亜混血者を中心に現地人も巻き込み、七三〇〇名ほどの党員を獲得した。イスラーム同盟が活発な運動を展開するなかで、反植民地主義運動の発展に危機感を抱いたオランダ政庁は、一九一三年三月、東インド党を解散させ、デッケルら三名のリーダーを東インド追放処分とした（土屋、一九八二年、九七―一〇五頁。深見、一九九六年、三八―五二頁）。

東インド党の運動を支えた欧亜混血者を吸収するため、オランダ人や欧亜混血者の社会主義運動家がリーダーとなり、一九一四年、港湾都市スマランに東インド社会民主主義協会 Indische Sociaal Democratische Vereeniging が設立された。社会民主主義協会は、労働組合運動を基盤にイスラーム同盟の会員の間にも多数の支持者を獲得した。一九一七年のロシア革命による社会主義政権の成立は、社会主義者の活動を勢いづけた。イスラーム同盟も二重党籍を禁止する一九二三年まで、この協会（改称後は東インド共産主義者同盟）と連帯しつつ、活動を拡大した。

オランダは、植民地体制の維持を図るため、協会の活動にしばしば介入し、オランダ人あるいは欧亜混血者のリーダーたちを、次々と東インドから追放処分にした。そのため運動は、現地人を主体に再構成されるにいたった。インドネシア人が中核的メンバーとなった社会民主主義協会は、一九二〇年に現地語の東インド共産主義者同盟 Perserikatan Kommunist di Hindia と改称し、その四年後にはインドネシア共産党 Partai Komunis Indonesia と名称を変更した（永積、一九八〇年、一九八―二〇四頁）。「インドネシア」を掲げた最初の民族主義政党が誕生するに至ったのである。

インドネシア共産党は、東インドの主要な都市を拠点として労働組合運動を展開しつつ、農民層の間でも支持者の獲得を目指した。その一環として、ジャワ農民に馴染みの深い正義王などのタームが反植民地主義を説くために用いられ、彼らの間でも少なからぬ支持者を得た（McVey, 1965: 179-183）。ジャワやスマトラで党員を増やした共産党は、一九二六年一一月から二七年初めにかけて、バンテンや西スマトラ、さらにはバタヴィアやスラカルタなどで、植民地政権打倒のための武装蜂起を試みた。蜂起はオランダの介入を招き、逮捕者約一万三〇〇〇名を出し、鎮圧された。計画は頓挫したが、インドネシア共産党は大衆政党に発展をとげていたのである。

3　多様なカルチュラル・ブローカー

一九一〇年代には、さまざまな社会運動が生じた。上述した「外来東洋人」や欧亜混血者、現地人エリートたちは、都市における活字出版業の発展に支えられ、法的地位の改善運動さらには民族主義運動を展開した。他方で、コミュニケーション手段が主に口頭であった人々のうちからも新しい運動が起こった。

イスラーム同盟は、目的実現のために合法的手段を採用することを宣言したが、同盟がインドネシア各地で会員を増やすにつれ、人々の同盟に対する期待は高まった。会員のなかには、イスラーム同盟がオランダ植民地政庁の力をしのぐかもしれないと期待する者も現れた(Shiraishi, 1990: 66-67 ; Reid, 1979: 16-17)。加えて一九一四年、オスマン帝国のカリフが、第一次世界大戦の開始に際して、全ムスリムに非ムスリムに対する「聖戦宣言」を発した(Panislamisme, 1919: 292 ; Snouck Hurgronje, 1923: 257-284)。この「聖戦宣言」は、ドイツとともに同盟国側で戦っていたオスマン帝国が、敵対国のイギリスやフランスの植民地支配下にある北アフリカや西アジアのムスリムに、その植民地支配者に対して戦わせるために発したものであった。北アフリカや西アジアではカリフが期待したような影響力を行使することができなかったが、距離の離れたインドネシアでは、ムスリムたちの精神を高揚させた。インドネシアのイスラーム指導者のなかには、イスラーム同盟に入会すれば、もはやオランダ植民地政庁の課す労役や税の義務に従う必要はなく、非ムスリムとの戦いになれば、カリフがライフルや剣を授けてくれると説く者も現れた(Nieuwe moeilijkheden, 1916: 130 ; mailr. 1794/1917 ; Murtalib, 1995: 219)。

一九一〇年頃よりオランダ政庁の報告に、イスラーム宗教家の活動が、プランテーション企業や鉱山企業が活動を拡大したスマトラの港湾都市周辺で活性化していたことが記されている(mailr. 1624/1909 ; Hazeu Collection no.42: 44-48,58-60 ; *Koloniaal Verslag*, 1917: xv-xvi)。彼ら宗教家は、大体がナクシュバンディヤ、サンマーニヤ、ササーニヤ、カーディリヤ・ワ・ナクシュバンディヤなどのイスラーム神秘主義教団に属していた。

神人合一を最も重要なテーマとしたイスラーム神秘主義者たちは、クルアーンの一節を何度も唱えながら身体を揺さぶる、ジクルと呼ばれた秘技をしばしば執り行った。それにより神との合一が実現し、不死身の術を体得できると信じられた(Snouck Hurgronje, 1906: 220-222 ; Berg, 1882-83: 159-160)。彼らの教義は、植民地体制下で活動を活性化させていた若年層の人々を惹きつけた。北スマトラの内陸部で展開したパルフダムダム運動と、南スマトラのパレンバンやジャンビの後背地で隆盛したサレカット・アバン運動は、この儀礼を中核に据え、彼らの希求する「伝統的理想世」の復活をはかった。

北スマトラのトバ・バタック地区では、一九一五年頃より若者たちの間で不死身の術を体得するための集会が催され始めた。信者たちは、「ラティブ」(ratib = 祈禱の反復)と呼ばれた儀礼を執り行うため、村の中央の広場に輪をなして集まった。彼らは頭に白い布を巻き、全員で浄めのための液を飲み、またそれを体に振りかけた。指導者が、輪の中央部に座り、香を焚いた。その香を集まった全員が吸い込んだ。指導者は、信者たちに彼と同じ姿勢をするよう命じ、アラビア語の「アラーのほかに神はなし La illahaillala 、ムハンマドは神の使徒 Muhamaddur rasululah」の変形した文句を唱え、それに続けて「ブルブルブルブル、ダムダムブル berebererebereber damdamber」と呪文を唱えた（Tichelman, 1937: 32）。信者たちはそれに呼応して、「ディヒディヒダムダムブシダムダム、シフダムダムブシダム digi digi dam dam besi dam dam sigudam dam besi dam」と呪文を続けた。「パルフダムダム」という名前は、「フダムダムと唱える人々」を意味し、その呪文を聞いた第三者が信者たちにつけたのが始まりであった。

集まった信者たちは、全員で呪文を唱えながら、繰り返し上半身を揺さぶった。これにより、やがて信者たちの意識が朦朧とし始めるのであった。彼らのなかには、トランス状態に陥る者も現れ、しばしば神霊が降霊した。また、自らの身体を石でなぐりつけ、傷つかず平気であることを周りに示して、不死身の状態になったことを見せびらかす者もいた。神霊との交信や不死身の術で表現される武勇は、トバ・バタック人にとって重要な伝統的美徳であった。しかしそれらの伝統は、オランダの武力的優位が確立し、バタック地区でキリスト教会が活動を始めた植民地体制下では、以前のような意義を有さなくなっていた。その復活をはかるために、信者たちは毎日ラティブをこころみた（mailr. 493/1917）。

サレカット・アバンの中核的な儀礼も、パルフダムダム運動のものと類似していた。サレカット・アバンの教義は、一九一二年頃パレンバンの後背地で信者をえた「アバンの教え（赤色教）」に由来した。信者たちは、赤いズボンをはき、赤いたすきをした。この色が、彼らを不死身に導くものと考えた。彼らは、ジクルを毎日繰り返し、パルフダムダム運動の信者と同じく、超自然的存在との交信をこころみた（Muttalib, 1995: 177-180 ; *Koloniaal Verslag*, 1917: xv-xvi）。こうした秘技が、若年層の信者たちの精力的な活動と植民地体制下の交通の発展により、ジャンビやパレンバンの後背地に拡がるに至ったのである。

パルフダムダムならびにサレカット・アバン双方とも、その信奉者は主に若年層に属し、例えばパルフダムダム運動の約八〇%の信者が未成年であった(mailr. 213/1917a)。彼らは大体が未婚者で、社会において成人として認められていなかったため、村の正式な会議や会食に参加することはできず、また労役や税などの植民地義務にも、まだ服する義務がなかった。彼ら未成年者は、婚資を稼ぐために、しばしば村を離れて、プランテーション企業や植民地政庁の実施する公共事業での仕事、あるいは市場での小商いなどに従事した。

こうした若年層の人々は、故郷を離れて活動するなかで、イスラーム同盟の活動をしばしば耳にした。イスラーム同盟は、一九一三年にはパレンバン、ジャンビ、ブンクル、メダン、アチェなどのスマトラの主な都市に支部を設けたのをはじめ、ミナンカバウやタパヌリ南部にも支部を形成した。また上述の聖戦宣言によって、一九一六―一七年に大戦争がカリフの支援のもとに行われるとの噂が、上述した都市周辺で流れていた(mailr. 397/1917 ; Korver, 1982: 88; Murtalib, 1995: 219-221)。「アバンの教え」の信者たちは、イスラーム同盟の影響を受け、自らの一団をサレカット・アバンと称した。またパルフダムダム運動の信者たちも、彼らのことをサレカット・パルフダムダムとしばしば自称していた。

通常ある一人の信者が秘技をマスターすると、今度は彼がそれを密かに他の知り合いに伝授し、新たな信者を獲得するというやり方がとられた。こうした複合的な師弟関係によって、運動は多くの信者をえた。パルフダムダム運動は北スマトラで数百名の信者を持ち、サレカット・アバンは南スマトラで数千名の信者を獲得した(mailr. 213/1917b ; mailr. 2532/1916 ; Mutalib, 1995: 175-178,205-209)。

新たなインドネシア人官吏のもとにおかれた現地人首長たちは、自らの権威の復活をはかるため、これらの運動を密かに支援した。当該社会の伝統に通じていたこれらの首長たちは、若年層の人々に伝統的な美徳や宗教信仰の重要性を説いた。また一九世紀後半に当該社会が植民地支配下におかれたときに、年配者の世代は伝統的宗教がオランダ権力に対してほとんど無力であったことを目の当たりにしたが、その後の若年者世代は、そうした体験とも無縁であった。このため若者たちは、戦いの勇気や神霊との交信あるいはトバ・バタック人のかつての伝統的パワー・シンボルなどに、きわめて新鮮に反応した。

パルフダムダム運動が一九一六―一七年に北スマトラで隆盛したとき、運動の参加者たちは、オランダを追放したあとに、一九〇七年にオランダ軍に討たれたシ・シンガ・マンガラジャが復活すると唱えた(Berg, 1920: 24 ; mailr. 1336/1917)。またサレカット・アバンの指導者たちは彼ら自身が、オランダ政庁によって廃絶されたジャンビ王国の最後のスルタン、あるいは一七世紀の王国の黄金期のスルタンの再来であることをしばしば唱えた(*Koloniaal Verslag*, 1917: xii ; Mutalib, 1995: 2,223)。オランダに廃絶されたかつてのパワー・シンボルの復活を説くことは、オランダへの抵抗に人々を結集させる上で効果的であった。

信者の増加により、パルフダムダムおよびサレカット・アバンの双方の指導者とも植民地権力へ抵抗意識を強めた。一九一六年一二月、数百名のパルフダムダム運動の信者が、バルスの後背地のナパ・パリアで宗教儀礼を執り行うために集まった。信者の指導者のラハムは、港湾都市と内陸部を往来した安息香の商業取引者であった。ラハムは、教えを信ずる者は弾に当たっても死ぬことはなく、また葦は槍となり、砂は弾薬で、アランアラン草は剣となり、敵を三マイル離れた地点からでも倒すことができると、武勇を鼓舞した(Sobing/Gobée, 1919: 390)。

一九一七年一月一―二日オランダ政庁は、運動を規制するために、オランダ人官吏のM・C・ミュラーに数人のバタック人官吏や警察官をつけ、現地に赴かせた。しかしながら、教徒たちの植民地権力に対する反感は、ミュラーが予想したよりもはるかに強かった。ミュラーとバタック人官吏たちが礼拝所に近づこうとしたとき、彼らは信者たちから激しい攻撃を受けた。ミュラーは発砲しながら退去しようとしたが、信者たちに取り囲まれ、そこで命を落とした(Sobing/Gobée, 1919: 392 ; mailr. 171/1917a)。他のバタック人官吏たちも負傷を負った。パルフダムダム教徒たちは、植民地政庁が増援した警察軍を派遣すると、撤退を余儀なくされたが、一時的な後退は戦闘の終わりを意味しなかった。

同年二月、再びパルフダムダム教徒が、サモシール島で植民地軍と衝突した。そこでの指導者のバルトゥは、典型的な若年層世代のエリートであった。彼は、北スマトラのタパヌリ州の中心港湾都市シボルガで就職し、職場の上司からも信頼され、現場監督者となり、シボルガのキリスト教区でもバタック人キリスト教徒を代表する長老職を任されていた(Vorstman Collection ; mailr. 623/1917)。シボルガにいたとき彼は、ムスリムたちの精神の高揚に触発されてパルフダムダム教徒となった。バルトゥは職場の同郷の仲間たちをその教えに入信させ、彼らを伴い、故郷のサモシールに帰還した。その地で他のパルフダムダム教徒たちとも連絡をとりながら、バルトゥは密かに蜂起のときをねらっていた。

彼は、一緒にやって来た信者とともにラティブに励み、人々から不死身の術を体得したものと崇められた。信者たちは、彼をシ・シンガ・マンガラジャの再来と信仰し始めた。

植民地政庁は、バルトゥの周辺に不穏な動きを察知し、二月一三日サモシール島にパトロール隊を二分隊派遣した。二月一四日午後、二分隊がパトロールから駐屯地に帰還したとき、バルトゥに指揮されたパルフダムダム教徒たちが、パトロール隊めがけて突撃してきた(mailr. 623/1917 ; Tichelman, 1937: 33)。教徒たちとの距離が五〇メートル以内になったとき、パトロール隊は射撃を開始した。戦闘で一四名のパルフダムダム教徒が撃たれ、うち七名が死亡した。バルトゥもその後逮捕された。オランダはパルフダムダム運動の首謀者たちを次々と捕らえ、以降運動は衰退に向かった。

一方、サレカット・アバンの指導者に導かれた反乱は、一九一六年にジャンビとパレンバンの後背地で生じた。運動はイスラーム宗教家と若年層のみならず、他地域出身の地方長のもとに置かれ不満を有した現地人首長や一般村民をも広範に巻き込んだ。とりわけバタンハリ川中流域の支流の合流点にあたるムアラ・トゥムブシ、ムアラ・トゥボ、バンコ、サロラグンや、ジャンビの後背地に近接するラワスの地は、新たにおかれた地方長のもとで、税や労役などの植民地義務が強化されたことに不満を持つ者が多かった。

信者を増やしたサレカット・アバンの指導者たちは、一九一六年一〇月一三日(イスラーム暦一三三四年一二月一五日)に南スマトラでの一斉蜂起を計画した(Liefrinck, 1917a: 3 ; *Koloniaal Verslag*, 1917: xi)。しかしながら、彼らの計画が政庁側に漏れたと判断したムアラ・トゥムブシの信者たち二〇〇〇名余が、八月二六日に蜂起した。オランダ人監督官の役所、地方長の役宅、中国人の商店などが襲撃された。二六日から三一日にかけて政庁側とサレカット・アバン側との間で、激しい戦闘が起こった。それにより、一人の地方長を含め、数名の現地人官吏が殺された(Mutralib, 1995: 220-225 ; *Kolniaal Verslag*, 1917: x-xii)。これに対し、ジャンビ、パレンバンそしてバンカからの植民地軍の増援部隊が合流した政庁側は、九月二日までにムアラ・トゥムブシの反乱をほぼ制圧した。

ムアラ・トゥムブシに続いて、ムアラ・トゥボ、サロラグン、バンコ、ムアラ・ブンコで蜂起が起こった(Mutralib, 1995: 225-233 ; *Kolonaal Verslag*, 1917: xii-xiii)。ムアラ・トゥボでも、オランダ人監督官の役所をはじめ地方長の役宅、郵便局そして中国人商店が破壊された。サロラグンでは約二〇〇〇人の蜂起者が結集し、植民地政庁関係者を襲撃した。オランダ人監督官をはじめ二〇名前後の警察官さらには地方長が、反乱者によって殺された。一五〇〇名余の蜂起者が結集したバンコでも、政庁関係の建物や商店が襲撃された。ムアラ・ブンコでも、約一五〇名が結集し、政庁軍と反乱者との間で戦闘が生じた。

これらの反乱は、しかしながら植民地政庁の増援部隊がスマトラの他地域やジャワから到着すると、結局一〇月末までにオランダに鎮圧された。反乱者側は、三六〇人の死者を出した。政庁に逮捕された反乱者のうち、六二名が死刑判決を受け、三八七名が一〇年から二〇年の禁固刑、一四五六名がそれ以下の禁固刑となった(Liefrinck, 1917a: 5)。六二名の死刑判決者のうち、三名が処刑され、残りは無期禁固刑またはそれに準ずる長期禁固刑に変更された。

パルフダムダムとサレカット・アバンの運動は、いずれもイスラーム同盟の活動の影響下で発生したものである。同様な運動は、西ジャワやスラウェシ、ミナンカバウなどでも生じた(永積、一九八〇年、二〇九―二一二頁。大木、一九八四年、七九―八三頁）。しかし、イスラーム同盟とこれらの運動との間には複数の介在者が存在し、オランダ当局もその全容を明らかにすることはできなかった。

4　現地人官僚・有識者による現地社会の再構築

一九一〇年代のオランダ領東インドには四千数百万人の人々が居住していたが、そのうちオランダ人の政庁関係者は、二〇〇〇名前後であったと推定される（*Volkstelling 1930*, vol. 6: 18,113）。他方オランダ人政庁関係者の周辺には、その数をはるかに上回る現地人政庁関係者がいた。

通常、反植民地主義活動が生じると、まず彼ら現地人官吏は、その情報を収集するために現場に派遣された。上記のスマトラで起きた運動の場合、地方長や副地方長がその任に当たった。しかしながら彼らは、地元社会の有力者ではなく、かつての現地人首長のように当該社会の係争を仲裁できる能力に乏しかった。彼らはパルフダムダム運動やサレカット・アバン運動の信者たちに接触を試みようとすると、逆にしばしば教徒から教えに入信するよう強要されたり、時には攻撃をしかけられたりした（De opstand, 1916-17: 19-22 ; Sobing/Gobée, 1919: 390 ; Muttalib, 1995: 222）。その場を逃れた現地人官吏たちは、上司のオランダ人官吏に、教徒たちが植民地体制に強い反感を有していることを報告した。オランダ人官吏は、これを受けて活動に介入するために警察軍をしばしば派遣した。

運動の起源やその背景について調べるために、オランダ政庁はさらにかつての有力者であった現地人首長をも活用した。新たな統治機構に不満を有した彼ら首長は、いまや政庁と運動参加者との間で情報を操作できる立場となった。オランダ政庁も、彼らの動きにやがて警戒の念を持ち始めた。オランダ政庁は一九一七年、北スマトラにおいてシ・シンガ・マンガラジャ再来の噂がたびたび生じることに頭を悩ませたが、調査の結果、一人の現地人首長が噂を流した張本人であることをつきとめた(mailr. 1336/1917)。パルフダムダム運動とサレカット・アバン運動のいずれにおいても、かつての有力首長たちは、若い教徒たちが伝統社会のパワー・シンボルの復活を唱えることを支援した。

また、新たに任命されたインドネシア人官吏たちも、必ずしもオランダと一体であったわけではない。彼らはオランダ人官吏の下位におかれていたが、現地人とヨーロッパ人との仲介役をつとめることで、現地社会の自治権の拡大をもくろんでいた(Niel, 1984: 165)。彼らは、運動に参加した教徒たちの「狂信性」や「非合理性」を指摘しながら、他方で運動が起こった社会経済的背景についてデータを収集した。また彼らは、運動全体の展開を解明するために、指導者と信者たちとのつながりを丹念に調査した(mailr. 2317/1917)。

こうして収集された情報をもとにオランダ人官吏たちは、一般にパルフダムダム運動発生の背景には過重な労役と税制があり、こうした植民地義務に不満を有した人々が「狂信的な」宗教指導者に扇動されたという報告をした。運動鎮圧後、東インド総督は東インド評議会のメンバーであるJ・H・リーフリンクを北スマトラに派遣し、状況の調査を行わせた。リーフリンクは、過重な税と労役、時期尚早だった地方長制度の導入、さらには唐突な地方金庫の創設などの問題点を指摘した(Liefrinck, 1917b: 3)。その指摘にもとづきオランダ政庁は、パルフダムダム運動の隆盛したタパヌリ州の人頭税ならびに屠畜税を減額し、年間の労役日数も五二日間から三五日間へと変更した(*Koloniaal Verslag*, 1917: viii-x; Castles, 1972: 67-69)。ただし地方長制度については、オランダはその後も地域社会を統治するために、存続させた。

パルフダムダム運動の発生要因をめぐっては、バタックの知識人からは現地人官吏と異なる意見が提起された。バタック人の有識者たちは、パルフダムダム教徒による一連の反乱の主要原因が、地方長・副地方長制度の導入にあるとした。その一人、N・S・ルンバン・ソビンは、かつてタパヌリで監督官を勤めていたオランダ人のホベーに、一九一七年一月にバルスの後背地で生じたパルフダムダム教徒の反乱について、次のような手紙を送っている(Sobing / Gobée, 1919: 392)。

パルシフダムダム〔パルフダムダム〕教は何故起こったのか。地方長や副地方長が任命されて以来、彼らが人々に好きなだけ労役を命ずるので、おそらく労役や税金が苛酷になるのであろう。人々にとって最も苛酷なことは、地方長と副地方長に前もって許可をもらい、材木について四%の税を支払わない限り、木を切れないし、また材木を採集できないことである。例えば、もし森林で伐採された木が四ギルダーとすれば、彼らは森林に手を入れた後まず……を地方長や副地方長の金庫に支払わねばならない。したがって、水田を有さないバルスの後背地の人々は、毎年森林の一部を陸稲田にするため、これに不満を持ったのである。

ルンバン・ソビンは、地方長・副地方長のもとで導入された諸義務が、パルフダムダム運動を起こさせたとする。手紙の別の箇所でソビンは、パルフダムダム教徒たちの植民地体制に対する不満はきわめて強く、殺害されたオランダ人官吏ミュラーの死体は、教徒たちによって切り刻まれたと述べている(Sobing / Gobée, 1919: 392)。ただ、反乱の第一要因をめぐっての見解は異なるものの、運動参加者の多くが植民地義務に不満を抱いた農民たちであったとする見解は、ソビンも現地人官吏も共有していた。

バタック人の有識者たちは、植民地官吏たちと共有した見解をもとに、プランテーション企業のトバ・バタック地区への進出を阻止しようと試みた。一九世紀後半より、タバコ、コーヒーさらにゴムのプランテーション企業が、トバ・バタック地区と隣接するスマトラ東海岸州で活動を展開していた(Schadee, 1919: 181-217)。農園企業のなかには、オランダ人官僚の支援のもとに、トバ・バタック地区での活動を計画するものもあった。これに対し、農園企業の進出により土地を喪失しかねないことを懸念したトバ・バタックの人々は、強い抗議活動を展開した(Castles, 1972: 123-166)。その活動の指導者へゼキール・マヌラングは、オランダ語を解する読者層に訴えるため、オランダ語の隔週誌『東インドの声』に「パルフダムダム」のペンネームで投書した。マヌラングはそのなかで、プランテーション企業の活動を支援するオランダ人官吏たちの権力濫用によって、地元農民が抑圧されていることを訴えている。記事の最後は、以下のような言葉で締めくくられている(Hazeu Collection no.57)。

こうした国々の正義の星の輝きが奪われることがないように、また輝きが抑圧や圧政の逆風によって消されることがないことを祈る。資本家が何百万を稼ぐ権利があるとするならば、その権利によって人々が貧困に陥らないようにするのも公平なことである。　　　　パルフダムダム

ここでは「パルフダムダム」が、資本家によって土地を奪われる運命にある農民の代弁者となっている。マヌラングは、事態をさらにオランダ東インド総督に訴えた。総督は、マヌラングの訴えを容れ、プランテーション企業のトバ・バタック地区への進出計画は、頓挫した(Castles, 1972: 165)。

南スマトラにおいても、植民地体制をめぐって現地人官吏と現地人有識者との間に対立が生じた。

植民地体制が課した税と労役は、南スマトラの多くの人々が問題とした不満の一つであった。この地のイスラーム同盟の指導者たちは、現地人官吏や商人、有識者などの中間層の人々であった。彼らは、イスラーム同盟に加入した地元の人々の多くが、この同盟に税制や労役の肩代わりを期待したことを心得ていた(mailr. 1738/1915 ; mailr. 2081/1916)。こうした中で反植民地主義を鮮明に掲げたサレカット・アバンの活動によって、この地のイスラーム同盟のメンバーたちは、サレカット・アバンの支持者と非支持者とに分けられることになった。サレカット・アバンの支持者たちは、後者を「サレカット・クンペニ(オランダ同盟)」と呼んだ。このオランダ同盟とされた人々の中核は、現地人官吏たちであった(Murtalib, 1995: 207)。彼らは反乱の中で、サレカット・アバンの第一の攻撃の的となった。

サレカット・アバンの反乱鎮圧後、オランダ政庁は再びリーフリンクを調査のために南スマトラに派遣した。調査の対象となった南スマトラのイスラーム同盟のメンバーは、多くがサレカット・アバンの活動に関与したが、彼らは、熱心な信者たちに脅されて、サレカット・アバンのメンバーとならざるをえなかったと釈明した。またジャワのイスラーム同盟の指導者たちも、同盟の首脳部が南スマトラの反乱に何ら関与してないことを、オランダ政庁に対し主張した(mailr. 2081/1916)。リーフリンクをはじめ総督の諮問官たちは、こうした主張を受け容れ、南スマトラにおいても反乱の主要因が、イスラーム同盟の活動にあるのではなく、過重な税と労役や地方長制度の唐突な導入にあるとした(Liefrinck, 1917a: 1-2 ; *Koloniaal Verslag*, 1917: xiv)。サレカット・アバンの運動も、パルフダムダム運動の場合と同じく、苛酷な植民地義務に苦しむ住民と「狂信的な」宗教指導者とが結びついた運動とみなされるに至ったのである。

植民地政庁の記録には、オランダ体制下のインドネシアにおいてさまざまな反植民地運動が生じたことが報告されている。機関誌や雑誌などの出版物でその思想を展開した民族主義運動の指導者の場合と異なり、パルフダムダム運動やサレカット・アバン運動のような宗教運動の信者たちは、ほとんど記録を残していない。こうした運動に関する史料のほとんどは、植民地官僚によって記述されたものである。

従来の研究は、インドネシア人官吏や政庁に情報を提供したインフォーマントをオランダの協力者と位置づけてきた。しかし彼らは、単なるオランダの追随者ではなかった。現地人首長たちのなかには、情報収集の機会を活用して、若い運動家たちを勢いづかせ、伝統的権威を回復しようとはかる者もあった。また、旧来の首長よりも一層オランダ政庁に忠実な事務官であることが求められたインドネシア人官吏たちも、植民地体制下で自治の拡大を目指していた。上述した宗教運動についての報告により、オランダ当局は植民地義務の軽減をはからざるを得なかった。彼らは、オランダ人と現地人との間にあって、反植民地主義運動に関する情報をコントロールできる立場にいたのである。

東南アジアにおける欧米の植民地支配に対抗した民族主義運動や宗教運動に対し、程度の差こそあれ、いずれの植民地政庁もそれらを弾圧した。他方、一般民衆とヨーロッパ人支配者との繋ぎ役となった現地人官吏の存在は、植民地政庁にとっても重要であった。

前節で述べたインドネシア共産党は、一九二六―二七年蜂起の後、解散させられた。共産党の反乱に衝撃を受けたオランダは、ヨーロッパ的価値観を東インドに注入して現地人の間に近代的エリートを創出させる方法が、現地人協力者を生むだけでなく、少なからぬ民族主義者をも誕生させたことを認識した。オランダはこの後、インドネシア国民党（一九二七―三一年）さらにはインドネシア党（一九三一―三六年）などの民族主義運動を厳しく弾圧した。

その一方でオランダは、インドネシア各地の在来権力の一定の復活を認める方針を採った。インドネシアの伝統社会は、表面的な変化があっても依然として存続しており、それは近代ヨーロッパ社会と異なる展開を遂げるものとみなしたのである（Sutherland, 1979: 113-143 ; Niel, 1984: 243-249）。このため、現地人官吏や植民地体制下で存続を認められた現地人支配者の役割は、一層重視されるに至った。彼らは、一方でオランダ人官吏の協力者になり、オランダ人オリエンタリストのインフォーマントとなるとともに、他方で一般民衆や民族主義者にオランダ人の意向を伝え、また察知させる役目を果たした。彼らは、オランダ人の「東インド観」とインドネシア人の「オランダ観」の形成に、重要な役割を担ったのである。

終　章

交錯する関係性——介在者と権力

今日海外旅行に出かけるとき、私たちは空港を使うことが多い。国際線の待合室に入ると、そこでしばしば多様な国籍の人々と出会い、国際社会というものを意識し始める。そして目指す空港に到着すると、今度は個別的な社会を意識し出す。こうした現象は、海で移動していた時代も同様であった。港は、広域秩序と地元秩序とを考えさせる関係性の交錯する場である。

中国やインド、ペルシア、アラブさらにはヨーロッパなどの東西世界と、貴重な産品を有する人口過少の後背地とを媒介した東南アジアの港市は、そうした異なる関係をきわめて鮮明に交錯させた。とりわけ交易活動が活性化した一五—一七世紀の時期に、それが端的に現れた。港市支配者は、外来者と内陸民とを独占的に仲介する存在となり、熱帯気候のもたらす豊かな自然環境のもとで、人間のみならず自然にも影響力を行使できる存在と見なされた。そのため外来者には、後背地の住民が人間と自然との区別が曖昧な「野蛮人」と映り、港市支配者のみが彼らを制することができると観念された。また内陸民にとっても港市支配者は、「厄介な」外来者を手なづけるとともに、後背地の農業生産にも関係する力を有する者とみなされた。「異界」の場所として語られた東南アジアは、決して非文明地域であったわけではない。インド世界の盛衰と「異界」話の展開とを連関づけた応地利明が示唆するように(応地、一九九六年)、むしろ異なる関係を媒介する港市支配者の役割が高度に発展を遂げたために、「人喰い」や「女人が島」の話が開花したのである。

前近代の中国やインドさらには西アジアの港市は、多くが内陸部の王都の管轄下にあって、王都をはじめとする内陸主要都市にも、比較的古くから外来者が参入していた。長安や北京、デリーやバグダードなどは、内陸部のコスモポリスであった。一方東南アジアにおいても、内陸部にコスモポリスとしての王都が建設されることがあった。一五世紀以前に栄えたパガンやジャワの諸王都、あるいはアンコールなどがこれにあたる。

そうした内陸部のコスモポリスが、外来者と王国民とをどう仲介したかは、本書のテーマを考える上でも興味ある事柄である。一三世紀にアンコール王国を訪れた周達観は、彼が目にした当時のカンボジア人たちの様子を詳しく描いている。そこには、「人喰い族」などは登場しない。しかし他方で、彼が人々から聞いた話として、その地で夜行する人々を取り押さえ、刃物でその肝を抜き取って蒐集し、チャンパー王に献上したことを紹介している(周達観、一九八九年、七五—七六頁)。それが事実かどうかは別として、こうした語りは、本書で考察してきた外来者が収集した内陸民の「奇習」の話にきわめて類似する。一三世紀のアンコール王国は衰退期にあったのではなく、王都には中国人をはじめ多様な地域からの商人が逗留したと考えられる(石澤、二〇〇二年、一〇一頁)が、コスモポリスとなった王都の活動を支えたのは、王国内で生産・採集活動に従事した人々であった。彼らが王権の重要な基盤である以上、ここでも広域秩序と地元秩序とが交錯したのである。

前近代の東南アジアの港市世界においては、東西世界の政治・経済的変化は、港市の活動に敏感にはねかえった。また港市間の競争が激しかったこともあり、本書で扱った諸港市権力のうち、一五〇年以上安定的な政権を維持できた例はきわめて稀であった。東西世界の動向、外来者のニーズ、また域内諸港市の活動、内陸民の生産活動を、支配者は常に念頭におかねばならなかった。広域ネットワークを介在できた移住者、さらには彼らと地元民との混血者は、港町の統合の上で重要な役割を担った。また域内港市間との競合を生き抜くためには、後背地との確固たる関係構築が欠かせなかった。港市支配者には、後背地住民との間で了解された「血縁関係」もきわめて重要であった。

一九世紀以降本格的に展開した欧米の植民地支配は、こうした複合的な関係を有する世界に持ち込まれたものであった。しかし植民地支配者は、このような関係をあまり理解していなかった。植民地秩序は、東南アジアの支配者や混血者、移住者の役割に少なからぬ変容をもたらしたが、彼らはその役割を決して喪失したわけではなかった。植民地体制が形成される過程で、現地人首長たちによって地域社会は不断に再構築され、ヨーロッパ人には現地社会がしばしば彼らの理解を超えたものに映ったのである。

こうした状況を改善するために、植民地政庁は、現地社会への積極的介入をこころみ、首都を中心とする官僚制と学校教育制度のネットワークを成立させた。しかし、植民地体制のもとで不平等を敏感に察知した混血者や移住者たちは、法的平等を目指す運動を展開した。そうした活動のなかから植民地支配への対抗原理が構築され、インドネシアやフィリピンでは民族主義運動の端緒となった。植民地支配者が一元的世界の実現をもくろむことで、民族主義者をはじめとして近代世界と地元世界とを結ぶ、多様なカルチュラル・ブローカーが誕生したのである。

植民地政庁は、民族主義運動や反植民地主義活動を厳しく弾圧した。他方で、現地社会がヨーロッパ社会とは別途の発展を遂げると認識した植民地政庁は、統治を継続する上で、現地人官吏や現地人支配者の協力が一層不可欠となった。彼らは、ヨーロッパ人支配者、一般民衆、民族主義者を介在する重要な役割を担うこととなった。政治史上、ヨーロッパ人植民地支配者と民族主義者との抗争として語られることの多い二〇世紀前半期の東南アジア社会において、ある時には親植民地支配者の態度を採り、また他の時には一般民衆や民族主義者向けの顔を有した彼ら現地人官吏や現地人支配者こそは、植民地支配の成否を左右した根幹的存在といっても過言ではない(Neil, 1984: 241,250)。植民地支配者は、ヨーロッパ的価値観の導入か現地社会の伝統的権威の保持かをめぐり、揺り動かされたのである。

本書で扱ってきた東南アジアの港市世界は、現代のグローバリゼーションとローカリゼーションの問題を考える上でも、貴重なヒントを提供してくれる。今日、交通通信の発達により、世界各地の情報を入手することが可能となり、また行こうと思えば、地球上のほとんどの場所を訪れることができる。多くの人々が、世界各地のイメージを有し、あるべき世界秩序を語る。

しかし、普遍的理念が重視される一方で、国民国家の枠組みが流動的になり、人々は文化的差異や地域的個性を従来にも増して意識するに至っている。世界各地の交流が緊密化する一方で、エスニシティやマイノリティ問題に現れているように、ますます個性を正当化する現象が生じているのである。世界の一元化を目指す動き自体は、古くから存在したが、一元化が進行することにより、共通原理の受容の程度にもとづき生じるヒエラルキーをいかに了解あるいは回避するかということは、人類の古くて新しい課題である(弘末、二〇〇三年)。

　こうした状況下において、情報提供者ならびに情報を伝える媒体が、重要な役割を担っていることに、改めて気づかされる。今日においても、一人の人間が地球上のすべての地域を訪問し、情報を収集できるわけではない。情報を多角的に収集・整理して、効果的に発信することが重要となる。それは権力の構築と結びつく。ただし、変化の速度が早く、情報の占有がほとんど不可能な現代社会では、特定の権力者のみが、独占的に多様な関係を媒介できるわけではない。新しい人間関係は様々に誕生し、広域ならびに個別の秩序形成に関わる。従来の関係と新しい関係とを介在する場は、多様に成立しうる。二一世紀を生きる私たちは、本書で論じてきた東南アジアの港市住民のように、交錯する複数のネットワークを仲介できる、きわめてスリリングな場に位置しているのである。

あとがき

本書は、筆者が東南アジア史研究を志した一九七〇年代以来抱いてきた三つの問題関心を一つにまとめたものである。今日から振り返るとそれらは、①なぜ反植民地主義運動が生じたのか、②前近代と近代とを分けたものは何であったのか、③地域世界と海域世界とはどう関係するのか、の三点であったと言える。

ベトナム戦争が盛んな頃に東南アジアに関心を抱き始めた筆者は、本書で多くのページを割いた港市世界や前近代史の専門家では元来なかった。一九七〇年代前半、大国による第三世界への政治的介入に反対する、反帝国主義が熱く語られていたなかで、筆者はこの地域で最大の人口を抱えたインドネシアの反植民地主義運動に興味を持つに至った。卒業論文から博士論文まで、すべて一九世紀後半から二〇世紀前半期の反植民地主義を掲げた宗教運動をテーマとした。対象とした主なフィールドは、本書でもしばしば登場した北スマトラ内陸部のバタック地区であった。当時東南アジアで多数を占めていた農民社会を取り上げようと思い、あえて海岸部や都市部でない内陸社会に着目した。本書の第六章の宗教運動の記述は、その研究の一端を示すものである。

こうして東南アジア史研究を始めた筆者は、同時にこの領域に、東洋史学の東西交渉史の伝統を引く海洋交易史研究の分野があることを教えられた。その頃指導を受けた故永積昭先生や先輩の鈴木恒之さんらが、インドネシア民族主義運動や反植民地主義運動の研究を熱心に手がけられながら、他方で前近代東南アジアの海洋交易史にも少なからぬ関心を払っておられたことをはっきりと記憶している。その後オーストラリア国立大学大学院博士課程に在籍したが、その時の指導教官であったアンソニー・リード氏も、一方でインドネシア民族主義運動を論じながら、同時に「交易の時代」の東南アジアを語っていた。当時の筆者には、二つともテーマとして重要であることは理解できた。ただ、ゆったりとした時の流れを感じさせる前近代の海洋交易史研究と、解放闘争史観を時として色濃く反映する民族主義運動研究とが、どう結びつくのか、その頃は十分な整理がつかなかった。

その後一九八〇年代の終わり頃から、グローバリゼーションと呼ばれるヒト、モノ、カネが地球的規模で行き交う状況を反映して、国境や境界にとらわれない交流をとおして地域を考察する必要性が盛んに語られるようになった。海域世界が交流活動に重要な役割を担ったことが議論されだした。筆者も、内陸バタック社会が海域世界とどのように連関しながら形成されたのか、気になり始めた。後背地は、ともすれば沿岸部の活動から隔絶されていたかのように考えられがちであるが、その文化社会自体が、港市の活動を補完しつつ成立したことに気づかされた。元来内陸社会の近代史を専門とした筆者が、前近代をも含めた港市世界に積極的な関心を払い始めた発端であった。

すると、従来の港市研究のほとんどが海域世界の専門家によって語られてきたためか、港市支配者の持つ内向きと外向きとの顔の使い分けが、あまり注目されていないことに気づいた。それは、港市と後背地との関係をめぐる史料が限られているため、内向きの顔が十分に解明されていなかったことに起因するとともに、近代の一元的関係をそのまま前近代の両者の関係に適用した、われわれの視座にも原因の一端があるように思われた。実は、この顔の使い分けにこそ、彼らの権力基盤があり、地域秩序と世界秩序を形成する仕掛けがあるのではないかと感じ始めた。港市が広域秩序を意識しつつコスモポリスを形成し、他方で内陸部に地域社会を構築していくメカニズムを解明してみたくなった。本書の第一章と第三章は、その成果にもとづくものである。そして、両者をつなぐのが、第二章で扱った「異界」であり、前近代では港市支配者のみがこれを介在できた。「異界」は、人間を破滅に導く一方で、新たな可能性を授ける世界であることがしばしば語られてきた。歴史研究にも、それは当てはまる。「異界」をめぐる語りの内容が事実かどうかを確定する作業は、研究者の人生を徒労に終わらせかねないが、これが語られたことの事実を扱うとき、研究に限りない豊かな材料を提供してくれるのである。

こうして地域世界と広域秩序世界、さらにはマレー世界に代表される東南アジア海域世界が、港市を拠点にそれぞれ形成されたことを考えていると、東南アジアで近代植民地体制を構築したヨーロッパ勢力も、一六世紀以降港市を根拠地として活動を拡大したわけであり、ヨーロッパ人の港市と在来の港市との比較を試みたくなった。第一章の終わり6～8節がこれにあたる。ともすれば一七―一八世紀のバタヴィアやマニラを、植民地体制が確立した一九世紀以降の植民地都市の前段階とみなしがちであるが、実態はアジア人の海に浮かぶヨーロッパ人の小島のようなものであった。こうしたなかでヨーロッパ人が港町を支配するためには、ヨーロッパ人とアジア人とを介在する存在がきわめて重要となる。バタヴィアにおける欧亜混血女性やマルデイケルの重要性を提起した、J・テイラー、S・アベヤセーカー、L・ブリュセ、ド・ハーンらの著作は、この問題を考える上で重要なヒントを提供してくれた。また中部ジャワのマタラム王家におけるオランダ人観の変遷を考察したM・リックレフスの研究も、たいへん有益であった。

これらの著作を読み進めていくなかで、一九世紀以降の近代植民地体制を再考する必要性を痛感し始めた。前近代から近代に至る過程で、本書でも述べたように、東南アジア社会の構造に大きな変化が起こった。この地域の近現代史の展開に、これらの変化は重要な影響を及ぼした。ただし、われわれは前近代と近代との差異に注目するあまり、両者を媒介的に考察する視点を忘れがちである。またともすればヨーロッパ人の軍事力が、植民地支配を恒常的に可能にしたと考えがちである。軍事力は一時的な効力を発揮するが、これに頼りすぎると植民地政府の財政が破綻することは、本書でもしばしば述べた。経済的でかつ恒常的な植民地体制を構築するためには、現地人首長や現地人官吏、欧亜混血者、中国系さらにはアラブ系移住者たちの協力が、植民地支配者には不可欠だったのである。

こうした観点から反植民地主義運動も、再検討される必要があろう。これまで、植民地支配下にあった二〇世紀前半期の東南アジア史は、植民地勢力 vs. 反植民地勢力の抗争史としてしばしば語られてきた。しかし、事態はそんなに単純なものではなく、両者をある時は融和させ、またある時は対立させた、現地人首長や官吏、欧亜混血者、移住者らの役割は重要である。また植民地支配者の現地社会に関するイメージは、概して現地人官吏をはじめ現地人インフォーマントから収集したデータにもとづいている。植民地支配者側の反植民地主義運動に関する史料を、インフォーマントの果たした役割をとおして読み直す作業も重要となる。第六章は、こうした諸観点から植民地体制と反植民地主義運動をとらえ直してみたものである。

以上が、本書を執筆するにあたっての筆者の問題関心の航跡を綴ったものである。本書は、筆者を東南アジア史研究に導いてくれた先生方や先輩諸氏が提起した、東南アジア前近代史と近代史とがどのように接合されるべきかという問いに対する、筆者なりのささやかな答えでもある。今日、本書が扱ってきた前近代の港市や海域世界に関する研究は、飛躍的に蓄積を増している。筆者の認識が及ばなかった点や、展開が不十分な箇所があるいは存在するかと思う。皆様のご批判を乞う次第である。最後に、遅筆な筆者を気長に見守ってくださり、多くの貴重なアドヴァイスをいただいた岩波書店の編集者杉田守康さんに深く感謝申し上げたい。

以下、章ごとに一応関係する初出文献をあげる。初出文献の多くは、本書の複数の章にまたがっているが、その中心的なテーマに沿って挙げた。なお、かなりの改稿や加筆をほどこしたため、原型をとどめているのは、第五章と第六章ぐらいである。

序　章　書き下ろし。

第一章　1と2および5～8は書き下ろし。3と4は、「東南アジアにおけるイスラームの展開」『岩波講座世界歴史6　南アジア世界・東南アジア世界の形成と展開』(岩波書店、一九九九年)および「メッカ巡礼と東南アジア・ムスリム」『海のアジア3　島とひとのダイナミズム』(岩波書店、二〇〇一年)。

第二章　2～6は書き下ろし。1は、「北スマトラとシュリヴィジャヤ――港市の隆盛と後背地の「食人」風聞」『MUSEUM：東京国立博物館美術誌』537（一九九五年）。

第三章　「北スマトラにおける港市国家と後背地」『東南アジア――歴史と文化』22（一九九三年）および「東南アジアの港市国家と後背地」佐藤次高・岸本美緒編『市場の地域史』（山川出版社、一九九九年）。

第四章　書き下ろし。

第五章　3と5は書き下ろし。1と2および4は、「西インドネシアの展開」『岩波講座東南アジア史4　東南アジア近世国家群の展開』（岩波書店、二〇〇一年）および「ヨーロッパ人の調査活動と介在者の「食人」文化の創造」『史苑』60-1（一九九九年）。

第六章　1は書き下ろし。2～4は、前掲「メッカ巡礼と東南アジア・ムスリム」および "The Role of Indonesian Colonial Officials in the Documentation of Anti-Colonial Religious Movements in the Early Twentieth Century: A Reconsideration of "Agrarian Radicalism", H. Umehara ed., *Agrarian Transformation and Areal Differentiation in Globalizing Southeast Asia: Proceedings of RU-CAAS Symposium held at Rikkyo University on November 1-2, 2002*, Tokyo, 2002.

終　章　書き下ろし。

二〇〇四年三月

弘末雅士

■岩波オンデマンドブックス■

世界歴史選書
東南アジアの港市世界──地域社会の形成と世界秩序

2004年5月26日 第1刷発行
2015年5月12日 オンデマンド版発行

著 者 弘末雅士《ひろすえまさし》

発行者 岡本 厚

発行所 株式会社 岩波書店
〒101-8002 東京都千代田区一ツ橋2-5-5
電話案内 03-5210-4000
http://www.iwanami.co.jp/

印刷／製本・法令印刷

ISBN 978-4-00-730196-4 Printed in Japan

参考文献

日本語・中国語文献

青山亨，1994 年.「叙事詩，年代記，予言——古典ジャワ文学にみられる伝統的歴史観」『東南アジア研究』32 巻 1 号.
アレンズ，W. 1982 年.『人喰いの神話——人類学とカニバリズム』折島正司訳，岩波書店.
飯島明子，1999 年.「上座仏教世界——北方タイ人諸王国」石井米雄・桜井由躬雄編『東南アジア史Ⅰ　大陸部』山川出版社.
池端雪浦，1987 年.『フィリピン革命とカトリシズム』勁草書房.
池端雪浦，1990 年.「聖ヨセフ兄弟会とタガログ社会」『シリーズ世界史への問い 8　歴史のなかの地域』岩波書店.
池端雪浦編，1994 年.『変わる東南アジア史像』山川出版社.
池端雪浦編，1999 年.『東南アジア史Ⅱ　島嶼部』山川出版社.
生田滋，1966 年.「補注」トメ・ピレス『東方諸国記』岩波書店.
生田滋，1998 年.『大航海時代とモルッカ諸島——ポルトガル，スペイン，テルナテ王国と丁字貿易』中央公論社.
石井米雄，1998 年.「上座仏教と国家形成」『岩波講座世界歴史 13　東アジア・東南アジア伝統社会の形成』岩波書店.
石井米雄，1999 年 a.『タイ近世史研究序説』岩波書店.
石井米雄，1999 年 b.「シャム世界の形成」石井米雄・桜井由躬雄編『東南アジア史Ⅰ　大陸部』山川出版社.
石井米雄，2001 年.「前期アユタヤとアヨードヤ」『岩波講座東南アジア史 2　東南アジア古代国家の成立と展開』岩波書店.
石井米雄・桜井由躬雄，1985 年.『東南アジア世界の形成』講談社.
石井米雄・桜井由躬雄編，1999 年.『東南アジア史Ⅰ　大陸部』山川出版社.
石澤良昭，2002 年.『アンコールからのメッセージ』山川出版社.
井東猛，1977 年.「17 世紀アチェーにおける通商法規——港湾諸法規を中心として」『南方文化』4 号.
井東猛，1982 年.「17 世紀に於けるアチェ交易の様相」『南方文化』9 号.
井東猛，1985 年.「17 世紀のアチェ王国における法統治について——土着の法慣行とイスラム法の係わりを中心として」『東南アジア——歴史と文化』

14.
伊東利勝，1999年．「帝国ビルマの形成」石井米雄・桜井由躬雄編『東南アジア史Ⅰ　大陸部』山川出版社．

イブン・バットゥータ，2001年．『大旅行記』6，イブン・ジュザイイ編，家島彦一訳注，平凡社．

イブン・バットゥータ，2002年．『大旅行記』7，イブン・ジュザイイ編，家島彦一訳注，平凡社．

植村泰夫，2001年．「植民地期インドネシアのプランテーション」『岩波講座東南アジア史6　植民地経済の繁栄と凋落』岩波書店．

応地利明，1996年．『絵地図の世界像』岩波新書．

大木昌，1984年．『インドネシア社会経済史研究――植民地期ミナンカバウの経済過程と社会変化』勁草書房．

大木昌，2001年．「川：陸のなかの海世界――スマトラの歴史経験から」『海のアジア3　島とひとのダイナミズム』岩波書店．

大木昌，2001年．「インドネシアにおける稲作経済の変容――ジャワと西スマトラの事例から」『岩波講座東南アジア史6　植民地経済の繁栄と凋落』岩波書店．

大橋厚子，2001年．「東インド会社のジャワ島支配――最初の人を最後に」『岩波講座東南アジア史4　東南アジア近世国家群の展開』岩波書店．

大林太良，1972年．「琉球神話と周囲諸民族神話との比較」日本民族学会編『沖縄の民族学的研究――民俗社会と世界像』民族学振興会．

大林太良，1985年．『シンガ・マンガラジャの構造』青土社．

奥平龍二，1994年．「上座仏教国家」池端雪浦編『変わる東南アジア史像』山川出版社．

紙村徹，1991年．「「風によって孕む女人国」再考――ニューギニア　セピックの「女人の村」伝説に寄せて」『南方文化』18号．

北川香子，1999年．「ポスト・アンコール」石井米雄・桜井由躬雄編『東南アジア史Ⅰ　大陸部』山川出版社．

栗田博之，1999年．「ニューギニア「食人族」の過去と現在」春日直樹編『オセアニア・オリエンタリズム』世界思想社．

クロム，N. J. 1985年．『インドネシア古代史』有吉巌編訳，天理南方文化研究会監修，天理教道友社．

桑原隲蔵，1988年．『東洋文明史論』平凡社．

玄奘，1999年．『大唐西域記』3，水谷真成訳注，平凡社．

サイード，エドワード・W. 1986年．『オリエンタリズム』板垣雄三・杉田英明監修，今沢紀子訳，平凡社．

桜井由躬雄，1999年．「亜熱帯のなかの中国文明」石井米雄・桜井由躬雄編『東南アジア史Ⅰ　大陸部』山川出版社．

桜井由躬雄・石澤良昭・桐山昇，1993 年．『地域からの世界史 4　東南アジア』朝日新聞社．
ザビエル，フランシスコ，1994 年．『聖フランシスコ・ザビエル全書簡』2，河野純徳訳，平凡社．
周去非，1999 年．『嶺外代答校注』揚武泉校注，中華書局．
周達観，1989 年．『真臘風土記——アンコール期のカンボジア』和田久徳訳注，平凡社．
周致中，1969 年．『異域志』廣文書局．
ショワジ／タシャール，1991 年．『シャム旅行記』二宮フサ・鈴木康司訳，岩波書店．
白石隆，2000 年．『海の帝国——アジアをどう考えるか』中央公論社．
菅谷成子，2001 年．「スペイン植民都市マニラの形成と発展」大阪市立大学経済研究所監修，中西徹・小玉徹・新津晃一編『アジアの大都市 4　マニラ』日本評論社．
スコット，1983 年．「ジャワ滞留記」ジェンキンソン／ランカスター／スコット／ホーキンス／ドレイク『イギリスの航海と植民』1，朱牟田夏雄・中野好夫訳注・越智武臣解題・注，岩波書店．
鈴木恒之，1976 年．「アチェー西海岸におけるコショウ栽培の発展と新ナングルの形成——18 世紀末から 19 世紀前半の」『東南アジア——歴史と文化』6．
鈴木恒之，1994 年．「港市国家パレンバン」池端雪浦編『変わる東南アジア史像』山川出版社．
鈴木恒之，1998 年．「東南アジアの港市国家」『岩波講座世界歴史 13　東アジア・東南アジア伝統社会の形成』岩波書店．
鈴木恒之，1999 年．「近世国家の展開」池端雪浦編『東南アジア史 II　島嶼部』山川出版社．
高谷好一，1991 年．「東南アジア史のなかの生態」石井米雄編『講座東南アジア学四　東南アジアの歴史』弘文堂．
田辺繁治，1993 年．「供犠と仏教的言説——北タイのプーセ・ヤーセ精霊祭祀」田辺繁治編著『実践宗教の人類学——上座部仏教の世界』京都大学学術出版会．
趙汝适，1940 年．『諸蕃志校注』馮承鈞撰，商務印書館．
土屋健治，1982 年．『インドネシア民族主義研究——タマン・シスワの成立と展開』創文社．
土屋健治，1994 年．『インドネシア—思想の系譜』勁草書房．
坪内良博，1986 年．『東南アジア人口民族誌』勁草書房．
鳥井裕美子，1993 年．「近世日本のアジア認識」溝口雄三・浜下武志・平石直昭・宮嶋博史編『アジアから考える 1　交錯するアジア』東京大学出版

会.
永積昭，1980年.『インドネシア民族意識の形成』東京大学出版会.
永積昭，2000年.『オランダ東インド会社』講談社.
中野美代子，1994年.『中国の青い鳥——シノロジー雑草譜』平凡社.
中村光男，1991年.「東南アジア史のなかのイスラーム——秩序と変革」石井米雄編『講座東南アジア4　東南アジアの歴史』弘文堂.
西尾寛治，1990年.「ジョホール王国史上の転換点——スルタン・マフムード殺害事件(1699)について」『東方学』第79号.
西尾寛治，1995年.「ムラユ政治文化における王権構造——前植民地期歴史叙述の分析を中心に」東京大学大学院提出・博士論文.
西尾寛治，2001年.「17世紀のムラユ諸国——その構造と諸変化」『岩波講座東南アジア史3　東南アジア近世の成立』岩波書店.
ハウトマン／ファン・ネック，1981年.『東インド諸島への航海』渋沢元則訳・生田滋注，岩波書店.
馬歓，1998年.『中国人の南方見聞録——瀛涯勝覧』小川博編，吉川弘文館.
『パサイ王国物語——最古のマレー歴史文学』野村亨訳注，平凡社，2001年.
浜下武志，1997年.『朝貢システムと近代アジア』岩波書店.
早瀬晋三，2003年.『海域イスラーム社会の歴史——ミンダナオ・エスノヒストリー』岩波書店.
バロス，ジョアン・デ，1980年.『アジア史』1，生田滋訳・注，池上岑夫訳，岩波書店.
バロス，ジョアン・デ，1981年.『アジア史』2，生田滋訳・注，池上岑夫訳，岩波書店.
ピガフェッタ，アントニオ，1965年.「マガリャンイス最初の世界一周航海」『コロンブス，アメリゴ，ガマ，バルボア，マゼラン　航海の記録』林屋栄吉・野々山ミナコ・長南実・増田義郎訳・注，岩波書店.
ピレス，トメ，1966年.『東方諸国記』生田滋・池上岑夫・加藤栄一・長岡新治郎訳・注，岩波書店.
弘末雅士，1993年.「北スマトラにおける港市国家と後背地」『東南アジア——歴史と文化』22.
弘末雅士，1994年.「インドネシアの民衆宗教と反植民地主義」池端雪浦編『変わる東南アジア史像』山川出版社.
弘末雅士，1995年.「北スマトラとシュリヴィジャヤ——港市の隆盛と後背地の「食人」風聞」『ＭＵＳＥＵＭ：東京国立博物館美術誌』537.
弘末雅士，1999年.「東南アジアにおけるイスラームの展開」『岩波講座世界歴史6　南アジア世界・東南アジア世界の形成と展開』岩波書店.
弘末雅士，2003年.『東南アジアの建国神話』山川出版社.
ピント，メンデス，1979年.『東洋遍歴記』1，岡村多希子訳，平凡社.

ピント，メンデス，1980 年．『東洋遍歴記』2，岡村多希子訳，平凡社．
深見純生，1976 年．「初期イスラム同盟(1911-16)に関する研究(1)」『南方文化』3 号．
深見純生，1994 年．「シュリーヴィジャヤ帝国」池端雪浦編『変わる東南アジア史像』山川出版社．
深見純生，1996 年．「1913 年のインドネシア――東インド党指導者国外追放の社会的背景」『東南アジア研究』34 巻 1 号．
深見純生，1997 年．「「印欧人」の社会政治史――血統主義と属地主義の相剋」『東南アジア研究』35 巻 1 号．
藤原利一郎，1986 年．『東南アジア史の研究』法蔵館．
ブズルク・イブン・シャフリヤール，1978 年．『インドの不思議』藤本勝次・福原信義訳注，関西大学出版・広報部．
ファン・フリート，1988 年 a．「シアム王国記」フーンス／フリート／コイエット，生田滋訳・注『オランダ東インド会社と東南アジア』岩波書店．
ファン・フリート，1988 年 b．「シアム王統記」フーンス／フリート／コイエット，生田滋訳・注『オランダ東インド会社と東南アジア』岩波書店．
ポーロ，マルコ，1971 年．『東方見聞録』2，愛宕松男訳注，平凡社．
村井章介，1985 年．「中世日本列島の地域空間と国家」『思想』732．
桃木至朗，2001 年．「「ベトナム史」の確立」『岩波講座東南アジア史 2　東南アジア古代国家の成立と展開』岩波書店．
八尾隆生，2001 年．「収縮と拡大の交互する時代――16-18世紀のベトナム」『岩波講座東南アジア史 3　東南アジア近世の成立』岩波書店．
矢野暢，1975 年．『「南進」の系譜』中央公論社．
山中由里子，2003 年．「アラブ・ペルシア文学におけるアレクサンドロス大王の神聖化」『国立民族学博物館研究報告』27 巻 3 号．
山本達郎，1992 年．「龍とナーガと蛇」アジア民族造形文化研究所編『アジアの龍蛇――造形と象徴』雄山閣．
山田憲太郎，1979 年．『スパイスの歴史――薬味から香辛料へ』法政大学出版局．
家島彦一，1993 年．『海が創る文明――インド洋海域世界の歴史』朝日新聞社．
家島彦一，2001 年．「イスラーム・ネットワークの展開」『岩波講座東南アジア史 3　東南アジア近世の成立』岩波書店．
家島彦一，2003 年．『イブン・バットゥータの世界大旅行――14 世紀イスラームの時空を生きる』平凡社．
吉田信，2002 年．「オランダ植民地統治と法の支配――統治法 109 条による「ヨーロッパ人」と「原住民」の創出」『東南アジア研究』40 巻 2 号．
渡辺佳成，2001 年．「コンバウン朝ビルマと「近代」世界」『岩波講座東南

アジア史 5　東南アジア世界の再編』岩波書店.
和田久徳，1970 年.「東南アジア諸国家の成立」『岩波講座世界歴史 3　古代 3』岩波書店.

マレー語(インドネシア語)および欧米語文献

①未公刊資料

a. オランダ王立公文書館(Algemeen Rijksarchief, The Hague)

略号 mailr. : mailrapport, V. : Verbaal, VOC: Verenigde Oostindische Compagnie.

mailr. 1624/1909 Resident of Tapanuli to Gouverneur Generaal of Nederlandsch-Indië, (Sibolga, 9 Oct. 1909), V. 19/8/1911/55.
mailr. 1738/1915 Adviseur voor de Bestuurszaken der Buitenbezittingen to Gouverneur Generaal of Nederlandsch-Indië, (Batavia, 29 May, 1915), V. 27/11/1915/13.
mailr. 2081/1916 “Vertaling van een artikel van den hoofdredacteur Goenawan voorkomende in de “Pantjaran Warta” van Donderdag 28 September 1916 no. 218”, V. 7/7/1917/34.
mailr. 2532/1916 Assistent Resident of Bataklanden, “Nota behoorende by het hoofdstuk “Politieke Toestand” van het Kort-Verslag der afdeeling Bataklanden over de maand October. 1916”, V. 5/1/1917/Lx.
mailr. 171/1917 a Division Commandant, “Verslag van het gebeurde op den 1 en 2 Januari 1917 in Boven Baroes”, V.1/9/1917/11.
mailr. 171/1917 b Assistent Resident of Bataklanden, “Behoort bij missive”, V. 5/1/1917/11.
mailr. 213/1917 a Gezaghebber of Toba Plateau to Assistent Resident of Bataklanden, (Siborongborong, 27 Oct. 1916) and (Siborongborong, 22 Nov. 1916), V.1/9/1917/11.
mailr. 213/1917 b Controleur of Toba to Assistent Resident of Bataklanden, (Balige, 7 Dec. 1916), V.1/9/1917/11.
mailr. 397/1917 Assistent Resident of Bataklanden, “Vervolg-Rapport”, V.1/9/1917/11.
mailr. 493/1917 Polack, “Afschrift uit het dagboek van den Gezaghebber der Hoogvlakte van Toba dd. 25 September 1916”, V. 1/9/1917/11.
mailr. 623/1917 Controleur of Samosir to Assistent Resident of Bataklanden, (Pangururan, 21 Feb., 1917), V. 13/12/1921/15.
mailr. 1336/1917 Controleur of Samosir to Assistent Resident of Bataklanden, (Pangururan, 26 March 1917), V.13/12/1921/15.
mailr. 1794/1917 Assistent Resident of Bataklanden, “Nota behoorende by het hoofdstuk “Politieke Toestand” van het Kort-Verslag der Afdeeling Bataklanden over de maand Juni 1917” , V. 13/12/1921/15.

mailr.1936/1917 "Kort-Verslag van de Residentie Tapanoeli over de maand Juli 1917", V. 12/8/1918/66.

mailr. 2317/1917 "Nota behoorende by het hoofdstuk "Politieke toestand" van het Kort-verslag der afdeeling Bataklanden over de maand September 1917", V.12/8/1918/66.

VOC 1272. "Rapport vanden ondercoopman en boeckhouder Johannes Melman wegens Baros (29 Aug. 1669)".

VOC 1290. "Rapport vanden ondercoopman Francois Backers wegens Baros etc. dato 31 Dec. 1671".

b. 王立言語・地理・民族学研究所(Koninklijk Instituut voor Taal-, Land- en Volkenkunde, Leiden)

Hazeu Collection no.42 "Christelijke zending en Islam in Tapanoeli", G. A. J. Hazeu Collection, no.42.

Hazeu Collection no.57 "Geschedenis van Pansoerbatoe in de Bataklanden", G. A. J. Hazeu Collection, no.57.

Tambo 1872. "Tambo asal-oesoel ketoeroenan Raja-Taroesan datang kenegeri Baroes", V. E. Korn Collection no.436.

Vorstman Collection F. Eigenbrod to Resident of Tapanuli, (Pangururan, 20 June, 1917), V. C. Vorstman Collection.

②刊行文献(博士論文も含む)

Abdul Rahman Haji Ismail, 1998. "Teks/Text of Raffles MS. No.18", Cheah Boon Kheng (ed.), *Sejarah Melayu The Malay Annals*, Kuala Lumpur.

Abeyasekere, S. 1987. *Jakarta: A History*, Singapore, Oxford and New York.

D'Ancona, Jacob. 1997. *The City of Light*, D. Selbourne (tr.), New York.

Andaya, B. W. 1993a. "Cash Cropping and Upstream-Downstream Tensions: The Case of Jambi in the Seventeenth and Eighteenth Centuries", A Reid (ed.), *Southeast Asia in the Early Modern Era: Trade, Power, and Belief*, Ithaca and London.

Andaya, B. W. 1993b. *To Live as Brothers: Southeast Sumatra in the Seventeenth and Eighteenth Centuries*, Honolulu.

Andaya, B. W. 1997. "Adapting to Political and Economic Cange: Palembang in the Late Eighteenth and Early Nineteenth Centuries", A. Reid (ed.), *The Last Stand of Asian Autonomies: Responses to Modernity in the Diverse States of Southeast Asia and Korea, 1750-1900*, Basingstoke and London.

Andaya, B. W. / Andaya, L. Y. 1982. *A History of Malaysia*, London and Basingstoke.

Andaya, B. W. / Matheson, V. 1979. "Islamic Thought and Malay Tradition: The Writ-

ings of Raja Ali Haji of Riau（ca. 1809-ca.1870）", A. Reid / D. Marr（eds.）, *Perceptions of the Past in Southeast Asia*, Singapore, Kuala Lumpur and Hong Kong.
Andaya, L. Y. 1975. *The Kingdom of Johor 1641-1728*, Kuala Lumpur, London, New York and Melbourne.
Andaya, L. Y. 1993. *The World of Maluku: Eastern Indonesia in the Early Modern Period*, Honolulu.
Andaya, L. Y. 2001. "Aceh's Contributions to Standards of Malayness", *Archipel*, vol.61.
Anderson, B. R. O' G. 1972. "The Idea of Power in Javanese Culture", C. Holt（ed.）, *Culture and Politics in Indonesia*, Ithaca and London.
Anderson, J. 1826. *Mission to the East Coast of Sumatra in 1823*, Kuala Lumpur, Singapore, London and New York.
Anderson, J. 1840. *Acheen and the Ports on the North and East Coasts of Sumatra*, Kuala Lumpur, Singapore, London and New York.
Azra, Azyumardi. 1992. "The Transmission of Islamic Reformism to Indonesia: Networks of Middle Eastern and Malay-Indonesian 'Ulamâ' in the Seventeenth and Eighteenth Centuries", Ph.D. Dissertation submitted to Columbia University.
Barbosa, D. 1921. *The Book of Duarte Barbosa*, M. L. Dames（tr.）, vol.2, London.
Barnard, T. P. 2001. "Texts, Raja Ismail and Violence: Siak and the Transformation of Malay Identity in the Eighteenth Century", *Journal of Southeast Asian Studies*, vol.32, part 3.
Berg, C. C. 1965. "The Javanese Picture of the Past", Soedjatmoko / Mohammad Ali /G. L. Resink / G. McT. Kahin（eds.）, *An Introduction to Indonesian Historiography*, Ithaca and London.
Berg, E. J. van den. 1920. "De Parhoedamdambeweging", *Mededeelingen van wege het Nederlandsch Zendelingsgenootschap*, vol.64, 22-38.
Berg, L. W. C. van den. 1882-83. "Over de devotie der Naqsjibendîjah in den Indischen Archipel", *Tijdschrift voor Indische Taal-, Land- en Volkenkunde*, vol.28, 158-175.
Berg, L. W. C. van den. 1886. *Le Ḥadhramout et les colonies Arabes dans l'Archipel Indien*, Batavia.
Bickmore, A. S. 1868. *Travels in the East Indian Archipelago*, London.
Blumberger, J. Th. P. 1987. *De nationalistische beweging in Nederlandsch-Indië*, Dordrecht and Providence.
Blussé, L. 1988. *Strange Company: Chinese Settlers, Mestizo Women and the Dutch in VOC Batavia*, Dordrecht.
Bowen, John R. 1991. *Sumatran Politics And Poetics: Gayo History, 1900-1989*, New Haven and London.
Boxer, C. R.（ed.）, 1959. *The Tragic History of the Sea, 1589-1622*, Cambridge.

Boxer, C. R. 1967. *Francisco Vieira de Figueiredo: A Portuguese Merchant-Adventure in South East Asia, 1624-1667*, The Hague.

Boxer, C. R. 1969a. "A Note on Portuguese Reactions to the Revival of the Red Sea Spice Trade and the Rise of Atjeh, 1540-1600", *Journal of Southeast Asian History*, vol.5.

Boxer, C. R. 1969b. "Portuguese and Spanish Projects for the Conquest of Southeast Asia, 1580-1600", *Journal of Asian History*, vol.3.

Boxer, C. R. 1990. *Portuguese Conquest and Commerce in Southeast Asia, 1500-1750*, Aldershot.

Brakel, L. F. 1977. *The Story of Muhammad Hanafiyyah*, The Hague.

Brenner, J. F. von. 1894. *Besuch bei den Kannibalen Sumatras: Eerste Durchquerung der unabhängigen Batak-Lande*, Würzburg.

Bronson, B. 1977. "Exchange at the Upstream and Downstream Ends: Notes toward a Functional Model of the Coastal State in Southeast Asia", K. L. Hutterer (ed.), *Economic Exchange and Social Interaction in Southeast Asia: Perspectives from Prehistory, History, and Ethnography*, Ann Arbor.

Brown, C. C. (ed.), 1970. *Sejarah Melayu or Malay Annals*, Kuala Lumpur, London, New York and Melbourne.

Bruijn, J. R. / Gaastra, F. S. / Schöffer 1987. *Dutch-Asiatic Shipping in the 17th and 18th Centuries*, vol.1, The Hague.

Bruinessen, M. van. 1994. "The Origins and Development of Sûfî Orders (Tarekat) in Southeast Asia", *Studia Islamika*, vol.1, no.1.

Carey, P. 1974. *The Cultural Ecology of Early Nineteenth Century Java*, Singapore.

Carey, P. 1980. "Aspects of Javanese History in the Nineteenth Century", Harry Aveling (ed.), *The Development of Indonesian Society: From the Coming of Islam to the Present Day*, New York.

Carey, P. B. R. 1981. *Babad Dipanagara: An Acount of the Outbreak of the Jawa War (1825-1830)*, Kuala Lumpur.

Carey, P. B. R. 1986. "Wating for the 'Just King': The Agrarian World of South-Central Java from Giyanti (1755) to the Java War (1825-30)", *Modern Asian Studies*, vol.20, no.1.

Castles, L. 1972. "The Political Life of a Sumatran Residency: Tapanuli 1915-1940", Ph.D. dissertation submitted to Yale University.

Chijs, J. M. A. van der (ed.), 1902. *Dagh-Register gehouden int Casteel Batavia vant passerende daer ter plaatse als over geheel Nederlandts-India, 1674*, Batavia and The Hague.

Coolsma, S. 1901. *De zendingseeuw voor Nederlandsch Oost-Indië*, Utrecht.

Cortesao, A. (ed.), 1990. *The Suma Oriental of Tome Pires and the Book of Francisco*

Rodrigues, vol.2, New Delhi and Madras.

Crawfurd, J. 1820. *History of the Indian Archipelago: Containing an Account of the Manners, Arts, Languages, Religions, Institutions, and Commerce of Its Inhabitants*, vol.3, London.

Datoek Batoeah Sango, 1966. *Tambo Alam Minangkabau*, 5th ed., Pajakumbuh.

"De opstand", 1916-17. "De opstand in de Bataklanden", *De Rijnsche Zending*, (1916-17).

Dijk, P. A. L. E. van. 1894. "Rapport betreffende de Si Baloengoensche landschappen Tandjoeng Kasau, Tanah Djawa en Si Antar", *Tijdschrift voor Indische Taal-, Land- en Volkenkunde*, vol.37.

Dijk, P. A. L. E. van. 1895. "Eenge aanteekeningen omtrent de verschillende stammen (margas) en de stamverdeeling bij de Bataks. Het priesterhoofd Si Singa Mangaradja, zijn ontstaan en zijne afkomst. Het eten van menschenvleesch bij de Bataks", *Tijdschrift voor Indische Taal-, Land- en Volkenkunde*, vol.38.

Dion, M. 1970. "Sumatra through Portuguese Eyes: Excerpts from João de Barros' Decadas da Asia", *Indonesia*, 9.

Dobbin, C. 1983. *Islamic Revivalism in a Changing Peasant Economy: Central Sumatra, 1784-1847*, Copenhagen.

Drakard, J. (ed.), 1988. *Sejarah Raja-Raja Barus*, Jakarta and Bandung.

Drakard, J. 1990. *A Malay Frontier: Unity and Duality in a Sumatran Kingdom*, Ithaca.

Drakard, J. 1999. *A Kingdom of Words: Language and Power in Sumatra*, Kuala Lumpur.

Elson, R. E. 1994. *Village Java under the Cultivation System 1830-1870*, Sydney.

Fasseur, C. 1992. *The Politics of Colonial Exploitation: Java, the Dutch, and the Cultivation System*, R. E. Elson / A. Kraal (tr.), Ithaca.

Gabriel, G. 1922. "Kriegszug der Bondjol unter Anführung des Tuanku Rau in die Batakländer, zusammengetragen von Guru Kenan Huta Galung und aus dem Batakschen ins Deutsche übersetzt", *Tijdschrift voor Indische Taal-, Land- en Volkenkunde*, vol.61.

Graaf, H. J. de. / Pigeaud, Th. G. Th. 1976. *Islamic States in Java 1500-1700: A Summary, Bibliography and Index*, The Hague.

Haan, F. de. 1912a. *Priangan: De Preanger-Regentschappen onder het Nederlandsch Bestuur tot 1811*, vol.3, Batavia and The Hague.

Haan, F. de. 1912b. *Priangan: De Preanger-Regentschappen onder het Nederlandsch Bestuur tot 1811*, vol.4, Batavia and The Hague.

Haan, F. de. 1920a. *Oud Batavia*, vol.1, Batavia.

Haan, F. de. 1920b. *Oud Batavia*, vol.2, Batavia.

Haga, B. J. 1929. "Influence of the Western Administration on the Native Community in the Outer Provinces", B. Schrieke (ed.), *The Effect of Western Influence on Native*

Civilisations in the Malay Archipelago, Batavia.
Hall, K. R. 1985. *Maritime Trade and State Development in Early Southeast Asia*, Sydney and Wellington.
Hamilton, A. 1930. *A New Account of the East Indies*, vol.2, London.
Harris, J. (ed.), 1744. *Navigantium atque Itinerantium Bibliotheca: A Complete Collection of Voyages and Travels*, London.
Heine-Geldern, R. 1959. "Le pays de P'i-k'ien, le Roi au Grand Cou et le Singa Mangaradja", *Bulletin de l 'École Française d'Extrême-Orient*, vol.49.
Hill, A. H. (ed.), 1961. "Hikayat Raja-Raja Pasai", *Journal of the Malayan Branch of the Royal Asiatic Society*, vol.33, part 2.
Hirth, F. / Rockhill, W. W. (eds.), 1911. *Chau Ju-Kua: His Work on the Chinese and Arab Trade in the Twelfth and Thirteenth Centuries, Entitled Chu-fan-chi*, St. Petersburg.
Hoesein Djajadiningrat, 1911. "Critisch overzicht van de in Maleische werken vervatte gegevens over de geschiedenis van het soeltanaat van Atjeh", *Bijdragen tot de Taal-, Land- en Volkenkunde*, vol.65.
Hoesein Djajadiningrat, 1913. *Critische beschouwing van de sadjarah Banten: Bijdrage ter kenschetsing van de Javaansche geschiedschrijving*, Haarlem.
Hoetagaloeng, W. M. 1926. *Poestaha taringot toe tarombo ni Bangso Batak*, Laguboti.
Ileto, R. C. 1979. *Pasyon and Revolution: Popular Movements in the Philippines, 1840-1910*, Manila.
Johns, A. H. 1987. "Islam in Southeast Asia", M. Eliade (ed.), *The Encyclopedia of Religion*, vol.7, New York and London.
Johns, A. H. 1993. "Islamization in Southeast Asia: Reflections and Reconsiderations with Special Reference to the Role of Sufism",『東南アジア研究』31 巻 1 号 .
Joustra, M. 1910. *Batakspiegel*, Leiden.
Joustra, M. 1926. "De Singa Mangaradja-figuur", *Gedenkschrift voor het Koninklijk Instituut voor de Taal, Land- en Volkenkunde van Nederlandsch-Indië*, The Hague.
Junghuhn, F. 1847. *Die Battaländer auf Sumatra*, vol.2, Berlin.
Kartodirdjo, S. 1973. *Protest Movements in Rural Java: A Study of Agrarian Unrest in the Nineteenth and Early Twentieth Centuries*, Singapore.
Kathirithamby-Wells, J. 1969. "Achehnese Control over West Sumatra up to the Treaty of Painan, 1663", *Journal of Southeast Asian History*, vol.10, no.3.
Kathirithamby-Wells, J. 1990. "Banten: A West Indonesian Port and Polity During the Sixteenth and Seventeenth Centuries", J. Kathirithamby-Wells / J. Villiers (eds.), *The Southeast Asian Port and Polity: Rise and Demise*, Singapore.
Kathirithamby-Wells, J. / Villiers, J. (eds.), 1990. *The Southeast Asian Port and Polity: Rise and Demise*, Singapore.

Kato, T. 1982. *Matriliny and Migration: Evolving Minangkabau Traditions in Indonesia*, Ithaca and London.

Kempees, J. C. n.d. *De tocht van Overste van Daalen door Gayo-, Alas- en Bataklanden*, Amsterdam.

Keuning, J. 1953-54. "Toba-Bataks en Mandailing-Bataks: Hun culturele samenhang en daadwerkelijk antagonisme", *Indonesië*, vol.7.

Klerck, E. S. de. 1938. *History of the Netherlands East Indies*, vol.2, Roterdam.

Knaap, G. J. 1996. *Shallow Waters, Rising Tide: Shipping and Trade in Java around 1775*, Leiden.

Koloniaal Verslag, 1913.

Koloniaal Verslag, 1917.

Korn, V. E. 1953. "Batakse offerande", *Bijdragen tot de Taal-, Land- en Volkenkunde*, vol.109.

Korver, A. P. E. 1982. *Sarekat Islam 1912-1916: Opkomst, bloei en structuur van Indonesië's eerste massbeweging*, Amsterdam.

Kroeskamp, H. 1931. *De Westkust en Minangkabau (1665-1668)*, Utrecht.

Kruijt, A. C. 1923. "De Mentawaiers", *Tijdschrift voor Indische Taal-, Land- en Volkenkunde*, vol.62.

Kumar, A. 1972. "Dipanagara (1787?-1855)", *Indonesia*, no.13.

Legende, 1859. "Legende van de afkomst der Sumatranen en van hunne instellingen", *Tijdschrift voor Nederlandsch Indië*, vol.21, part 1.

Leur, J. C. van. 1955. *Indonesian Trade and Society: Essays in Asian Social and Economic History*, The Hague and Bandung.

Liaw Yock Fang, 1976. *Undang-undang Melaka: The Laws of Melaka*, The Hague.

Lieberman, V. B. 1984. *Burmese Administrative Cycles: Anarchy and Conquest, C. 1580-1760*, Princeton.

Liefrinck, J. H. 1917a. *Onderzoek naar de heffing van belastingen en de vordering van heerendiensten in eenige deelen de Buitenbezittingen: Djambi*, Jakarta.

Liefrinck, J. H. 1917b. *Onderzoek naar de heffing van belastingen en de vordering van heerendiensten in eenige deelen der Buitenbezittingen: Tapanoeli*, Batavia.

Logan, J. R. 1851. "The Piracy and Slave Trade of the Indian Archipelago", *Journal of the Indian Archipelago and Eastern Asia*, vol.5.

Lombard, D. 1967. *Le Sultanat d'Atjéh au temps d'Iskandar Muda 1607-1639*, Paris.

Lombard, D. 1997. "Martin de Vitré Premier Breton à Aceh (1601-1603)", *Archipel*, 54.

Louw, P. F. J. / Klerck, E. S. de. 1894. *De Java-oorlog van 1825-1830*, vol.1, Batavia and The Hague.

Loubère, S. de la. 1969. *The Kingdom of Siam*, Singapore, Oxford and New York.

Macleod, N. 1905. "De Oost-Indische Compagnie op Sumatra in de 17e eeuw", *De Indische Gids*, 1905.

Maier, H. 1997. "'We Are Playing Relatives' : Riau, The Cradle of Reality and Hybridity", *Bijdragen tot de Taal-, Land- en Volkenkunde*, vol.153.

Mandal, S. K. 1994. "Finding Their Place: A History of Arabs in Java under Dutch Rule, 1800-1924", Ph.D. dissertation submitted to Columbia University.

Mandal, S. K. 2002. "Forging a Modern Arab Identity in Java in the Early Twentieth Century", H. de Jonge / N. Kaptein (eds.), *Transcending Borders: Arabs, Politics, Trade And Islam in Southeast Asia*, Leiden.

Markham, A. H. (ed.), 1880. *The Voyages and Works of John Davis, the Navigator*, London.

Marsden, W. 1966. *The History of Sumatra*, reprint of the 3rd ed., Kuala Lumpur, New York, London and Melbourne.

Matheson, V. 1986. "Strategies of Survival: The Malay Royal Line of Lingga-Riau", *Journal of Southeast Asian Studies*, vol.17, part 1.

McKinnon, E. E. 1984. "Kota Cina: Its Context and Meaning in the Trade of Southeast Asia in the Twelfth to Fourteenth Centuries", Ph.D. dissertation submitted to Cornell University.

McVey, R. T. 1965. *The Rise of Indonesian Communism*, Ithaca.

Meilink-Roelofsz, M. A. P. 1962. *Asian Trade and European Influence in the Indonesian Archipelago between 1500 and about 1630*, The Hague.

Mills, J. V. 1974. "Arab and Chinese Navigators in Malaysian Waters in about A. D. 1500", *Journal of the Malaysian Branch of the Royal Asiatic Society*, vol.47, part 2.

Milner, A. C. 1982. *Kerajaan: Malay Political Culture on the Eve of Colonial Rule*, Tucson.

Milner, A. C. / McKinnon, E. E. / Tengku Luckman Sinar, S. H. 1978. "A Note on Aru and Kota Cina", *Indonesia*, no.26.

Mona Lohanda, 1996. *The Kapitan Cina of Batavia 1837-1942*, Jakarta.

Münsterberger, W. 1939. *Ethnologische Studien an Indonesischen Schöpfungsmythen: Ein Beitrag zur Kultur-Analyse Südostasiens*, The Hague.

Muttalib, J. A. 1995. "Jambi 1900-1916:From War to Rebellion", Ph.D. Dissertation submitted to Columbia University.

Nagtegaal, L. 1996. *Riding the Dutch Tiger: The Dutch East Indies Company and the Northeast Coast of Java, 1680-1743*, Leiden.

Netscher, E. 1854. "Beschrijving van een gedeelte der residentie Riouw", *Tijdschrift voor Indische Taal-, Land- en Volkenkunde*, vol.2.

Neumann, J. H. 1926. "Bijdrage tot de geschiedenis der Karo-Batakstammen", *Bijdragen tot de Taal-, Land- en Volkenkunde*, vol.82.

Nicolò de' Conti 1857. "The Travels of Nicolò Conti, in the East", R. H. Major (ed.), *India in the Fifteenth Century*, London.

Niel, R. van. 1984. *The Emergence of the Modern Indonesian Elite*, Dordrecht and Cinnaminson.

Nieuwe moeilijkheden, 1916. "Nieuwe moeilijkheden in de Bataklanden", *De Rijnsche Zending*.

Noorduyn, J. 1978. "Majapahit in the Fifteenth Century", *Bijdragen tot de Taal-, Land- en Volkenkunde*, vol.134.

Nota, 1909. "Nota van toelichiting betreffende de Simeloengoensche landschappen Siantar, Panei, Tanah Djawa en Raja", *Tijdschrift voor Indische Taal-, Land- en Volkenkunde*, vol.51.

Olthof, W. L. (ed.), 1941. *Babad Tanah Djawi in proza Javaansche geschiedenis*, The Hague.

"Padri's", 1919. *Encyclopaedie van Nederlandsch-Indië*, 2nd. ed., vol.3, The Hague and Leiden.

Parlindungan, M. O. 1964. *Pongkinangolngolan Sinambela gelar Tuanku Rao*, Jakarta.

"Panislamisme", 1919. "Panislamisme", *Encyclopaedie van Nederlandsch-Indië*, vol.3, The Hague.

Pleyte, C. M. 1903. "Singa Mangaradja: De heilige koning der Bataks", *Bijdragen tot de Taal-, Land- en Volkenkunde*, vol.55.

Prakash, O. 2002. "Coastal Burma and the TradingWorld of the Bay of Bengal, 1500-1680", J. Gommans /J. Leider (eds.), *The Maritime Frontier of Burma: Exploring Political, Cultural and Commercial Interaction in the Indian World, 1200-1800*, Amsterdam and London.

Prevost, A. F. 1752. *Histoire générale des voyages, ou nouvelle collection de toutes les relations de voyages par mer et par terre, qui ont été publiées jusqu'à present dans les differentes langues de toutes les nations connues*, vol.10, Paris.

Putten, J. van der. 2001. "A Malay of Bugis Ancestry: Haji Ibrahim's Strategies of Survival", *Journal of Southeast Asian Studies*, vol.32, part 3.

Radermacher, J. C. M. 1824. "Beschrijving van het ieland Sumatra, in zoo verre hetzelve tot nog toe bekend is", *Verhandelingen vn het Bataviaasch Genootschap van Kunsten en Wetenschappen*, vol.3.

Raffles, T. S. 1988. *The History of Java: Complete Text*, vol. 2, reprint, Kuala Lumpur, Oxford, Singapore and New York.

Raja Ali Haji ibn Ahmad, 1982. *The Precious Gift: Tuhfat al-Nafis*, Kuala Lumpur, Oxford, New York and Melbourne.

Reid, A. 1969. *The Contest for North Sumatra: Acheh, the Netherlands and Britain 1858-1898*, Kuala Lumpur, Singapore, London and New York.

Reid, A. 1979. *The Blood of the People: Revolution and the End of Traditional Rule in Northern Sumatra*, Oxford.

Reid, A. 1980. "The Structure of Cities in Southeast Asia, Fifteenth to Seventeenth Centuries", *Journal of Southeast Asian Studies*, vol.6, no.2.

Reid, A. 1988. *Southeast Asia in the Age of Commerce 1450-1680*, vol.1, New Haven and London.

Reid, A. 1993. *Southeast Asia in the Age of Commerce 1450-1680*, vol.2, New Haven and London.

Reid, A. (ed.), 1997. *The Last Stand of Asian Autonomies: Responses to Modernity in the Diverse States of Southeast Asia and Korea, 1750-1900*, Basingstoke and London.

Reid, A. / Marr, D. (eds.), 1979. *Perceptions of the Past in Southeast Asia*, Singapore, Kuala Lumpur and Hong Kong.

Ricklefs, M. C. 1974. *Jogjakarta under Sultan Mangkubumi 1749-1792: A History of the Division of Java*, London, New York, Toronto and Kuala Lumpur.

Ricklefs, M. C. 1981. *A History of Modern Indonesia: c.1300 to the Present*, London and Basingstoke.

Robson, S. O. 1981. "Java at the Crossroads: Aspects of Javanese Cultural History in the 14th and 15th Centuries", *Bijdragen tot de Taal-, Land- en Volkenkunde*, vol.137.

Ronkel, S. van. 1918. "Drawidische volksnamen op Sumatra", *Bijdragen tot de Taal-, Land- en Volkenkunde*, vol.74.

Schrieke, B. 1957. *Indonesian Sociological Studies*, part 2, The Hague and Leiden.

Schadee, W. H. M. 1919. *Geschiedenis van Sumatra's Oostkust*, vol.2, Amsterdam.

Shellabear, G. (ed.), 1967. *Sějarah Mělayu*, Singapore.

Shiraishi, T. 1990. *An Age in Motion: Popular Radicalism in Java, 1912-1926*, Ithaca and London.

Sidjabat, W. B. 1982. *Ahu Si Singamangaraja: Arti Historis, Politis, Ekonomis dan Religius Si Singamangaraja XII*, Jakarta.

Snouck Hurgronje, C. 1906. *The Achehnese*, A. W. S. O'Sullivan (tr.), vol.2, Leiden and London.

Snouck Hurgronje, C. 1923. "The Holy War "Made in Germany"", *Verspreide Geschriften*, vol.3, Bonn and Leipzig.

Snouck Hurgronje, C. 1931. *Mekka in the Latter Part of the 19th Century: Daily Life, Customs and Learning. The Moslims of the East-Indian-Archipelago*, J. H. Monahan (tr.), Leiden and London.

Sobing, N.S. L. / Gobée, E. 1919. "Dari hal Parsihoedamdam", *Koloniaal Tijdschrift*, vol.8, 389-396.

Stanley of Alderley (ed.), 1874. *The First Voyage round the World by Magellan. Translated from the Accounts of Pigafetta and other Contemporary Writers*, New York.

Sutherland, H. 1979. *The Making of a Bureaucratic Elite: The Colonial Transformation of the Javanese Priyayi*, Singapore, Kuala Lumpur and Hong Kong.

Taufik Abbullah, 1972. "Modernization in the Minangkabau World: West Sumatra in the Early Decades of the Twentieth Century", C. Holt (ed.), *Culture and Politics in Indonesia*, Ithaca and London.

Taylor, J. G. 1983. *The Social World of Batavia: European and Eurasian in Dutch Asia*, Wisconsin.

Teuku Iskandar, 1958. *De hikajat Atjéh*, The Hague.

Thomaz, L. F. F. R. 1993. "The Malay Sultanate of Melaka", A. Reid (ed.), *Southeast Asia in the Early Modern Era: Trade, Power, and Belief*, Ithaca and London.

Tibbetts, G. R. 1979. *A Study of the Arabic Texts Containing Material on South-East Asia*, Leiden and London.

Tichelman, G. L. 1937. "De Parhoedamdam-Beweging", *Mededeelingen van de Vereeniging van Gezaghebbers der Binnenlandsch Bestuur*, no.45.

Tideman, J. 1922. *Simeloengoen: Het land der Timoer-Bataks in zijn vroegere isolatie en zijn ontwikkeling tot een deel van het cultuurgebied van de Oostkust van Sumatra*, Leiden.

Tobing, O. L. Ph. 1961. *HukumPelajaran dan Perdagangan Amanna Gappa*, Makassar.

Turnbull, C. M. 1972. *The Straits Settlements 1826-67: Indian Presidency to Crown Colony*, London.

Vergouwen, J. C. 1932. "Een Italiaan onder de Bataks", *Koloniaal Tijdschrift*, vol.21.

Verslag 1856. "Verslag van eene reis in het land der Bataks, in het binnenland van Sumatra, ondernomen in het jaar 1824, door de heeren Burton en Ward, zendelingen der Baptisten. Medegedeeld door wijlen Sir Stamford Raffles", *Bijdragen tot de Taal-, Land- en Volkenkunde*, vol.5.

Verslag, 1917. "Verslag van een reis van den controleur van Baros naar de beoosten Baros gelegen onafankelijke landschappen in het jaar 1883", *Tijdschrift voor het Binnenlandsch Bestuur*, vol.52.

Vickers, A. 1990. *Bali: A Paradise Created*, Hong Kong.

Volkstelling 1930, vol.6, Batavia.

Volkstelling 1930, vol.7, Batavia.

Volz, W. 1909. *Nord-Sumatra*, vol.1, Berlin.

Vos, R. 1993. *Gentle Janus, Merchant Prince: The VOC and the Tightrope of Diplomacy in the Malay World, 1740-1800*, Leiden.

Vredenbregt, J. 1962. "The Haddj: Some of Its Features and Functions in Indonesia", *Bijdragen tot de Taal-, Land- en Volkenkunde*, vol.118.

Wang Gungwu 1981. *Community and Nation: Essays on Southeast Asia and the Chinese*, Singapore and North Sydney.

Warneck, J. 1909. *Die Religion der Batak: Ein Paradigma für die animistischen Religionen des Indischen Archipels*, Göttingen and Leipzig.

Warren, J. F. 1981. *The Sulu Zone 1768-1898: The dynamics of External Trade, Slavery, and Ethnicity in the Transformation of a Southeast Asian Maritime State*, Singapore.

Westenenk, L. C. 1913. "Opstellen over Minangkabau", *Tijdschrift voor Indische Taal-, Land- en Volkenkunde*, vol.55.

Winstedt, R. O. 1938. "The Date, Authorship, Contents and Some New Mss. of the Malay Romance of Alexander the Great", *Journal of the Malayan Branch of the Royal Asiatic Society*, vol.16, part 2.

Winstedt, R. O. 1969. *A History of Classical Malay Literature*, Kuala Lumpur, Singapore, New York, London and Melbourne.

Winstedt, R. O. / Jong, P. E. de Josselin de. 1956. "The Maritime Laws of Malacca", *Journal of the Malayan Brach of the Royal Asiatic Society*, vol.29, part 3.

Wolters, O. W. 1970. *The Fall of Śrīvijaya in Malay History*, Kuala Lumpur and Singapore.

Wurtzburg, C. E. 1954. *Raffles on the Eastern Isles*, Singapore.

Ypes, W. K. H. 1907. "Nota omtrent Singkel en de Pak-pak landen", Tijdschrift voor Indische Taal-, Land- en Volkenkunde, vol. 47.

Ypes, W. K. H. 1932. *Bijdrage tot de kennis van de stamverwantschap, de inheemsche rechtsgemeenschappen en het grondenrecht der Toba- en Dairibataks*, Leiden.

注

序　章

(1)　港市支配者の媒介的役割の重要性は，これまでも先にあげたKathirithamy-Wells/Villiers（1990）や池端(1994年，9-10頁)らによって指摘されてきたが，それを正面から取り上げた研究がほとんどない．ひとつには，後背地と港市との関係をめぐる史料がきわめて限られているため，主要な関心が港市における支配者と外来商人との交易活動に注がれてきたからである．そのため，ややもすれば港市支配者の権力が，一元的に後背地にまで及ぶかの印象を抱いてしまう(Reid, 1980: 240 ; Milner, 1982: 84-93)．しかし，港市支配者と後背地住民との関係は，港市で支配者と外来商人達との間で交わされる原理とは異なることがしばしばであった．この点に関しては，弘末(1993年)およびDrakard(1990)を参照されたい．

第1章

(1)　東南アジアからヨーロッパへの胡椒輸出量は，16世紀から急増し，17世紀初頭でおよそ2000トンほどと推定される．これに伴い16世紀終わり頃には，ヨーロッパではインドからの胡椒輸入量よりも東南アジアからの輸入量が上回った．1660年代には輸出量は4000トンを超えた．その直後にヨーロッパで胡椒価格が暴落し，以降ヨーロッパへの東南アジアからの胡椒輸出は減退する(Reid, 1993: 19-21)．

(2)　ブロンソンは，ベトナムに農業社会を展開させた紅河デルタについて言及していないが，この地域は13世紀以降大規模な農業開発が行われ，人口の増加をみた(桜井，1999年，179-180頁 ; 桃木，2001年，178-182頁)．

(3)　数少ない例外として，11世紀になされたチョーラ朝によるシュリーヴィジャヤ(パレンバン)，パネイ，マライユール(ジャンビ)，ランブリのスマトラ主要港市，さらにマレー半島のクダーや北部の下ビルマの港市，半島東岸のナコンシータマラートへの遠征が挙げられる(クロム，1985年，254頁)．こうしたチョーラ朝の攻勢により，スマトラやクダーにはタミル人のコミュニティが形成された．なおチョーラの隆盛は11-12世紀前半までであり，その後タミル人コミュニティは，現地社会に混淆したものと

考えられている(Ronkel, 1918 ; Neumann, 1926).

(4) なおバットゥータは，実際に東南アジアおよび東アジアを旅行したのではなく，インド滞在中に様々な旅行者の情報を採集し，それらをもとにこれらの地域を訪問したかのごとく話を創作した可能性あることが，従来より指摘されている(家島，2003 年，272 頁). しかしながら，たとえ実際に訪れていなくても，それらは全くのフィクションではなく，同時代の旅行者の情報をもとにしており，本書で扱う港市パサイをめぐる記述は，当時の状況をかなり正確に反映したものと考えられる.

(5) なお，ムラカは米をはじめ食糧をほとんど輸入に頼っていた. ムラカに持ち込まれる食糧については，贈り物をするだけで，特に税は課されなかった(ピレス，1966 年，464 頁). 第 4 章も参照のこと.

(6) 1815 年のバタヴィアおよびその郊外の総人口 4 万 7217 名の内訳は，以下のようになる(Raffles, 1988, 246).

ヨーロッパ人 543，東インド生まれのヨーロッパ人の子孫(Descendants of Europeans born in the Colony) 1485，アラブ人 318，ムーア人(Mooreman) 119，マレー人 3155，ジャワ人 3331，ブギス人 1863，マカッサル人 2029，バリ人 7720，スンバワ人 232，マンダル人 223，アンボン人およびバンダ人 82，ティモール人およびブトン人 24，中国系住民(Peranakans of half-cast Chinese) 605，中国人 11249，奴隷 14239.

なお，本書が述べた 2028 名というヨーロッパ人の人数は，ヨーロッパ人と欧亜混血者をも含む Descendants of Europeans born in the Colony とを合わせた人数である.

第 2 章

(1) 慣行として「食人」が存在した場合，当該社会の人々はそれを習慣に従って実行するまでで，通常そこに特別な意義づけや説明を持ち出す必要はない. 一方，本書が問題としたいのは，「食人」がなされたかもしれないことやなされたことに大きな関心を払う人々が存在した，という歴史的事実であり，またそうした人々に対し「人喰い」のレッテルを貼られた当該の人々がどう対応したかということである.「食人」の語りを扱うことで，「自文化」と「他文化」を異化したり，同化する役割を果たす存在が考察できるからである. なお，「食人」をめぐる風聞と事実との関連については，アレンズ(1982 年)，栗田(1999 年)参照.

(2) 「食人」の語りの生成に，こうした介在者は重要な役割を果たす. 例えば 19 世紀後半にアフリカを旅行したヘンリー・モートン・スタンリーは，奴隷貿易を司るアラブ商人より，中央アフリカ内陸民が「食人種」であったことを吹き込まれた. 一方アラブ商人達はアフリカ人に，ヨーロッパ人は「人喰い」であると吹き込んだ(アレンズ，1982 年，116 頁). 彼らアラ

ブ人達は，儲けの多い奴隷取引の現場にヨーロッパ人を入れたくなかったのである．

(3)　東南アジア島嶼部やスリランカがそれらの場所とされた他，ムスリム勢力に対抗するためプレスター・ジョン伝承を信奉していたヨーロッパ人は，キリスト教徒がいるとされたエチオピアの外れに「女人が島」があると語っていた(マルコ・ポーロ，1971 年，229-231 頁)．

(4)　このマフムードに対する行動を，イスラームの原則に背いた王を貴族達の合意によって解職・廃位できるとするマレー社会の慣習にのっとったものとする見解(Andaya, L. 1975: 182-191)や，ムラカ王家と海上民との間の君臣協定を無視して臣下虐待を繰り返したマフムードへの協定破棄とする見解(西尾，1990 年)などがある．いずれにせよ，新たな王は，前王を超えた力を人々に示さねばならなかった．

第 3 章

(1)　ピレスはバルスがミナンカバウの要衝であるとしている(ピレス，1966 年，288 頁)．下バルス王家の伝承によれば，初代王スルタン・イブラヒムはミナンカバウのタルサン Tarusan の出身であった．イブラヒムがバルスにやって来たとき，既に存在していた川上の上バルス王家と一時緊張状態に陥った．そのためイブラヒムは，上バルス王の求めに応じたアチェのスルタンに殺害されたという(Tambo, 1872: 16-23 ; Drakard, 1988: 202-208)．なお，その後アチェも，下バルス王家の存在を容認した．

(2)　東南アジアのムスリムの間の語りでは，ムハンマドの孫のハッサンとフセインは，カルバラの戦いで殉死したとされている(Brakel, 1977: 2)．両者を偲んで中部スマトラの西海岸地区で行われたタブットと呼ばれる儀礼のなかで，ムハンマドに天使から授けられたとされる瓶に入れたカルバラの土が呼び起こされた(Drakard, 1990: 75)．この儀礼の影響で，人々は移住する際に故郷の土やそれを含む水を大事に持ち運んだ．

(3)　このラジャ・ウティは，パガルユン王を象徴したもの(Marsden, 1966: 375-377)，あるいはアチェのスルタンを象徴したもの(Hoetagaloeng, 1926: 30 ; Ypes, 1932: 27)，またアユタヤ王を象徴したもの(Tideman, 1936: 51 ; Heine-Geldern, 1959: 389)などの諸説がある．トバ・バタック人にとって，このラジャ・ウティは外界の神聖王であるため，それぞれのコンテクストに応じて解釈が可能である(本書第 2 章参照)．

(4)　なお，上バルス王家は，龍脳の産地のダイリ地区やトバ高原の西部のドロック・サングル Dolok Sanggul とネットワークを形成した(Drakard, 1988: 123-135)．オランダ東インド会社の記録によれば，上バルス王の命により，上記の地域より龍脳や安息香がもたらされたことが明らかとなる(VOC 1290: 600)．これらの地域も食糧をトバ湖畔地域に頼ることがしば

しばで，住民の間でシ・シンガ・マンガラジャへの信仰が篤かった(Ypes, 1907: 356,472)．

(5) オランダは，1646-54年の間，使節をマタラム宮廷にしばしば派遣した．マタラムは，バタヴィアのオランダを服属国とみなした(Ricklefs, 1981: 68)．なおのちに述べるように，18世紀後半になるとマタラムはオランダを盟友とみなすようになる．

(6) 両家は，マタラム王国領を二分して統治することとなり，それぞれの傘下の人民の数は5万3100チャチャ（世帯)と定められた(永積，2000年，222頁)．

(7) 内陸部を人々の発祥地とする同様の語りは，アチェと東西岸で交易を行った北スマトラ内陸部のガヨや，パレンバンやブンクルと交易を行った南スマトラ内陸部のパスマの人々の間でも指摘されている(Bowen, 1991: 241 ; Andaya, B. 1993b: 241)．

第4章

(1) 『ムラユ王統記』は，メッカのシャイフ・イスマイルがムハンマドの遺言に従い東南アジアにイスラームを広めるために来航したと語っている．それによれば，北スマトラのサムドラ(パサイ)に到着するまでに，イスマイルはファンスーリ(バルス)，ランブリ，アル，プルラクの順番で立ち寄り，住民をイスラームに改宗させたという(Abdul Rahman Haji Ismail, 1998: 105-108 ; Brown, 1970: 31-33)．しかし，これらのいずれの住民もクルアーンを読むことができなかったが，最後に訪れたサムドラのムラ・シル(後のスルタン・マリクル・サレー)だけは，イスマイルの提示したクルアーンを読むことができたとしている．ムラカ王家は，パサイを東南アジアにおけるイスラームの先進地とみなしたのである．

(2) マレー半島におけるムラカの勢力拡大は，アユタヤにとって，享受してきた東西中継交易活動の利益を減少させかねないものであり，マレー半島が多く有した錫産地をめぐる勢力圏争いにも直結するため，両者の関係は常に緊張を孕んでいた．前に述べたように，1421年さらには1426-31年にムラカはシャムから侵攻を受けた．また本文で続けて述べるように，スルタン・ムザファル・シャーの時代にマレー半島の錫鉱山にムラカが影響力を拡大したことに対して，アユタヤは反発した．なお，馬歓の『瀛涯勝覧』によれば，15世紀初めムラカは，アユタヤに毎年金40両の貢納を義務づけられていて，これを怠ると征伐を受けたという(馬歓，1998年，62頁)．

(3) ただし，マレー語を母語としたムラカ王国の商人達自身がきわめてハイブリッドであることから，「マレー人」や彼らによって担われた「マレー文化」は，元来固定的に定義しにくく，後に広い意味で用いられること

となる可能性を有した(Maier, 1997: 672-676 ; Barnard, 2001).

第5章

(1) メッカ巡礼者のための東南アジアからの最終出発港は，通常アチェであった．その他，前にも述べたように，バタヴィアからオランダ船に便乗して巡礼に向かった者も存在した．

(2) それによると，シ・シンガ・マンガラジャ10世は，妹の息子のポンキ・ナ・ゴルゴランが幼い頃から優れた超自然的能力を発揮するので，成長すると10世を凌ぐ力量となることを警戒し，密かに甥を木棺に入れ，トバ湖に流したという．その棺はトバ湖の対岸のウルアンに流れ着き，彼は地元の人々に大切に育てられた．彼は成長後，婚資を稼ぐためラオの地に出かけ，その地でイスラームに改宗し，やがて人々からトゥアンク・ラオと呼ばれるようになったという(Gabriel, 1922: 305-311 ; Parlindungan, 1964: 56-70).

(3) なおこの自伝は，のちにディポヌゴロが流刑地のスラウェシで著したとされる．ディポヌゴロ自身が書いたというよりも，彼が口述したことを周囲の者が書き留めた可能性が高い(Carey, 1981: xxiv-xxvi).